REVISTA DE DIREITO E DE ESTUDOS SOCIAIS

ANO XLVIII   (XXI da 2.ª Série)   Janeiro-Junho – 2007   N.ᵒˢ 1-2

PUBLICAÇÃO TRIMESTRAL

DIRECTORES
BERNARDO DA GAMA LOBO XAVIER
PEDRO ROMANO MARTINEZ

SECRETÁRIO: *PEDRO FURTADO MARTINS*

DIRECÇÃO E ADMINISTRAÇÃO: Rua das Francesinhas, 21-1.º E — Lisboa

EMPRESA PROPRIETÁRIA:
SOCIEDADE DE PUBLICAÇÃO E ESTUDOS SOCIAIS, SPES
Rua de S. Bento, 326-2.º — Lisboa

EDITORA, DISTRIBUIDORA E DEPOSITÁRIA:
EDIÇÕES ALMEDINA, SA
Avenida Fernão de Magalhães, n.º 584, 5.º Andar — 3000-174 Coimbra
Tel.: 239 851 904 — Fax: 239 851 901

REVISTA DE DIREITO E DE ESTUDOS SOCIAIS

DIRECTORES
BERNARDO DA GAMA LOBO XAVIER
PEDRO ROMANO MARTINEZ

EDITOR
EDIÇÕES ALMEDINA, SA
Avenida Fernão de Magalhães, n.º 584, 5.º Andar
3000-174 Coimbra
Tel.: 239 851 904
Fax: 239 851 901
www.almedina.net
editora@almedina.net

PRÉ-IMPRESSÃO • IMPRESSÃO • ACABAMENTO
G.C. – GRÁFICA DE COIMBRA, LDA.
Palheira – Assafarge
3001-453 Coimbra
producao@graficadecoimbra.pt

Outubro, 2007

DEPÓSITO LEGAL
261792/07

Os dados e as opiniões inseridos na presente publicação
são da exclusiva responsabilidade do(s) seu(s) autor(es).

Toda a reprodução desta obra, por fotocópia ou outro qualquer processo,
sem prévia autorização escrita do Editor,
é ilícita e passível de procedimento judicial contra o infractor.

Nota Introdutória

Cumpridos já 20 anos de publicação desta 2.ª serie e 62 desde as origens, mantemos a tradição de dialogar com os nossos leitores quando surgem assuntos relevantes.

No caso, pretendemos dar notícia que a Revista de Direito e de Estudos Sociais deixa de ser editada pela VERBO, cuja excelente colaboração ao longo dos anos queremos que fique assinalada. A edição da Revista passa a ser assumida pela Ed. ALMEDINA, agradecendo-se a prestigiada editora de publicações jurídicas a pronta disponibilidade que revelou. É um pouco o regresso às origens, relembrando nós que a RDES nasceu na sua 1.ª série em Coimbra e mesmo nesta 2.ª série começou a ser editada pela ALMEDINA, e somente por questões operacionais hoje ultrapassadas transitou para Lisboa.

Ainda que a formatação da RDES se mantenha, gostaríamos de anunciar que preparamos uma decisiva mudança no plano da secção da jurisprudência, que vai passar proximamente a ter muito mais relevo. A indicação sistematizada da jurisprudência que a secção social do nosso supremo tribunal vai emitindo e o reavivar na publicação de comentários aos acórdãos mais importantes e inovadores será uma tarefa a que nos vamos dedicar muito proximamente. Pensamos que tal corresponde ao desejo dos leitores e será um adequado seguimento à divulgação via internet em boa hora em curso, quase em tempo real, operada pela secção social do Supremo Tribunal de Justiça.

ÍNDICE

DOUTRINA

Héctor Hugo Barbagelata — Os actores e as normas das relações individuais de trabalho 7
Bernardo Xavier — Algumas notas elementares sobre a justiça do trabalho 23
  — Procedimentos na empresa (para uma visão procedimental do Direito do trabalho) 41
Pedro Romano Martinez — Nulidade de cláusulas de convenções colectivas de trabalho. O período experimental no contrato de trabalho desportivo 79
  — Do direito do empregador se opor à reintegração de um trabalhador ilicitamente despedido 103
Fernando Araújo — Pontos de interrogação na filosofia do direito 133
Dias Coimbra — Trégua sindical e alteração anormal das circunstâncias 271

Os actores e as normas
das relações individuais de trabalho[1]

Introdução

O propósito desta palestra é a apresentação sintética dos actores e das regras da sua actuação no grande teatro do mundo do trabalho.

Quanto ao libreto de acordo o qual se desenvolve a acção dramática, assemelha-se ao simples esboço, a partir do qual as máscaras da *commedia dell'arte* criavam a verdadeira acção. Isto quer dizer, no caso, que aquilo que decorre no interior das oficinas, das lojas, dos escritórios, das fazendas, etc., não se pode desenvolver numa palestra, pois essa espécie de acção dramática está sujeita a constantes mudanças e transformações. Parafraseando Pirandello se pode dizer que, no grande mundo do trabalho, *tutto il tempo si recita a soggetto*.

Por conseguinte, a exposição terá somente duas partes. Na primeira far-se-á referência as actores das relações individuais de trabalho e, na segunda, às normas que as regulamentam, posicionando a protecção dos trabalhadores, dando especial ênfase ao chamado *bloco de constitucionalidade*.

---

[1] Versão da conferência proferida no Congresso Internacional de Direito do Trabalho — *Homenagem ao Ministro Arnaldo L. Süssekind*, no Rio de Janeiro, em 18 de Outubro de 2002.

Os actores das relações individuais de trabalho

1. As relações individuais, em cujo centro está a prestação do trabalho por um indivíduo ou por um grupo, não transcorrem como num monólogo: há uma pluralidade de actores que desempenham, cada um deles, papéis complexos que às vezes se desdobram e em outras se agrupam, no contexto duma situação dramática caracterizada pelo conflito potencial ou actual entre os protagonistas individuais e colectivos.

É possível evidenciar também, como no teatro, o significado do público nas relações laborais.

Em ordem ao tema geral do colóquio tentar-se-á fazer — no seguimento — apenas uma apresentação das principais particularidades dos protagonistas das relações individuais, ainda que seja discutível o significado dos demais actores individuais e aqueles das relações colectivas.

2. Não é difícil reconhecer três protagonistas das relações individuais: os trabalhadores, os empregadores e o Estado.

Os trabalhadores individualmente considerados estão no centro das relações individuais e foi em função deles que, desde o primeiro momento, se editaram as normas que formaram o núcleo da legislação do trabalho.

Como, desde o início, a existência de uma relação de trabalho dependente foi condição desse tipo de legislação, tal constituiu por muito tempo o ponto nevrálgico do debate doutrinário para definir se cabia a sua aplicação, assim como a competência da justiça do trabalho. Mas a vida foi revelando situações cada vez mais complexas, criando a necessidade de pôr sob a protecção das normas laborais figuras onde nem sempre a relação de trabalho era passível de caracterização com apelo ao critério de subordinação ou dependência.

Essas transformações, e a adequada extensão da protecção das normas laborais a uma vasta categoria de contratos e relações atípicos de trabalho, foram muitas vezes o resultado de inovações das legislações dos diversos países mais ou menos precisas e de diferente grau. Mas não é desprezível o papel da jurisprudência e da doutrina, onde inclusivamente se postula o abandono do critério da subordinação e se procura outro menos restritivo.

3. A categoria dos trabalhadores individuais subdivide-se em múltiplas personagens segundo o tipo de trabalho ou a qualificação laboral, assim como pela actividade que desenvolvem, pelas condições do contrato, etc., como assinalou hoje de manhã o Prof. Sérgio Pinto Martins. Todo isso, além da condição do menor de idade ou da idade avançada, assim como o sexo do trabalhador, tem sempre incrementado o particularismo das relações individuais de trabalho.

O resultado é tanto mais complicado quanto muitas dessas categorias podem combinar-se entre si, embora os papéis nem sempre estejam isentos de contradições (*verbi gratia*, o pessoal de direcção, em principio pertence à ordem dos empregados, mas, por outro lado, é o *alter ego* do empregador).

4. Uma característica funcionalmente distintiva da categoria dos empregadores individualmente considerados, em relação à paralela dos trabalhadores, é que, além de actuarem no plano das relações individuais de trabalho, como contraparte natural dos trabalhadores individualmente considerados, lhes compete também participar no cenário das relações colectivas, porque podem ser partes da negociação colectiva — e em alguns sistemas são-no primordialmente.

Além disso, os empregadores, na prática, podem levar a cabo acções no campo do trabalho, como o estabelecimento de *listas negras* que não têm similar do lado dos trabalhadores individualmente considerados. A actualidade da questão, fui corajosamente posta em foco na Conferência de Abertura do Ministro Presidente do TST Francisco Paula de Medeiros

Também é evidente que os empregadores, diversamente dos trabalhadores, não têm que ser pessoas físicas. Cabe inclusive reconhecer aos empregadores uma vida teoricamente ilimitada; enquanto os trabalhadores, além das limitações biológicas, se vêem afectados em algumas legislações, de modo geral ou em alguns tipos de ocupações, por limites de idade.

Outra questão, que tem muita importância pelos seus efeitos sobre a situação do pessoal ao serviço das empresas e, em particular, sobre a responsabilidade patrimonial dos empregadores em relação aos trabalhadores, diz respeito às mudanças na estrutura ou no controlo das empresas, como consequência de transferências, fusões, concentrações, etc., e também pela configuração dos *grupos económicos*. Em relação aos complexos problemas que se colocam, cabe registrar que os critérios aptos para os solucionar têm que ver com princípios cardinais do Direito do Trabalho, como são *o proteccionista* e o da *primazia da realidade*.

5. Entre os empregadores podem ser diferenciados os empresários em face de todos os outros que empregam trabalho humano sem possuir essa condição, como são os particulares que empregam trabalhadores domésticos.

Os empresários, por sua vez, e na qualidade de actores das relações de trabalho, podem ser classificados de várias maneiras, principalmente, em função do tamanho das empresas e segundo o tipo de actividade que desenvolvam.

Pela sua dimensão, as empresas podem ser classificadas em grandes, médias e pequenas, embora actualmente se verifique a tendência de analisar, separadamente, na banda superior, as macroempresas e na inferior, as microempresas. Enquanto, numa mesma faixa, se agrupam as médias e pequenas empresas (PME's).

As empresas multinacionais são um tipo de super-empresas que apresenta maiores problemas para o Direito do Trabalho, uma vez que, como tais, se tornam praticamente imunes à acção sindical, já que não existe um organismo que possa desempenhar papel comparável ao do Estado no plano nacional.

Quanto às PME's (mais difíceis de definir), com as suas relações de trabalho mais personalizadas e com maiores dificuldades em adequar as suas instalações às exigências de saúde e de segurança industriais, além da sua instabilidade económica, usualmente agregam empregadores mais propensos a incorrer no incumprimento das normas laborais e a manter difícil relacionamento com as organizações sindicais.

Em época relativamente recente passou a ser reconhecida outra categoria no cenário das relações laborais, integrada pelas empresas de trabalho temporário, que, diferentemente da generalidade dos empregadores, não ocupam directamente os trabalhadores a elas vinculados.

Outra distinção útil é a que leva em conta a natureza pública ou privada do empregador, embora o Direito do Trabalho continue evoluindo em toda a parte no sentido de assegurar tratamento igualitário aos trabalhadores, qualquer que seja a qualidade de seu empregador.

6. Nas empresas privadas podem distinguir-se daquelas cujo titular é uma única pessoa, com a sua especial problemática laboral, as de estrutura societária nas quais, à medida que aumenta a despersonalização, o papel do empregador tende a ser representado por pessoas que não são necessariamente titulares do capital, como os directores.

As cooperativas de produção constituem uma categoria particular de empresas de estrutura societária, nas quais a condição do empregador costuma levantar problemas no que diz respeito à natureza da relação laboral entre a cooperativa e os seus sócios trabalhadores. Vale assinalar que, nos últimos tempos, neste contexto do processo da terceirização, para fugir do Direito do Trabalho e das quotizações sociais, se criam pseudo empresas cooperativas.

Outras características de importância dizem respeito ao sector de actividade da empresa e ao meio em que actuam. Nesse último sentido, são muito claras as particularidades da empresa rural e da marítima em relação à empresa urbana, que originariamente foi considerada pela norma laboral.

7. Não se pode concluir a apresentação panorâmica da figura do empregador sem uma referência à questão da participação dos trabalhadores na gestão da empresa, já que os organismos internos das empresas, com participação dos trabalhadores, se constituíram como novos actores no campo das relações laborais e se integram na acção dramática, não só como interlocutores do empregador, mas também em paralelo e, eventualmente, em conflito com os indivíduos e com os sindicatos.

8. O Estado envolveu-se progressivamente nas relações de trabalho, até se converter no "terceiro actor" no cenário dessas relações. Do ponto de vista do Direito comparado — como adverte SÜSSEKIND (*La intervención del Estado en las relaciones industriales,* IES, MT, Madrid, 1980, p. 100), a intervenção do Estado nessas relações apresenta diversos graus, embora na maioria dos países adopte o princípio que se denomina "intervencionismo básico estatal".

São variados os factores que influem na determinação desse grau de intervenção, ainda que pareça certo que considerações ligadas a motivações económicas se sobrepõem, cada vez mais, nesse campo, às de tipo social. É particularmente evidente que a política económica executada pelos governos dos diversos países estabelece certos parâmetros nos quais se move a política laboral, embora, é claro, essa política dependa das ideologias e dos sistemas políticos, especialmente quanto às suas características, suas formas de implantação e seus objectivos finais.

Em suma, actualmente o Estado intervém de diversas maneiras no plano das relações laborais, de forma que o seu papel não é representado por um único actor, mas por vários. Com efeito, desempenham papéis importantes o Estado legislador, o Estado juiz nos conflitos de trabalho; o Estado administrador do trabalho, o Estado coordenador da politica económica e social, o Estado empregador e empresário, e o Estado membro da comunidade internacional.

Exigiria demasiado tempo falar de todos esses papéis do Estado nas relações individuais de trabalho. Porém, convém como introdução ao problema das normas laborais fazer uma breve indicação sobre o Estado legislador.

9. O papel do Estado, que, desde os primórdios, se identificou com o intervencionismo, tem sido o de legislador.

No que diz respeito às *relações individuais*, a intervenção do legislador foi mínima até o pleno século XX. Anteriormente, salvo algumas prescrições dos códigos de comércio, as normas somente visavam favorecer o empregador, sendo paradigmáticos o artigo 1780.º do Código Napoleão, as leis sobre a carteira de trabalho, assim como certos códigos de polícia que vigoraram na América Latina e em outras regiões.

Por isso, é lógico que só se possa falar de *novo Direito* quando o legislador substitui a intervenção proibitiva e negativa por uma intervenção dirigida no sentido contrário, para a protecção do trabalhador.

Essa nova legislação, que tem um processo de crescimento acelerado em quase todos os países, consolida-se em códigos e leis gerais de trabalho e chega mesmo a desenvolver-se, muito cedo na América Latina e na Alemanha de Weimar, no nível constitucional.

A Parte XIII do Tratado de Versailles cria o instrumento para que o Direito de Trabalho invada e transforme o Direito Internacional. A Declaração Universal dos Direitos Humanos e os Pactos Internacionais e Regionais selam a sua integração no sistema dos direitos fundamentais.

10. Assim se passam as coisas, até que, nestas últimas décadas, se começa a exigir *flexibilidade* para a norma laboral e o legislador volta atrás, iniciando o processo de desregulamentação.

Em nome da flexibilidade, têm sido invocadas, principalmente, as necessidades que nascem da introdução de novas tecnologias e da globalização económica. Ainda, a flexibilidade é apresentada mais amplamente como remédio contra a estagnação económica e como meio de fomentar o emprego. Tudo isto está longe de ter sido demonstrado.

De qualquer maneira, parece fora de dúvida que os avanços da flexibilidade têm sido possíveis graças à crise sindical e a importantes mudanças na condução de uma política económica de inspiração neoliberal.

Há que citar, além do mais, entre os propugnadores do neoliberalismo, os organismos financeiros internacionais e, em posição de destaque, o Fundo Monetário Internacional. O efeito expansivo da profissão de fé neoliberal dos técnicos e condutores da política do FMI não decorre apenas da eventual persuasão das suas recomendações, mas também, e fundamentalmente, do poder que exercem por meio do mecanismo das chamadas *cartas de intenção*, que a muitos governos não resta senão a opção de aceitar para ter acesso ao crédito internacional e resolver outros angustiantes problemas financeiros.

Como quer que seja, o facto é que, em vários campos e particularmente no laboral e social, as receitas consentidas ou impostas pelo FMI se traduzem em mudanças bastante radicais na orientação da legislação.

11. Em todo caso há que admitir que se mantêm certos limites à extensão da chamada *cultura da flexibilidade*. Daí parecer também inegável que permanecem incólumes alguns obstáculos jurídicos ao enfraquecimento das garantias laborais.

Nesse sentido, deve ser citado o impedimento que, para a desfiguração do Direito do Trabalho, representam as constituições polí-

ticas e os instrumentos internacionais. E, como bem assinalou Süssekind no caso do Brasil — o que é válido também em outros países
com constituição do tipo rígido —, "se nem por emenda constitucional poderão ser abolidos os direitos elevados à categoria de cláusulas pétreas, como admitir que possam fazê-lo convenções ou acordos colectivos?"("As cláusulas pétreas e a pretendida revisão dos direitos constitucionais do trabalhador", in *Rev. do TST*, vol. 67, Abr.-Jun/
/2001).

Por sua vez, Russomano afirmou recentemente que os direitos fundamentais do trabalhador, proclamados pelo Estado, são inalienáveis por natureza. "Acima dos quais está o grande e sedutor espaço em branco da negociação colectiva, que nesse campo aberto tudo pode, mas abaixo do qual não se pode cair em caso algum, dentro do regime democrático. A tese oposta — assegura — ... "é um sacrilégio jurídico, porque coloca, acima da lei... uma fonte secundária, específica e exclusiva do Direito do Trabalho, subvertendo a hierarquia dessas fontes..." (*Direito do Trabalho & Globalização Económica*, Juruá Ed., 2001).

As normas que regulamentam as relações individuais de trabalho

12. As particularidades das normas que regulamentam as relações individuais de trabalho são múltiplas.

No que se refere à legislação, englobando nesse termo tanto as leis como os tratados e as convenções internacionais ratificados, assim como os regulamentos e outros actos análogos, não é difícil admitir-se o seu carácter negociado.

Com efeito, na medida em que a legislação laboral pretende introduzir modificações na realidade social, é inevitável que se contraponham posições diversas sobre a sua oportunidade e conveniência ou sobre o grau em que seriam aceitáveis, e não se concebe, pelo menos num sistema democrático, outra alternativa.

Além disso, o carácter negociado dessa fonte evidencia-se enquanto os conteúdos da negociação e os compromissos dela resultantes tendem, naturalmente, a ser recolhidos pela legislação, por decretos regulamentares e outros actos análogos dos governos, como também por leis. Tudo isso sem falar de novas modalidades, como as que resultam da chamada fase de *estatização negociada*, que se caracterizaria, como afirmaram GHEZZI e ROMAGNOLI, pela "abundância de vínculos jurídicos que repousam numa combinação de autoridade e de *consensus* dos representantes dos interesses sociais".(*"Italie"*, in *Droit du travail, Démocratie et Crise*, 1986, p. 130)

13. Sob outros aspectos, é possível comprovar que na legislação laboral é muito frequente o aparecimento de categorias de normas extremamente raras fora do âmbito do Direito Social, como as de promoção, as programáticas e as de princípio.

Além disso, uma particularidade que distingue a legislação do trabalho é a constante ampliação do campo das normas de origem administrativa, como os decretos regulamentares, homologatórios e extensivos, e as resoluções de alcance geral.

14. O carácter negociado determina outra particularidade da legislação laboral, que se revela na sua expressão verbal.

Com efeito, na legislação do trabalho não só a imperatividade costuma ser muito atenuada ou flexibilizada, como são comuns — e praticamente inevitáveis — a indefinição e a ambiguidade dos termos, já que a imprecisão e até o silêncio sobre um assunto, que pode ser essencial, é geralmente um preço a pagar para que se possa chegar ao *compromisso*. Esta afirmação vale, obviamente, também para as convenções colectivas que são, por antonomásia, normas negociadas.

Daí também os factores que — como a mudança dos costumes e da tecnologia — concorrem para que a norma laboral seja sempre incompleta. Se, além dos que influem em sua percepção pelos operadores jurídicos, se somarem os relativos à sua expressão verbal, configura-se um panorama de extrema e inevitável lacunosidade. Em suma, nesse ramo do Direito, dão-se vários tipos de lacunas, incluindo, em alta proporção, as *deliberadas,* as *técnicas* e as *axiológicas*.

15. Está fora de discussão a consideração das convenções internacionais do trabalho como fonte particular do Direito do Trabalho. Mas, vale a pena assinalar que as convenções internacionais do trabalho, uma vez ratificadas, gozam de primazia sobre a legislação ordinária, como consagram expressamente as constituições de alguns países (Argentina, art. 75, inciso 22; Costa Rica, art. 7; Espanha, art. 96.1; França, art. 55; Honduras, art. 18; Paraguai, arts. 137 e 141; Venezuela, arts. 19, 22, 23, 27 e 31, etc.). Em outros, tem sido admitida pela doutrina a partir de prescrições constitucionais e de sua qualidade de *tratados internacionais.* SÜSSEKIND, no seu notável *Direito Internacional do trabalho,* acentua como evidente que o tratado aprovado pelo órgão nacional competente, quando vigente na esfera internacional, se incorpora no direito interno. Em consequência, *complementa, altera e revoga a legislação interna* que se chocar com suas normas; em virtude da primazia do tratado internacional sobre a lei interna, uma nova lei não poderá dispor contra a norma internacional aplicável. "A forma de cessar a eficácia jurídica do tratado em relação a determinado Estado — explicita — é a denúncia da ratificação pelo respectivo Governo, observados, em cada caso, os procedimentos e condições pertinentes" (2.ª ed., p. 74).

16. Se se recorre às convenções e acordos colectivos, cuja condição de norma negociada é indiscutível, ter-se-á de agregar outras características.

Assim é que, partindo-se da ideia da iminência do conflito, a aceitação do *compromisso* não pode considerar-se uma expressão da vontade comum das partes para além do acordo estabelecido para resolver o episódio concreto; por conseguinte, não procede a aplicação das pautas de interpretação da doutrina dos contratos de Direito Civil. Antes, as acções dos participantes da negociação, posteriores ao *compromisso,* devem ser examinadas ou entendidas em função da *praxis,* e qualificadas como relevantes, tendo em vista a sua eficácia para assegurar a continuidade pacífica da relação.

17. O significado quantitativo e qualitativo dos *usos e costumes profissionais,* no sistema das fontes do Direito do Trabalho, configura outra particularidade deste Direito, na qual, tendo em vista o seu reconhecimento generalizado, não parece necessário insistir.

18. Outra especialidade das normas laborais é a relativa ao funcionamento do ordenamento em que se integram. Com efeito, as normas que formam o sistema estabelecem as respectivas estatuições em função do seu propósito protector, que se manifesta nos princípios de *conservação* e de *superação* dos níveis mínimos assegurados pelas suas diferentes categorias.

Desses princípios deriva uma nova concepção da *ordem pública,* qualificada como *laboral* ou *social,* cujas características têm sido amplamente analisadas pela doutrina.

19. Conforme já foi dito, as constituições políticas e os instrumentos internacionais, representam um impedimento para a desfiguração do Direito do Trabalho.

Do ângulo constitucional, todas as normas e princípios que consagram direitos humanos fundamentais e, desde logo, as específicas sobre direitos humanos laborais integram o que se designa como *bloco de constitucionalidade.* No caso de países onde os direitos humanos fundamentais não estão circunscritos ao expressamente consignado no texto da Constituição, os instrumentos internacionais sobre a matéria também integram o *bloco de constitucionalidade.* É o caso, entre muitos outros, do Uruguai (arts. 72 e 332) e do Brasil (parágrafo 2 do artigo 5.ª, assim como diversos incisos dos artigos 1.°, 3.° e 4.°). Tudo isto habilita a afirmar que os direitos sociais dos trabalhadores, enunciados na Constituição do Uruguai e no art. 7.° da Constituição brasileira, compreendem também os direitos laborais fundamentais reconhecidos em tratados e convenções internacionais e regionais sobre direitos humanos que participam da categoria de *jus cogens*, no centro dos quais estão, para as relações individuais de trabalho, os artigos 7, 9, 10 e 12 do Pacto Internacional dos Direitos Económicos, Sociais e Culturais.

20. O processo de contínuo crescimento do bloco de constitucionalidade, pela aprovação de novos instrumentos, nem sempre equiparáveis, pode gerar diversos problemas interpretativos.

Para a resolução desses problemas, a doutrina e a jurisprudência têm elaborado diversos princípios que podem sistematizar-se na forma que segue, e que são perfeitamente aplicáveis aos direitos humanos laborais:

a) Princípio da complementaridade de todas as normas sobre direitos humanos

Manda ao intérprete, — (como assinalou VOGEL-POLSKY, "La Europa Social..." in *La comunidad Económica Europea en la perspectiva del año 2000*, MTSS, Madrid,1989, pp. 79-80) —, considerar o universo constituído pela soma desses textos, qualquer que seja a sua fonte. A interdependência do direito interno e do direito internacional em matéria de direitos humanos conduz à constituição de um *direito universal* configurando, duas ordens de interacções: o direito internacional [dos direitos humanos] penetra na ordem interna, e o direito interno é invocável internacionalmente, e vice-versa (G.B. BIDART CAMPOS, *Tratado Elemental de Derecho Constitucional Argentino*, t. VI, Ediar, Buenos Aires, 1995).

b) *Primazia da disposição mais favorável à pessoa humana*

O critério da disposição mais favorável à pessoa humana — implícito na parte dispositiva dos Pactos Internacionais (Art. 5. 2 de ambos os instrumentos) —, tem sido aplicado, desde fins do século passado, pela Comissão Europeia de Direitos Humanos e o Tribunal Interamericano dos Direitos Humanos. Pode considerar-se que existe uma tendência nesse sentido, que se consolida no direito internacional dos direitos humanos e na doutrina. AMAURÍ MASCARO NASCIMENTO sintetiza nestes termos um critério de universal aceitação: " O vértice da pirâmide da hierarquia das normas laborais será ocupado pela norma mais favorável ao trabalhador dentre as diferentes normas em vigor".

c) *Princípio de progressividade e irreversibilidade*

A progressividade das normas sobre direitos humanos pode ser interpretada em dois sentidos. O primeiro refere-se ao gradualismo admitido por vários instrumentos internacionais para a aplicação das medidas dirigidas a determinados objectivos. Pelo segundo, a progressividade pode ser entendida como uma característica dos direitos humanos fundamentais. O que, como critério de interpretação, deve conduzir a uma aplicação evolutiva e expansiva das normas que compõem o bloco de constitucionalidade a esse respeito (O. MANTERO DE SAN VICENTE, "Las Cartas de Derechos Sociales y la progresividad...", in *VII Jornada Rioplatense de Derecho del Trabajo*, FCU, Montevideu, 1993, p. 268 e seg.). Um corolário do princípio de *progressividade* é a *irreversibilidade*, ou seja, a impossibilidade jurídica de que se reduza a protecção já concedida aos trabalhadores por normas anteriores, como se pode inferir do art. 4.º do Pacto Internacional dos Direitos Económicos, Sociais e Culturais e do Protocolo de S. Salvador. Esse corolário viria a ser, ademais, uma consequência do critério de conservação ou não-derrogação do regime mais favorável ao trabalhador, desde que haja sido consagrado no inc. VIII do art. 19 da Constituição da OIT.

d) Princípio de adequação dos critérios assentes pelos órgãos internacionais competentes

É o princípio através do qual as normas contidas num instrumento internacional devem ser aplicadas no âmbito interno, da mesma forma que efectivamente regem o internacional, isto é, de acordo com a interpretação que lhe dão os órgãos internacionais competentes como, por exemplo, foi recentemente estabelecido o Tribunal Constitucional de Colômbia (Sent. N.º T-568/99, in rev. *Derecho Laboral*, t. XLIII, p.145 e segs.).

e) Presunção de auto-execução e auto-aplicabilidade

Tendo em vista que não é razoável atribuir aos redactores de um instrumento internacional sobre direitos humanos o propósito de introduzir disposições desprovidas de efectividade, há-de se convir que a auto-execução e auto-aplicabilidade devem ser presumidas. Presunção que só cede ante a impossibilidade absoluta de conferir esses efeitos às disposições em questão, seja porque não se lhe atribui um conteúdo, ou porque remetem para regulamentações que devem ser produzidas pelo Direito interno. Tal presunção obsta a que se possa considerar que os instrumentos que versam sobre direitos inerentes à personalidade humana sejam meramente um quadro de aspirações ou princípios políticos. No Brasil, o critério tem, além do mais, apoio no parágrafo primeiro do art. 5.º da Constituição e tem também apoio na doutrina.

21. *Como consequência da aplicação desses princípios, pode-se afirmar: em síntese:*

- O carácter mínimo e subsidiário das diversas fontes do Direito do Trabalho;
- O dever dos poderes públicos de garantir com maior eficácia e efectividade os direitos dos trabalhadores;

- O efeito derrogatório das normas que integram o *bloco de constitucionalidade* com respeito às anteriores que ofereçam uma menor protecção ao trabalho, e também a inaplicabilidade de normas posteriores, que ofereçam menor protecção que a já assegurada pelo *bloco de constitucionalidade;*
- E obviamente, a *irrenunciabilidade*, pela natureza dos direitos já reconhecidos aos trabalhadores no *bloco de constitucionalidade* e nas leis sociais, é incompatível com o seu enfraquecimento, qualquer que seja o meio técnico escolhido.

HÉCTOR-HUGO BARBAGELATA
(Professor Emérito da Faculdade de Direito de Montevideu,
Docteur de l'Université de Paris-Sorbonne)

Algumas notas elementares
sobre a justiça do trabalho*

I. Introdução. O Direito do trabalho e a justiça

A afirmação desencantada — "entre o operário e o patrão *nem legislador nem juiz*" (GEORGES SCELLE) — tem sofrido em todos os países um desmentido de extrema vivacidade.

---

* Estas notas são dedicadas à memória do Prof. Doutor ANTÓNIO JORGE DA MOTTA VEIGA. Gostaríamos de evocar a presença amável do Professor em conferências que proferimos e, também, — já lá vão quarenta anos — o modo afabilíssimo com que, recebendo-nos, encarregue que estávamos de preparar um espinhoso relatório para ser apresentado na OIT, nos ofereceu um conspecto do funcionamento da grande instituição internacional.

O presente texto serviu também de base à parte introdutória da conferência pronunciada na Corunha, a 14 de Outubro de 2005, no âmbito das XII Jornadas Luso--Hispano-Brasileiras, enquanto Presidente da Academia Ibero-Americana de Direito do Trabalho e da Segurança Social. Manteve-se a natureza do texto destinado a ser lido, ainda que o tenha sido em forma abreviada. Do texto constam esclarecimentos elementaríssimos, explicáveis pelo local em que foram pronunciados num auditório constituído maioritariamente por estrangeiros, muitos deles estudantes.

Contêm-se aqui elementos factuais e estatísticos (relativos a 2005) que colhemos junto do Supremo Tribunal de Justiça, e nos foram facultados através do seu Vice--Presidente Conselheiro MANUEL MARIA DUARTE SOARES, a quem vivamente agradecemos. Foram procurados ainda elementos nas estatísticas oficiais publicadas e nas indicações tratadas em estudo de CASIMIRO FERREIRA visto na *Internet* [na altura, ainda não estava publicada a importante obra *Trabalho procura Justiça*, ed. Almedina (Coimbra, 2005) de que só nos valemos já depois de termos pronunciado a conferência supra mencionada]. Escusado será acrescentar que eventuais lapsos se devem apenas à nossa responsabilidade no tratamento desses elementos.

Alguns economistas diziam, no final do século XVIII, que, sendo as relações de trabalho relações económicas, não podia haver leis humanas, porque existiam já leis divinas. Pois as leis económicas, como leis da natureza, eram afinal "leis divinas" e não logravam possibilidades de litigação... Contudo, algum tempo volvido, além de se ter deixado de ver assim a Economia e suas leis, felizmente, houve aqui Direito e, sobretudo, normas. Se CARNELUTTI tinha bastante razão ao dizer que as leis económicas coroam a fronte do mais forte e não do mais justo, o uso combinado da coerção jurídica e do espírito da Justiça fizeram, desde as primeiras décadas do século passado, afirmar um Direito do trabalho com um imponente corpo normativo, inderrogável e de ordem pública. E, porque houve um esforço consistente para tornar esse Direito efectivo, não só *há Direito como há juiz*. De qualquer modo, apesar da pletora legislativa, a realidade ultrapassa sempre o desígnio legislativo (pois não é o legislador "aquele míope dotado de uma arma poderosa"): assim, em certos casos, *o juiz terá de fazer a lei*. O magistrado não só diz a lei (*jus dicere*), mas dá a lei (*jus dare*) quando nos conflitos se lhe depara um deficit de justiça. O juiz não é apenas "la bouche qui prononce les paroles de la loi". ¿Não afirma GAMILLSCHEG que "o juiz é o verdadeiro Senhor do Direito do trabalho (*Der Richter ist der eigentliche Herr des Arbeitsrecht*)?!

Sombreada embora por alguma dúvida, trazida pela reafirmação de um mercado todo poderoso[1], existe uma convicção geral sobre a importância do Direito do trabalho, que se revela quotidianamente num fervilhar de posições activas conferidas aos trabalhadores (e, correspondentemente, posições passivas relativamente às empresas).

---

[1] Estando, aliás, o mercado global mais diabolizado que divinizado...Não se poderá ignorar, contudo, a redução das possibilidades de intervenção da política económica (e da saudosa Economia Política), bem como a perda de sentido do Direito emergente do Estado nacional e da sua eficácia na protecção aos trabalhadores, submergidos todos pelo despedaçar das fronteiras económicas e por esta espécie de "feudalismo sem alma" que muitos imputam à globalização.

Sobre o trabalho, as Constituições e os Códigos despejaram um amontoado de normas programáticas e preceptivas, desde logo quanto a posições patrimoniais e, ultimamente, quanto a posições pessoais (direitos do trabalhador como pessoa ou cidadão) nos domínios nobres dos direitos de personalidade. Que isto não passe sem se prevenir sobre as consequências criadas pela sociedade afluente de direitos. Já ENGISCH nos advertia da grande pobreza do ordenamento jurídico, que não tem uma cornucópia de direitos a derramar pelos cidadãos. O Ordenamento — dizia — é afinal como a mãe de família que, dividindo o bolo, distribui talhadas, sabendo que o que dá a mais a um, retira do outro. Os direitos (sejam eles das empresas sejam eles dos trabalhadores) ficam a cargo de alguém — dos empregadores, das empresas ou da comunidade: *hay que pagarlo*, como referia ALONSO OLEA num dos seus excelentes escritos.

Muitos direitos pois, e muitos operadores jurídicos e muitos sujeitos interessados. ¿Pois não temos no Direito do trabalho uma multidão de interessados (numerosos sindicatos de diversas tendências, comissões de trabalhadores, associações de empregadores, empresas e sociedades nas suas várias constelações, sem contar com a omnipresença do Estado, nas suas várias vestes) que complicam o modelo clássico da relação jurídica? E, por isso, em vez de um modelo linear de relação jurídica, aceitamos um sistema complexo de formato poligonal em que, nesta multidão de operadores, se encontra uma elevada *propensão ao conflito*. Em si não será um sinal negativo. VALLEBONA, em recente texto traçava um paralelo[2]. O professor de Roma citava João Paulo II que disse que na história do homem, por inescrutável desígnio da Providência, o comunismo tinha sido um mal necessário. Do mesmo modo ele nos diz que no Direito do trabalho italiano a exasperação do conflito foi também um mal necessário. E, com mais ou menos sal, poderemos tomar estas palavras para os nossos sistemas.

---

[2] *Rivista Italiana di Diritto del Lavoro*, (2005, n.º 3).

Mal é que o conflito seja exasperado mas difuso, incaracterístico e sem interlocução: não pode ter resposta judicial e haverá assim um *deficit* de justiça. Teremos, pois, mal-estar endémico por *deficit* de relacionamento e pela situação da Justiça. Será, de facto, assim? Descendo ao concreto, lembraremos que, entre nós, um décimo dos processos entrados se encontra no sector do trabalho (67.316 em 682.000)[3]. Portanto, apesar de em Portugal há bastantes anos se falar na "crise da justiça" — tema que já provoca algum enfado — ainda assim poderemos transmitir afinal uma mensagem optimista, pelo menos quanto ao contencioso laboral, com bons índices de eficiência relativa crescente[4]. Aliás, bem nos recorda CARBONNIER que "o direito é infinitamente maior que o contencioso".

Refira-se, a propósito, um outro tópico, que é a *apregoada "inocência" do Direito material na crise da Justiça*. Há quem fale, como muitos dos professores de Direito, da excelência das nossas leis. Pedimos licença para não participar de juízo tão optimista. A verdade é que as leis não estão curando suficientemente do seu aspecto aplicativo.

De facto, tem sido criticado por alguns, com razão, o academismo das normas, e o excessivo servilismo quanto às novidades internacionais[5], em que se cuida pouco das situações da vida real, com desfasamento dos operadores jurídicos e, sobretudo, dos cidadãos.

---

[3] Números de 2001. Dados mais recentes, mostram-nos uma litigiosidade crescente.

[4] CASIMIRO FERREIRA, ob. cit. 260 ss. A pendência média dos processos de trabalho é de 10 meses.

[5] O mundo global não tem leis e a Europa cada vez regulamenta menos — antes marca metas de acordo com directrizes, à luz do princípio da subsidiariedade. Por outro lado, para as questões de trabalho, os comentadores e homens de negócios recomendem a legislação (ou a falta dela) da Inglaterra ou da Escandinávia!!! Acode-nos ao espírito o dito de PASSOS MANUEL que se cita de memória: "Pois também as leis estrangeiras devem pagar direitos na Alfândega, para não serem recebidas com balas de canhão".

DOUTRINA

Outro sintoma preocupante é o da multiplicação das cláusulas gerais e conceitos indeterminados. Não queremos deixar aqui de reclamar um pouco de certeza e segurança do Direito substantivo[6]. Na verdade, enfileiramos no grupo daqueles que pensam *que há um "direito fundamental ignorado": o da certeza das posições jurídicas* que permita a vivência quotidiana ao abrigo da garantia do Direito. Ora um direito já de si conflituoso sofre muito com a *exacerbação legislativa e a indeterminação das posições jurídicas*. A propensão para o *judicialismo*, patente no Código do Trabalho, não pode deixar de potenciar o conflito, pela omnipresença de cláusulas gerais, latitude das previsões indemnizatórias e uma espécie de deslizar para a jurisdição voluntária e de sentença "a feitio"[7].

Parece-nos evidente o actual reenvio do CT para os tribunais, nas suas remissões implícitas ou explícitas para sistemas indemnizatórios "nos termos gerais" (arts. 26.°; 363.°; 364.°; 436.°, 1, a); 440.°, 2; 562.°) ou a graduar entre um mínimo e um máximo (439.°, 1; e 443.°), o que irá em certos casos elevar exponencialmente o valor de muitas acções de trabalho. Abre-se mão muitas vezes de um sistema seguro e expectável de indemnizações ou compensações certas. Anotamos sem louvar, porque indemnizações liquidadas "a forfait" têm em si, se não o ajustado do ressarcimento, a defesa da confiança nas perspectivas e da rapidez da Justiça.

A profusão de excepções e de cláusulas gerais e conceitos indeterminados é facilmente observável. Exemplifiquemos, um pouco ao acaso, passando os olhos apenas pela primeira centena de artigos do Código: art. 17.°, 1 (dados pessoais — "informações relativas à vida privada... estritamente necessárias e relevantes"); 19.°, 1 (serviços médicos —

---

[6] Na data em que revemos estas notas, veio a lume um número da revista *Droit social*, todo dedicado à segurança jurídica no Direito do trabalho (n.° 7/8 de 2006). Aconselhamos vivamente a leitura.

[7] Prosseguindo no símile, tornando-se embora óbvio que o pronto-a-vestir é menos adequado que o "a feitio", este último tem as vantagens da certeza e segurança, da padronização e da eficácia.

"particulares exigências inerentes à actividade"); 20.°, 2 (equipamentos de controlo — "particulares exigências inerentes à natureza da actividade"); 23.°, 2 (discriminação — "requisito justificável e determinante ... e proporcional"); 35.°, 3 ("funções ou local compatíveis" com o estado da trabalhadora); 40.° ("assistência inadiável e imprescindível"); 47.°, 2 ("trabalho compatível"); 53.°, 1 ("condições de trabalho adequadas" a menor); 61.°, 1, a) (licença para formação e "prejuízo grave"); 62.°, 3 ("trabalhos leves" efectuados por menor; 71.° ("adequadas condições" para aqueles que possuem capacidade de trabalho reduzida); 73.° ("especificidades inerentes"); 74.°, 1 ("medidas adequadas" sem "encargos desproporcionados"); 97.° ("aspectos relevantes"). É certo que nem sempre há alternativas e que algumas das fórmulas emergem da legislação pré-existente, mas deveria efectuar-se um esforço de concretização, para não fazer oscilar as normas entre a vacuidade programática e a incerteza de conteúdos. Por outro lado, nunca será demais lembrar que quem aplica o Código é desde logo o empregador e isto exige certeza das normas, devendo evitar-se controlos "a posteriori" da aplicação de cláusulas gerais.

Por outro lado, o CT trouxe procedimentos judiciais complicados — reabertura de procedimento disciplinar (436.°, 2); oposição à reintegração (438.°); controlo judicial da invocação da confidencialidade (art. 460.° e 387.° da RCT); e, porventura, certos aspectos do controlo dos regulamentos internos por aplicação do regime de CCG (art. 96.°). Não se pode deixar tudo para o juiz.

Há ainda um deslizar para uma espécie de *jurisdição voluntária* (todo o controlo da gestão do pessoal, sobretudo para averiguar da presença de interesses da empresa e de exigências da actividade tem natureza próxima da jurisdição voluntária). Exemplos são também certos incidentes de autorização ou de suprimento (51.°, autorização de despedimento — no caso pelo CITE; ou fixação judicial de prazos).

Registaríamos ainda outros aspectos que têm a ver com a actual índole do Direito do trabalho e que colocam algumas limitações à *certeza* do Direito nas relações laborais. Desde logo o sistema codicístico do Direito do trabalho, em que a tutela do trabalhador e o princípio de ordem pública receberam maior coloração auto-regulativa pelas novas competências da contratação colectiva, à qual cabe largamente disciplinar a relação de trabalho, não se sabendo exactamente como ultrapassar o princípio do *favor laboratoris*[8].

Conflito e justiça...Convém, a propósito, fazer alusão a um tema em voga, que tem a ver com os meios alternativos e informais, para alívio dos tribunais e consecução de melhor e mais rápida justiça. Teremos de falar em:

a) *sistemas conciliatórios informais na empresa*[9]

O primado da conciliação no processo do trabalho, merecendo embora as limitações e cautelas emergentes da natureza dos direitos em causa[10], sempre constituiu um princípio geral. Mas, sem referir neste lugar o papel da conciliação mais ou menos pré-contenciosa no processo do trabalho (e, portanto, do que poderíamos designar de "conciliação formal")[11], matéria a tratar em outro lugar, haveremos aqui que referir os meios alternativos de resolução dos litígios próprios do Direito do trabalho[12]. Sendo muito importantes, os processos

---

[8] Sobre a matéria, constante basicamente do art. 4.º, discorremos largamente na *RDES* (2005), "As fontes específicas de direito do trabalho e o princípio da filiação".

[9] As dificuldades emergentes do próprio sistema mediatório informal, que não se dirige às questões do trabalho, parece estarem a ser vencidas. O papel da conciliação e do que está sendo designado de "justiça restaurativa" vai ganhando relevo (depois de um período em que talvez ideologicamente se parecia pretender exacerbar o conflito). V. CASIMIRO FERREIRA, *Trabalho procura justiça* cit., 90 ss.; 148 ss.; 185 ss. Voltaremos a este tópico (nota 24).

[10] Estamos a aludir ao carácter injuntivo das normas que constituem as posições jurídicas dos trabalhadores, às vezes confundida com a irrenunciabilidade de direitos.

[11] A conciliação integrada num pré-litígio e a cargo das comissões corporativas ou do MP teve um papel importantíssimo no corporativismo.

[12] V., em geral, AAVV, *Julgados de paz e mediação: um novo conceito de justiça* ed. AADL (2002). V. nota 24.

pacíficos e alternativos aos tribunais nos conflitos colectivos (ainda que no nosso sistema esses processos possuam um elevadíssimo grau de formalização[13]), o sistema de conciliação nos conflitos individuais tem expressão fraca no CT (art. 541.º, f)). A longa e generalizada tradição em outros países de métodos informais de justiça no domínio das relações de trabalho deveria — pensamos nós — levar o legislador a deixar abertos canais no próprio domínio da organização da empresa para resolver litígios de pequena monta. As bagatelas disciplinares (e, porventura, todas as sanções não expulsivas), os inumeráveis conflitos possíveis relativos á marcação de férias, questões de horário e tempo de trabalho, a fixação de remunerações, prestam-se a um tratamento em comissões mistas de empresa, com as vantagens inerentes ao conhecimento no terreno e à consecução de soluções equitativas generalizáveis para toda a comunidade envolvida. Haverá aqui muito a ensaiar.

b) *técnicas do procedimento.*

O contencioso e o litígio podem diminuir pela técnica procedimental. Certas posições activas patronais e, sobretudo, a intermediação patronal na aplicação do Direito do Trabalho, susceptíveis de atingir ou afectar direitos dos trabalhadores, devem exercer-se em procedimento próprio, transparentemente, com fundamentação, com interlocução com o atingido ou com uma estrutura representativa dos trabalhadores. Na verdade, o contrato de trabalho é um contrato aberto a um futuro imprevisível e que terá de ser preenchido muitas vezes num plano em que é dominante o poder patronal. Não se pode esquecer que é esse o problema: o poder patronal que o contrato de trabalho titula. E o Direito do trabalho coloca naturalmente limites, fortalecendo a intervenção das estruturas representativas dos traba-

---

[13] Estamos a referir os chamados meios pacíficos de resolução de conflitos colectivos: a conciliação, a mediação e a arbitragem.

lhadores como contra-poder (envolvimento na empresa) e também para um preenchimento justo e equitativo dos vazios contratuais. A técnica *procedimental* (omnipresente na relação de trabalho — disciplina, despedimentos, etc.) tem vantagens, não tanto para preparar um contencioso (como tem sido entendido) mas para o evitar. Assim teremos participação dos interessados, garantia do "due process", transparência, aceitação). Será afinal a velha ideia da justiça através do procedimento ("due process")[13A].

II. Breve recordatório sobre a evolução da jurisdição laboral

Não valerá a pena referir aspectos anteriores ao final do Séc. XIX[14], onde começam a surgir em Portugal as questões de trabalho e se constituem formas especializadas de as resolver. Desde logo em termos diversos dos judiciais, porque afinal se privilegia a *conciliação* e, como se tem dito criticamente, porque afinal se não conferem direitos. Assim surgem os árbitros-avindores (1889 e1891), para as controvérsias sobre os contratos entre patrões e operários e como câmara sindical (conciliação, judicatura e vigilância sobre o modo de execução das leis industriais). Esta instância era constituída por representantes eleitos das classes (por patrões e operários) e por um presidente e dois vice-presidentes nomeados pelo Governo de entre personalidades independentes propostas pelas Câmaras. Como ilus-

---

[13A] Cfr. o nosso estudo subsequente, neste mesmo número.

[14] Ainda assim gostaríamos de referir, no tempo das Ordenações, o relativo formalismo das acções de soldadas e a utilização de escritura notarial nos contratos de aprendizagem. Só no século XIX urgem a industrialização e a questão social com o seu cortejo de misérias e os dramas da condição operária, num relativo vazio legislativo onde medra o conflito, de que os juristas desviaram a vista desde logo porque lhes era difícil contemplar um contrato em que um homem depende das ordens de outro homem (ainda assim é interessante notar o C Civ. de Seabra de 1867, com uma pioneira referência às "ordens e risco" como caracterizadoras do contrato com assalariados).

tração do "espírito do tempo" notaremos que na competência dos árbitros avindores está *ipsis verbis*: "repreender disciplinarmente os patrões, seus empregados ou operários pelo esquecimento de boas normas de equidade, doçura, respeito e obediência".

Os árbitros avindores duraram até ao Estado Novo. As referências, habitualmente censórias, sobre esse período da História, esquecem que o Estado Novo corporativo teve o mérito de lançar o Direito do trabalho, através de legislação relevante, e de estabelecer tribunais competentes para estas questões de trabalho, tribunais que assumiram, quase até aos nossos dias, carácter especial. No período corporativo foram instituídos Tribunais do Trabalho, como instância autónoma da judicatura, ligada ao Ministério das Corporações. Estes Tribunais, vencida uma fase inicial, eram compostos por magistrados togados e das suas decisões cabia recurso para o Supremo Tribunal Administrativo.

O rito processual seguiu uma forma própria em código próprio[15]: o Código de Processo do Trabalho (CPT). Os antecedentes do CPT são o DL n.º 24 194, de 20.7.1934, republicado pelo DL n.º 24 363, de 15.8.1934, que regulava a organização, o processo e funcionamento dos Tribunais do Trabalho. Já um verdadeiro Código de processo de trabalho é o de 1940, que, com pequenas alterações se manteve em vigor até ao CPT de 1963. Este viria a perdurar, sem modificações de grande relevo, até ao CPT aprovado pelo DL n.º 272-A/81, de 30 de Setembro.

Na época presente, o vigente CPT (DL n.º 480/99, de 9 de Novembro[16]) não inova significativamente, destinando-se a fazer alguns acertos com a lei substantiva e, sobretudo, a fazer incidir no processamento dos tribunais do trabalho as modificações do CPC introduzidas pelas grandes reformas de 1995 e de 1996.

---

[15] Na matéria, v. BERNARDO XAVIER/ALBINO MENDES BAPTISTA, "Competência material dos tribunais do trabalho", em *RDES*, 2005, 67 ss.

[16] Alterado pelo DL n.º 38/2003, de 8 de Março.

Actualmente os tribunais do trabalho estão — como se sabe — integrados na organização judiciária comum[17]. A jurisdição do trabalho actua com um processo próprio contido no Código de Processo do Trabalho (CPT) aprovado pelo DL n.º 480/99, de 9 de Novembro[18]. O recente Código do Trabalho postula a emanação de reformas processuais e, de facto, está-se procedendo à preparação de um novo CPT, colocando hoje em dia problemas consideráveis a não previsão de regras processuais necessárias para efectivar as reformas do Direito substantivo.

III. Referência à organização e competência da jurisdição laboral

Será um truísmo dizer que as questões de trabalho se apresentam frequentemente de forma conflitual, o que exige por vezes uma solução jurisdicional. Assim, uma das partes, normalmente o trabalhador, solicita ao tribunal uma decisão sobre determinada controvérsia. Como é sabido, essa controvérsia pode ter as mais diversas configurações: pagamento e cálculo de salários ou de trabalho suplementar, carácter justificado ou não do despedimento, existência ou não de contrato de trabalho, etc. Estes são os conflitos individuais (entre um trabalhador e o seu empregador); mas há conflitos colectivos entre organismos sindicais e empresas (ou organizações patronais): admite-se geralmente que este tipo de conflitos se presta pouco a uma resolução judicial.

Ao contrário do corporativismo, em que os tribunais do trabalho eram tribunais especiais, a jurisdição do trabalho repousa hoje numa

---

[17] V., para a evolução, a partir da LOTJ de 1977, BERNARDO XAVIER/ALBINO MENDES BAPTISTA, cit., 71.

[18] Com alterações introduzidas pelos DL n.os 323/2001, de 17 de Dezembro, e 38/2003, de 8 de Março.

ideia de competência especializada[19]. No quadro da presente Constituição, os órgãos de jurisdição laboral são ainda os *Tribunais do Trabalho,* integrados na ordem judicial comum, como tribunais judiciais de competência especializada em razão da matéria[20]. Os Tribunais de Trabalho desde há muito foram criados nas zonas que apresentavam considerável densidade industrial: hoje o país está em grande parte por eles coberto. Nas áreas em que esses tribunais não têm jurisdição, as questões de trabalho são decididas pelo tribunal da comarca, que é o órgão judicial com competência genérica[21].

A inclusão da jurisdição do trabalho na jurisdição judicial comum assume ainda mais completa expressão nos tribunais superiores, pois — em termos de organização hierárquica — teremos, basicamente, a primeira instância e tribunais superiores, que agem caracteristicamente como tribunais de recurso. Das decisões dos Tribunais do Trabalho — que funcionam como primeira instância — cabe recurso para as Relações e destas para o Supremo Tribunal de Justiça, desde que as questões não se encontrem na alçada[22]. Ora os tribunais superiores (comuns a todo o tipo de tribunais judiciais) têm secções sociais para o julgamento dos recursos nas matérias de trabalho. Por outro lado,

---

[19] V. BERNARDO XAVIER/ALBINO MENDES BAPTISTA, cit., 78 ss.

[20] Assim o artigo 64.° ss da L n.° 38/87, de 23 de Dezembro — antiga Lei Orgânica dos Tribunais Judiciais. A L n.° 38/87 foi alterada pelas L n.° 24/90, de 4 de Agosto, e n.° 24/92, de 20 de Agosto, e regulamentada pelo DL n.° 214/88, de 17 de Junho, alterado pelo DL n.° 206/91, de 7 de Junho. Hoje a LOFTJ (Lei da organização e funcionamento dos tribunais judiciais) está contida na L n.° 3/99, de 13 de Janeiro, várias vezes alterada.

[21] O Continente está desde há muito quase totalmente coberto por tribunais do trabalho, com excepção da comarca de Santiago de Cacém. Só praticamente na Região Autónoma dos Açores não há cobertura total por tribunais do trabalho.

[22] Em termos de alçada, valores de acção abaixo dos quais não é admitido recurso, a alçada dos tribunais de trabalho é de 3750 euros e a dos Tribunais de Relação é de 15 000 euros.

o Supremo Tribunal de Justiça (Pleno da secção social) tem a seu cargo a uniformização da jurisprudência (art. 732.°-A do CPC e art. 35.°, 1, c) da LOFTJ)[23].

Deve fazer-se uma referência a instância conciliatória e decisória menos formal — os julgados de paz, ainda que estes não tenham competência para acções relativas ao não cumprimento do contrato de trabalho [art. 9.°, 1, i) da L n.° 78/2001, de 13 de Julho[24]].

A competência material dos tribunais do trabalho está fixada em termos bastante estritos no Direito português[25]. Em princípio a regra é a da competência do tribunal da comarca e só taxativamente são competentes os tribunais do trabalho, nos casos especialmente previstos na lei. Para além da matéria ligada ao direito penal secundário em matéria laboral, a lei prevê a competência dos tribunais do trabalho, relativamente às seguintes hipóteses (art. 85.° da LOFTJ):

— Anulação e interpretação de convenções colectivas[26];
— Relação de trabalho e equiparadas, actos prévios à sua celebração, aprendizagem, tirocínio, e variados aspectos conexos;
— Questões entre trabalhadores e suas associações;

---

[23] São escassos os acórdãos para fixação de jurisprudência.

[24] Na realidade não em sido costume os trabalhadores valerem-se destas possibilidades. Excepção parece ser o Centro de Conflitos do Trabalho dos Açores (CASIMIRO FERREIRA, ob. cit., 193 ss.) Admite-se, contudo, que seja potenciada a intervenção após o DN n.° 30/2006, de 8 de Maio, em que está contido um protocolo subscrito pelo Ministério da Justiça e principais confederações patronais e sindicais (v. *Trabalho & Segurança Social*, n.° 7, 2006). É previsto um sistema de mediação laboral"para a resolução de litígios em matéria laboral, quando não estejam em causa direitos indisponíveis, e quando não resultem de acidentes de trabalho". Nos últimos meses, tem surgido motivos encorajadores sobre a mediação laboral.

[25] Na matéria, v. BERNARDO XAVIER/ALBINO MENDES BAPTISTA, cit..

[26] Os IRCT (Regulamentos de extensão e Regulamentos de condições mínimas), no plano do controlo de legalidade, estão sujeitos aos tribunais administrativos. V. a seguir no texto.

— Quanto a acidentes de trabalho, litígios relativos a despesas em enfermagem e hospitais a este propósito;
— Actos anti-sindicais, contencioso relativo a comissões de trabalhadores e greve.

Os Tribunais do Trabalho *não* têm competência em muita da matéria de trabalho, sobretudo em litígios de carácter colectivo[27], designadamente em instrumentos de regulamentação colectiva de trabalho não convencionais (CCT's)[28] e só marginalmente a possuem em Segurança Social (*grosso* modo, apenas relativamente a instituições privadas). Não têm competência em matéria relativa ao processo formativo das CCT's, a outras convenções entre associações sindicais e patronais, regulares ou irregulares, nem quanto ao exercício de liberdade sindical na empresa.

IV. Brevíssima referência aos actores do processo. Os juízes (juízes togados e juízes sociais). As partes. A presença sindical. O Ministério Público e o patrocínio

Os juízes Muito embora se não possa dizer, tanto como no Direito alemão, que o juiz é o soberano do Direito do trabalho, nunca será de

---

[27] Enumeramos estas questões na ob. cit., 63 s.

[28] Ponto bastante discutível é o relativo aos regulamentos de extensão e aos regulamentos de condições mínimas, em que a lei parece remeter o controlo de legalidade para a jurisdição administrativa (penúltima nota). Há jurisprudência no sentido de distinguir neste tipo de IRCT´s o controlo de legalidade do processo formativo e da competência ("questões de natureza administrativa" que competiriam ao TA) e o controlo de legalidade substantiva e de interpretação (que competiria ao TT). Não teremos grandes objecções no plano *de jure constituendo*, ainda que as distinções forma/substância nem sempre tenham funcionalidade para distribuir competências, em que há seguramente vantagens em unificar a instância. *De jure constituto*, esta solução — que procuraremos apreciar em outra ocasião — coaduna-se mal com a história dos preceitos e com o seu próprio texto. Mas não temos ainda opinião formada.

mais encarecer o papel da magistratura judicial no Direito do trabalho e da tutela que os tribunais dispensam aos trabalhadores. É importante também indicar que o processo do trabalho tem tradicionalmente uma grande atenuação dos princípios do dispositivo e dá uma grande prevalência à verdade material e à posição do *juiz activo*, quer na valorização do *inquisitório*[29] quer no papel do tribunal na efectivação dos direitos dos trabalhadores. O juiz não se cinge ao pedido do trabalhador, mas pode condenar *extra vel ultra petita*[30], que é aspecto importante de um famoso princípio do direito processual do trabalho: o de justiça *completa*.

Os juízes dos tribunais de trabalhos (magistrados togados) são em Portugal profissionalmente preparados conjuntamente com os de todos os tribunais incluindo os de competência genérica e especializada. A colocação em tribunais de trabalho depende da ordem de concurso e dentro dessa da preferência dos próprios magistrados. Isto quanto à primeira instância, em que os magistrados judiciais começam por estagiar sob orientação do juiz. Os juízes de 1.ª instância são 84 (números de 2005). No que se refere aos Tribunais da Relação (2.ª instância), os desembargadores colocados na secção social são-no também pela ordem em que ascendem à 2.ª instância, podendo eventualmente não ter passado antes pelos Tribunais do Trabalho. Os desembargadores são assim distribuídos em cada distrito judicial: 12 na Relação de Lisboa; 6 na Relação do Porto; 4 na Relação de Coimbra; 4 na Relação de Évora[31]. No cume, há 7 Con-

---

[29] A valorização do inquisitório já decorre hoje do CPC, na redacção da reforma de 1996 (art. 265.°).

[30] Nos termos do art. 74.° do CPT, o juiz deve condenar em quantidade superior ao pedido ou em objecto diverso quando resulte da aplicação à matéria de facto de preceitos inderrogáveis, legais ou de regulamentação colectiva.

[31] A Relação de Guimarães não tem secção social. A Relação de Faro não está instalada.

selheiros na secção social do Supremo Tribunal de Justiça (num total de 60)[32].

A LOFTJ prevê que os Tribunais do Trabalho sejam integrados por dois juízes sociais, normalmente um recrutado entre entidades empregadoras e outro entre trabalhadores. Os juízes sociais podem integrar o chamado «tribunal colectivo», para apreciação da matéria de facto. Tal estabelecido há mais de duas décadas, mas não é frequente que a matéria de facto seja apreciada em colectivo nos Tribunais do Trabalho e ainda menos frequente é que os juízes sociais intervenham[33]. A prática de julgamento é a de este se realizar mediante tribunal singular (garantindo-se a possibilidade de gravação da audiência).

As partes. A presença sindical. Como é de característica comum dos tribunais do trabalho, os Autores são quase sempre os trabalhadores e os Réus os empregadores. Por isso mesmo, os autores (demandantes) são pessoas singulares a quase 100% e os Réus (demandados) são pessoas colectivas (cerca de 90%)[34]. São raros os litígios entre associações sindicais e de empregadores (normalmente incidem em matéria de interpretação de CCT ou de anulação das suas disposições).

Quanto às associações sindicais, é de considerar que os sindicatos não desprezam as possibilidades que são abertas para a discussão judicial das reivindicações dos trabalhadores. Mas fazem-no normalmente estimulando acções piloto, através de mecanismos individuais, ainda que às vezes sob a forma de conflitos plúrimos. O certo é que o CPT não é por de mais generoso na atribuição da legitimidade e o

---

[32] Existem cerca de 60 Conselheiros, integrando — para além da mencionada secção social — as secções cível e criminal.

[33] CASIMIRO FERREIRA, ob. cit., 242 ss.

[34] CASIMIRO FERREIRA, ob. cit., 339.

alargamento da legitimidade recentemente estabelecido não tem sido aproveitado. Pensamos, contudo, que no nosso sistema não se ponderou bem até que ponto se pode dar legitimidade para intervenção em litígios individuais, mesmo plúrimos, em sistema de não unicidade, *i.e.*, de pluralismo sindical[35].

De facto, os parceiros sociais reivindicam um acréscimo de legitimidade, mas não utilizam sequer os meios de que dispõem. É no art. 4.º e 5.º do CPT que estão contidas as regras fundamentais quanto à legitimidade das associações sindicais[36]. De modo geral, as associações têm legitimidade relativamente aos direitos relativos aos interesses colectivos que representam e, em especial, centram-se em questões relativas à anulação e interpretação da CCT's, comportamentos anti-sindicais, e violação genérica de direitos individuais (aqui em termos muito pouco claros). Mas há, sem dúvida, sectores importantes a explorar no plano da higiene, saúde, segurança e da luta contra a discriminação

As associações de empregadores têm também legitimidade relativamente aos direitos correspondentes aos interesses colectivos que representam e também quanto às CCT's.

Patrocínio judiciário. O patrocínio judiciário está a cargo de advogados, nos termos gerais, bem como do Ministério Público (MP), nos moldes estabelecidos nos arts. 7.º a 9.º do CPT.

O MP tem uma posição muito activa em matéria de acidentes de trabalho. Nas outras acções, o MP patrocina bastantes vezes os trabalhadores. Um problema considerável, e que se tem tornado elemento de fricção entre os elementos judiciários, é o do patrocínio oficioso

---

[35] Em Portugal não há sindicatos únicos (de representatividade unicitária), nem se estabelece qualquer regime de controlo de representatividade, nem sequer há qualquer figura jurídica de "sindicato (mais) representativo". Tal torna difícil a discussão de aspectos de alcance geral, comuns a um conjunto de trabalhadores.

[36] V., também, art. 477.º, d), do CT.

dos trabalhadores pelo MP (tal representa uma percentagem de 20- -30%). Em geral os advogados têm insistido em que o curial será confiar-lhes o patrocínio, que para o normal das circunstâncias, mesmo no plano económico, poderá ser sustentado pelas avenças a cargo das associações sindicais e para os casos extremos pelos mecanismos de assistência judiciária. O facto é que os mecanismos de assistência judiciária, se funcionam eficazmente quanto às despesas de custas, parece já não propiciarem com celeridade e em termos satisfatórios o patrocínio por advogados.

(Janeiro de 2006)

BERNARDO DA GAMA LOBO XAVIER
(Faculdade de Direito da Universidade Católica Portuguesa — Lisboa)

Abreviaturas

AADL — Associação Académica de Direito; CCT — Convenção Colectiva de Trabalho; CITE — Comissão para a Igualdade no Trabalho e Emprego; CPC — Código de Processo Civil; CPT — Código de Processo do Trabalho; CT — Código do Trabalho; DL — Decreto-Lei; IRCT — Instrumentos de Regulamentação Colectiva de Trabalho; L — Lei; LOFTJ — Lei da Organização e Funcionamento dos Tribunais Judiciais; LOTJ — Lei Orgânica dos Tribunais Judiciais; MP — Ministério Público; RCT — Regulamentação do Código do Trabalho; TA —Tribunais Administrativos; TT — Tribunal do Trabalho.

Procedimentos na empresa
(para uma visão procedimental do Direito do trabalho)*

1. Introdução

A mais simples observação do CT torna nítido que certas posições activas do empregador empresário[1], ainda que de carácter unilateral, quando susceptíveis de atingir ou afectar a esfera do trabalhador ou trabalhadores ou até mesmo de apenas alterar o *statu quo*, devem exercer-se *por imperativo legal* em *procedimento* próprio, transparentemente, *i.e.*, com informação, com fundamentação, com oportunidade de interlocução com o atingido ou com um terceiro (estrutura

---

* O presente estudo é dedicado à memória de meu irmão Vasco, por ocasião de iniciativa levada a cabo pela Faculdade de Direito de Coimbra, impulsionada pelo Coordenador da Secção de Ciências Jurídico-Empresariais Prof. Doutor António Pinto Monteiro, que se traduziu no Congresso "Empresa e Sociedades". O Congresso foi realizado a 30 e 31 de Março de 2006, nos 20 anos do Código das Sociedades Comerciais, em homenagem a três grandes mestres de Direito comercial (Ferrer Correia, Orlando de Carvalho, Vasco Xavier). O texto aqui presente corresponde a pensamento exposto já em congressos de Direito do trabalho e, também, ao que tenho ensinado ou, melhor, discutido, em aulas de pós-graduação e mestrado de Direito do Trabalho na UCP. O texto está também em publicação num dos volumes dos "Estudos em homenagem" aos grandes comercialistas assinalados.

[1] E, às vezes, direitos e posições activas dos trabalhadores, mas a apresentação desses temas — em que o procedimento pode ser complexo (como na greve) ou bastante rudimentar (como na resolução por iniciativa do trabalhador, nos termos do art. 442.º do CT) — retiraria a unidade que se deseja para o presente estudo. Aliás, o procedimento não deixa de estar ligado a relações de autoridade e a um método de actuação de entidades que exercem poderes, de direito ou de facto (a empresa, mesmo privada, é considerada uma entidade de poder, o que tem consequências jurídicas, desde logo relativamente a direitos fundamentais).

representativa dos trabalhadores[2]), por vezes com prazos e formalidades. As questões não são de hoje. Aliás, no que se refere precisamente à intervenção de uma estrutura terceira, o Direito comunitário não só preconiza o "envolvimento" do conjunto dos trabalhadores (através das suas organizações), como em várias Directivas a partir de 1975 o torna obrigatório (consulta necessária às ERCT's[3]). Semelhantemente no Direito interno, com o mesmo sentido basicamente desde essa altura[4].

Para o nosso caso, tomar-se-á *procedimento como sequência de actos estabelecidos nas normas de trabalho e por estas normas regulados com vista à realização de um acto final, no procedimento também compreendido*[5]. Temos assim em vista a existência de um

---

[2] Estrutura formal e permanente (associação sindical, comissão sindical ou intersindical, comissão de trabalhadores) ou informal (comissões *ad hoc*, como as relativas à greve — art. 593.º do CT — ou as relativas ao despedimento colectivo — art. 419.º, 4, do CT).

[3] Para além do disposto no CT, em que se transpõem normas de Direito comunitário, quer-se aludir às próprias Directivas, na parte em que, preconizando o envolvimento dos trabalhadores na empresa, prevêem consultas que têm em vista um consenso, antes de a entidade empregadora decidir, no exercício dos seus poderes. Deve ser referida principalmente a Directiva 2002/14/CE, de 11 de Março, sobre informação e consulta dos trabalhadores na empresa, que o CT afirma ter transposto [art. 2.º, r), da L n.º 99/2003, que aprova o Código]. Tem também importância a Directiva 2001/86/CE, de 13 de Dezembro, transposta pelo DL n.º 215/2005, de 13 de Dezembro, sobre o envolvimento dos trabalhadores na sociedade europeia.

[4] Não se deve esquecer que, desde 1976, se estabelece a intervenção de comissões de trabalhadores em muitos dos actos empresariais, ainda que com significativas diferenças de carácter. Aliás, há alguma previsão de intervenções de estruturas representativas dos trabalhadores no corporativismo e muitíssimos exemplos na legislação imediatamente subsequente ao 25 de Abril de 1974.

[5] Nos domínios do Direito societário, sobre o tema, VASCO XAVIER, *Anulação de deliberações sociais e deliberações conexas* (Coimbra, 1976), 265 s., com importante distinção entre forma e procedimento.

procedimento legalmente estabelecido, o que determina, já se vê, a existência de posições jurídicas instrumentais (domínio que vamos deixar apenas implícito).

A circunstância de este tipo de questões possuir tanto interesse entre nós advém da relevância que lhes é dada pelo Direito positivo. Percorrendo as normas do trabalho, observa-se essa técnica procedimental em quase todos os casos de *cessação*, não só unilateral mas também bilateral[6], incluindo mesmo (de forma embrionária) os de ocorrência de termo extintivo ou resolutivo. Assim, teremos:

1. Declaração de caducidade
2. Efectivação do termo resolutivo
3. Revogação (distrate)
3. Despedimento por justa causa: a) Início, inquérito, nota de culpa, instrução, defesa; b) decisão, impugnação, reforma da decisão[7]
4. Despedimento colectivo
5. Despedimento por extinção de posto de trabalho
6. Despedimento por inadaptação
7. Abandono.

Mas também encontraremos o procedimento: a) na *constituição* e *modificação* da relação do trabalho e b) no exercício de *poderes*

---

[6] Muito embora a lógica da exposição postule apenas situações unilaterais, a verdade é que há situações bilaterais na relação de trabalho que, por várias razões, se podem assimilar ao produto de decisão unilateral (*v.g.*, contratação a termo, promoção) ou que, por decisão do legislador, têm necessariamente estrutura procedimental (revogação). Também o legislador estabelece um método procedimental em certos casos que não constituem tanto a afirmação de um poder empresarial mas exprimem simplesmente uma situação de regulação de interesses (*v.g.*, procedimentos relativos a férias e a licenças, adiante enumerados).

[7] Esta divisão em duas partes do procedimento por justa causa é adoptada, sobretudo, para efeitos expositivos.

empresariais gerais, sobretudo aqueles que tenham em vista a flexibilização.

Assim, por exemplo:
1. Emissão e alteração de regulamento interno
2. Admissão de trabalhadores com formalização de candidatura (principalmente por concurso)
3. Admissão de trabalhador a termo resolutivo
4. Procedimentos relativos à informação
5. Procedimento disciplinar comum
6. Promoção e retrogradação
7. Instalação de sistemas de controlo remoto
8. Procedimento de "jus variandi " funcional
9. Procedimento de "jus variandi" geográfico
10. Procedimentos de fixação e alteração de horário e marcação de descansos semanais
11. Procedimentos de solicitação de trabalho suplementar e de isenção de horário de trabalho
12. Procedimentos de adaptação do tempo de trabalho
13. Procedimentos de fixação de produtividade, de mérito ou de benefícios retributivos
14. Procedimentos de justificação de faltas e de controlo de baixa
15. Procedimentos ligados ao dimensionamento e à cumulação, marcação, interrupção, remarcação relativos a férias
16. Procedimentos relativos a licenças
17. "Lay off"
18. Procedimentos relativos a trabalhadores-estudantes
19. Procedimentos relativos às conexões familiares e à responsabilidade parental
20. Procedimentos relativos à igualdade
21. Procedimentos relativos a trabalho de menores
22. Procedimentos relativos a trabalho de estrangeiros

23. Procedimentos relativos à infortunística laboral (acidentes de trabalho e doenças profissionais)
24. Procedimentos ligados à saúde, higiene e segurança
25. Procedimentos ligados à formação profissional.

Por comodidade de exposição ter-se-ão apenas em conta os procedimentos de empresa ligados à relação individual do trabalho, deixando na sombra outros relativos à relação colectiva (*maxime*, ligados ao funcionamento das estruturas representativas dos trabalhadores na empresa[8] e aos conflitos colectivos[9]).

2. A técnica do procedimento

Parece haver aqui algo de semelhante ao que se passou na conhecida evolução do sistema do Direito Administrativo, em que o baricentro da atenção dos juristas se deslocou do acto administrativo para o procedimento administrativo, como modo e forma da decisão[10-11].

---

[8] Para além das especialidades relativas ao regime comum dos membros dessas estruturas, ainda no plano de relação individual (créditos de horas, faltas, disciplina, transferência, despedimento), pretende-se aludir aos procedimentos relativos aos deveres de informação, às eleições e reuniões no que respeita às respectivas facilidades a conceder na empresa, à cobrança de quotizações, etc.

[9] Não só conflitos directos na empresa (*v.g.*, à volta de AE's ou ACT's), mas também reflexos (relativos a conflitos no sector).

[10] É algo que encontramos referenciado na doutrina laborística europeia, principalmente italiana, desde o último quartel do séc. XX, bastante depois da afirmação no Direito público da importância do procedimento e da sua consagração normativa. Nós temos aludido à procedimentalização do actual Direito do trabalho em *O despedimento colectivo no dimensionamento da empresa* (Lisboa, 2000), 601 ss.; 706 ss. e, ainda, em XII ss.; e, também no nosso *Curso de Direito do Trabalho* I (Lisboa, 2004), 58, e sobretudo em *Direito do trabalho — Ensinar e Investigar*, UCP (Lisboa, 2005). Na realidade, o nosso sistema presta-se especialmente à observação da técnica pro-

Reter-se-á aqui a nota de exercício do poder ou do direito através de decisão num *fair and due procedure* (*due process*), em que o procedimento é constituído pela série de actos conducentes a emitir essa decisão (basicamente audição/consulta, fundamentação, transparência).

Destacam-se como "mais valias" para a técnica de procedimento na decisão do empregador, no caso da relação de trabalho (relativamente a outras zonas do Direito privado):

1. A *justiça (igualdade, imparcialidade) através do procedimento transparente*. Desde há muito que se fala da legitimação através do procedimento (LUHMANN, *Legitimation durch Verfahren*) em que a justiça se fundamenta em dados comprováveis que forneçam legitimidade à decisão. Deverá seguir-se um procedimento transparente na decisão que conte com toda a informação e pondere alternativas, de que decorra igualdade e imparcialidade.

2. *Objectivação e racionalização, como condições da generalização (padronização)*. A decisão empresarial no plano de gestão de pessoal não tem grande possibilidade de valer com um sentido meramente inter-subjectivo, relativamente a uma pessoa singular (natural, física), emissora ou destinatária. A decisão tem de assumir um sentido mais seguro e mais geral *em face do conjunto* dos trabalhadores inte-

---

cedimental, pelo elevado grau de regulação e descrição normativa de inúmeros procedimentos laborais.

[11] Não se referem, ainda que para o efeito sejam sugestivas, as correntes autopoiéticas e de direito reflexivo, no plano do Direito do trabalho (TEUBNER), centradas na regulação legal da autonomia e nos processos de auto-regulação social, partindo-se dos mecanismos da autonomia colectiva e dos mecanismos de influência nas decisões do Estado. De qualquer modo, o carácter auto-regulativo e de auto-normação dos grupos constitui um aspecto fundamental do Direito do trabalho, mesmo para além das correntes do Direito reflexivo. V., para o ponto, MONEREO PÉREZ, *Introducción al nuevo Derecho del Trabajo* (Valencia, 1996), 395 ss., e, também, ROGOWSKY//WILHAGEN, *Reflexive Labour Law*, ed. Kluwer (Deventer, Boston, 1996).

ressados. Tal sentido permite um melhor apuro da decisão, na sua informação, na *fundamentação/racionalização e uma espécie de validação geral* da mesma decisão (não desprezível para funcionamento do princípio de igualdade acima referido).

3. *Eficiência da decisão pela participação, convencimento e aceitação (busca de consensos)*. A decisão do empregador deve ser participada e convincente. O procedimento assegura a interlocução (várias formas de participação/envolvimento — informação, consulta/ /audiência, parecer, negociação, "consensualização" como não discordância) do conjunto dos trabalhadores ou das suas estruturas representativas. Em certos casos conseguir-se-á mesmo a "contratualização" (com uma estrutura organizativa dos trabalhadores ou com um conjunto de trabalhadores) ou formas de aceitação do trabalhador interessado, através de procedimentos para tal vocacionados.

4. *Consideração da complexidade dos interesses* em presença e a *integração* funcional dos interesses do(s) trabalhador(es) afectado(s). Na verdade, em alguns casos poderemos falar de discricionariedade do empresário e do interesse que transcende os do sujeito decisor. A procedimentalização envolve a partilha da responsabilidade e, em certo sentido, uma ideia de inserção e de democratização na instituição de referência (empresa)[12].

---

[12] Como disse RIVERO LAMAS (*Limitación de los poderes empresariales y democracia industrial*, Univ. Zaragoza, 1986, 141), não se trata de fazer desaparecer o poder da empresa: "trata-se, pelo contrário, de estabelecer os procedimentos adequados que incorporem mais legitimidade democrática e maior justiça e racionalidade nos centros de decisão empresarial sem destruir a unidade de poder na actividade de governo nem a sua capacidade operacional".

3. Os poderes do empregador, os interesses dos trabalhadores e as dificuldades de construção dogmática. A busca do consenso na relação de trabalho

Na análise dos "termos e condições" da sequência de actos com vista à decisão, teremos pois que certas posições empresariais, que costumamos designar de poderes[13], devem ser exercidas de modo procedimental. E desses mesmos termos e condições decorre que se encontra muitas vezes algum desvio à exclusiva subjectividade da gestão do pessoal que responsabiliza a empresa. Notar-se-á também que muitos dos actos empresariais referidos têm um carácter, se não plurisubjectivo, pelo menos não estritamente individual.

Neste ponto da exposição, teremos de recordar que estamos em face de direitos privados. Sendo certo que o procedimento não é exclusivo de estruturas publicísticas e existe também muitas vezes no exercício dos direitos privados, já seria excessivo dizer que pertence ao modelo de exercício desses direitos (subjectivos) privados uma motivação que seja informada pelos princípios de legalidade e de igualdade (a não ser nos limites da boa fé ou quando haja de detectar o abuso de direito). Por outro lado, num modelo privatístico — a não ser nesses mesmos limites de correcção (boa fé) contratual — aquele que exerce um direito (que se opõe ao outro sujeito do contrato) não está obrigado a tomar em especial consideração os interesses do sujeito passivo desse mesmo direito[14]. Contudo, no Direito do trabalho

---

[13] Como já se disse e melhor se verá, reportar-nos-emos ainda a outras estruturas subjectivas.

[14] Há, contudo, que colocar em relevo a construção moderna de um dever de lealdade e respeito pelos interesses da contraparte, de acordo com a economia do contrato. V., citando GIOVANNI UDA, JÚLIO GOMES, "Cláusulas de *hardship*", em *Contratos: actualidade e evolução* (Porto, 1997), ed. UCP, 203-4. Mas, parece-nos evidente que tal consideração de interesses é muito mais acentuada na relação de trabalho, com a forte expressão normativa do art. 119.º do CT.

de hoje, a todos parecerá perfeitamente aceitável e até natural que o empregador tenha de tomar em especial consideração os *interesses* dos trabalhadores relativamente aos quais exerce os seus poderes e direitos. E isto à partida, para além de outras boas razões (entre as quais a existência de uma comunidade de pessoal), porque estamos em face de contratos profundamente *assimétricos*, em que não é inteiramente válido o figurino da relação de *troca* e de contraponto sinalagmático de prestações perfeitamente identificadas.

De qualquer modo, torna-se necessária uma certa reconstrução das posições jurídicas activas do empregador, já que os respectivos direitos subjectivos, poderes e faculdade passam a ter como referente também os interesses do trabalhador sujeito passivo, contando com a presença de outras pessoas interessadas[15].

Pegando neste último aspecto, as prestações contratuais, sobretudo quando reportadas ao trabalhador, não estão nem podem estar perfeitamente identificadas. Mesmo prescindindo da análise da multiplicidade de obrigações acessórias, o contrato de trabalho é um *contrato "incompleto"*[16] *e "aberto ao futuro"*[17], porque só o futuro per-

---

[15] Teremos, pois, uma introdução do interesse do sujeito passivo da relação jurídica numa extensão até há pouco insuspeitada e uma fragmentação do bilateralismo da mesma relação, cada vez mais se estruturando as situações laborais de modo poligonal, pela diversidade dos actores. Tudo isto se prende com a análise do direito subjectivo e estruturas semelhantes.

[16] REUTER, "Das Verhältniss von Individualautonomie, Betriebsautonomie und Tarifautonomie", *RdA*, 1991, n.º 4, 195. REUTER refere que, estando o contrato de trabalho orientado para constituir uma relação duradoura, não será possível fixar antecipadamente todas as respectivas consequências, tendo de estar previstas competências regulativas em vez de regras de conteúdo. Colocamos várias vezes estas questões no nosso ensino (*Curso de Direito do Trabalho* — Lisboa, 2004, 348) e, sobretudo, em *Direito do trabalho — Ensinar e Investigar*, UCP (Lisboa, 2005), 33 ss, 54 e 94.

[17] V. REICHOLD, "Grundlagen und Grenzen der Flexibilisierung im Arbeitsvertrag", em *RdA*, 2002, n.º 6, 326 (e *passim*), relativamente ao "nach vorne offenen

mite concretizar a prestação do trabalhador e o seu correspectivo. E um futuro que corresponde a uma exposição de riscos e a comportamentos oportunistas de parte a parte[18] que só especiais técnicas, ainda procedimentais, têm possibilidade de gerir e de controlar. Por outro lado, o contrato de trabalho tornou-se também fonte de uma relação com vocação de perpetuidade, e essa característica obriga a uma constante adaptação, muito para além dos expedientes ligados à modificação por alteração das circunstâncias. A estrutural proibição de despedimentos tem um preço que é a adaptabilidade do contrato. Tal acontece, aliás, em termos de Direito civil, conforme tem sido demonstrado recentemente, sobretudo nos contratos que supõe organização e planeamento de relações económicas futuras[19].

O contrato de trabalho envolve uma relação com ingredientes associativos e que, vivendo no plano empresarial, tem de se reportar a uma organização[20]. Tal organização obriga à padronização dos con-

---

Vertrag". Também, nossa ob. cit. *Direito do trabalho — Ensinar e Investigar*, 32 ss. e 94. No Direito civil, JÚLIO GOMES, "Cláusulas de *hardship*", em *Contratos: actualidade e evolução*, UCP (Porto, 1997), 175 ss.

[18] Como é posto em evidência pelos teóricos da análise económica e sociológica da relação de trabalho.

[19] Assim, JÚLIO GOMES, "Cláusulas de *hardship*", em *Contratos: actualidade e evolução* cit., 173, n.º 17. V. CARNEIRO DA FRADA, especificamente quanto às relações contratuais duradouras, *Teoria da confiança e responsabilidade civil* (Coimbra, 2004), 559 ss. Elucidativa é a citação a p. 563, a propósito do dever de cooperação, ao referir "uma irremovível insistência do sujeito nos termos estritos do contrato, tal como foram inicialmente fixados, a indisponibilidade para levar em linha de conta os interesses da outra parte ou a resistência à adequada flexibilização podem atingir sem remédio as utilidades esperadas do negócio". E, imediatamente a seguir: "Daí também a natureza *intuitu pesonæ* que este género de relação tende a assumir; ela espelha a necessidade de um relacionamento estreito, solidário mesmo, entre os sujeitos".

[20] Já TEUBNER refere a natureza híbrida de contrato e organização e aos contratos de longa duração, ainda que a propósito do "franchising" (*apud* JÚLIO GOMES, ob. cit., 179-180).

tratos de trabalho, no plano da gestão, e, num domínio mais ético (mas também de política de boa gestão), a objectivos de realização de princípios de igualdade de salário e de tratamento. Ainda, todos os contratos aparentemente autónomos (e por isso nós falamos muitas vezes em contratos individuais de trabalho[21]) são afinal *contratos intimamente conexos e interactivos*, na lógica própria da organização. Os trabalhadores laboram em conjunto, tendo em vista o trabalho dos outros, e é por isso também que são entre si solidários[22]. Como a prestação do trabalho demanda uma organização em conjunto, com desempenhos em que a actividade de cada qual carece de ser considerada e conjugada no tempo, no espaço e nas modalidades de execução, as tarefas de todos e cada um dos trabalhadores têm de se ajustar (numa cadeia de produção não podem ficar tarefas por fazer nem podem ocorrer tarefas redundantes, nem cada qual pode trabalhar para o seu lado e em qualquer lado e às horas que lhe aprouver e, também, o que cada um não faz terá de ser feito por outro). A interactividade é fortíssima em certas situações: candidaturas a uma promoção para a qual há vários contraentes/trabalhadores da empresa interessados; selecção social para identificação do trabalhador a despedir num procedimento de despedimento colectivo, etc. A coordenação das prestações individuais pertence ao empregador empresário, como sempre ocorreu, mesmo quando a lei tal não estabelecia. Isto não só pertence à ordem natural das coisas (e essa tem muita força), mas também as normas constitucionais e legais não dão lugar a dúvidas, até porque tal

---

[21] O desaparecimento propositado no CT da locução "individual" ligada a "contrato de trabalho" não significa que não existam algumas vantagens, quanto mais não seja para facilitar uma nomenclatura de distinção relativamente aos contratos colectivos de trabalho. Por outro lado, a expressão "contrato individual de trabalho" tem ainda expressão actual no CPT.

[22] Prescindimos, por agora, da análise de outros aspectos, aliás muito mais relevantes, ligados à solidariedade dos trabalhadores, explicativos da força do sindicalismo.

é pressuposto de algumas das próprias posições activas dos trabalhadores, sobretudo as ligadas ao princípio de igualdade[23].

Voltando ao ponto de partida, de facto, o problema coloca-se nos seguintes termos. No contrato de trabalho estão supostos importantes poderes da competência empresarial e, mesmo, no plano dinâmico, a própria vida do contrato envolve competências relativas às vicissitudes e cessação do mesmo, aspectos particularmente sensíveis. E parece adequado, pelas razões apontadas, que o exercício dessas competências por parte de um dos contraentes se processe em termos procedimentais[24].

Assim, em resumo, a propósito do procedimento na relação de trabalho em conexão com a vontade do trabalhador, teremos como pressupostos:

a) Forma de exercício do poder com busca de uma consensualização atípica (grau menos elevado que o do mútuo consenso[25]) num

---

[23] O ponto tem a ver com as várias conexões na empresa dos contratos de trabalho do respectivo pessoal. Muito embora nem sempre todos se tenham dado conta disso, estas situações são de há muito conhecidas do Direito: existe toda uma teorização relevante sobre as conexões negociais e contratuais, desde logo quanto a contratos *coligados*, com diversos sujeitos numa das bandas. Por outro lado, também se poderá falar na situação de conexão inerente à mão comum ou a comunidades de facto mais ou menos acidentais. No nosso entender, verifica-se nas relações de trabalho na mesma empresa algo de mais intenso.

[24] No Direito civil, JÚLIO GOMES, "Cláusulas" cit., 167, n.º 1, a propósito da adaptação, integração e alteração dos contratos.

[25] Veremos já a seguir como os quadros civilísticos do consenso para a modificação do contrato de trabalho foram insuficientes e substituídos por outros métodos regulativos na definição do futuro do contrato, com larga margem de intervenção do empregador. Contudo, a virtualidade do consenso, mesmo frente ao exercício de um poder, voltou ao Direito do trabalho, seguindo um percurso semelhante ao do Direito público, mesmo para além dos quadros da concertação social. Contudo, quando falar-

mos de "busca de consenso", pretendemos aludir não ao consenso adequado e formal gerador do contrato, mas a formas de relativa anuência, porventura tácitas e informais quando outra coisa é exigível em termos jurídicos, ou até a formas de "não oposição", geradoras de convalidação de situações (por ficar esgotado um prazo de impugnação ou de exercício de direitos — caducidade —, por ter operado a prescrição, por se ter criado uma ideia de "aceitação do acto", em termos semelhantes aos do Direito público). Não se trata de contrato porque nem é justo imputar ao sujeito — que se manteve passivo — o acto ao qual por qualquer razão não se opôs...ou com o qual se conformou. Nem sempre serão sequer negócios jurídicos os actos empresariais relativamente aos quais se procura o assentimento dos trabalhadores. A este propósito a redacção de certas Directivas é muito expressiva. Assim, por exemplo, a Directiva de 2002 sobre o exercício do direito à informação e consulta dos trabalhadores nas empresas, estabelece no art. 1.º, 3, que na definição ou aplicação das modalidades de informação e consulta, "o empregador e os representantes dos trabalhadores operarão com espírito de cooperação em cumprimento dos seus direitos e obrigações recíprocos, tendo em conta tanto os interesses da empresa como o dos trabalhadores". A consulta significa um intercâmbio de opiniões, por vezes, "com a finalidade de chegar a um acordo sobre as decisões do empregador que se encontram no âmbito dos poderes do empregador" (art. 4.º). De qualquer modo, a civilística distingue claramente o consenso e acordo do contrato. Assim, MANUEL DE ANDRADE, *Teoria geral da relação jurídica,* (Coimbra, 1974), 30 ss, quanto aos "simples acordos" (da índole de "compromissos sem intuito negocial, diferentemente dos contratos, em que se pretendem efeitos prático-jurídicos e para os quais se reclama a sanção das leis). V., também, JÚLIO GOMES/FRADA DE SOUSA, "Acordos de honra, prestações de cortesia e contratos", em *Estudos de homenagem a Almeida Costa* (Lisboa, 2002), ainda que estes destaquem que a falta de vontade negocial não significa irrelevância jurídica. V., ainda, CARNEIRO DA FRADA, *Tutela da confiança e responsabilidade civil*, Coimbra, 2004, ed. Almedina, 537 s. De qualquer modo, conforme diz CARNEIRO DA FRADA, ob. cit., 538, a prática tem demonstrado "a possibilidade de tais acordos relevaram juridicamente ao menos em certas situações". A este propósito e de outras situações de acordo, têm sido criados os neologismos "consensualizar" ou até "contratualizar", obviamente para referir *gentlemen´s agreements*, acordos intermédios e outras formas de compromisso e acordo que não se revestem de uma definitiva fusão ou convergência de vontades nem do intuito de vinculatividade jurídica própria dos contratos, mas que são relevantes e geradores de efeitos jurídicos. Para o nosso caso, um exem-

contrato associativo, de organização[26], assimétrico, incompleto e aberto ao futuro, em que os esquemas contratuais de bilateralidade não servem, mas em que importa assegurar que o interessado destinatário do acto final possa participar de alguma maneira na preparação da decisão que este acto supõe. Daí, a matéria exposta na alínea seguinte.

b) Necessidade de tutela dos trabalhadores, em face da impossibilidade de funcionamento do princípio contratual de mútuo consenso, em que ao demais se é confrontado com as conexões contratuais e interactividade relativa a uma massa de contratos. Há que, sobretudo, ter em conta a especial tutela das expectativas da outra parte exigida por contratos duradouros desta natureza[27]. Falaremos assim do procedimento como meio e tutela individual e colectiva, relativa aos atingidos por actos unilaterais potencialmente lesivos. Como veremos, haverá também recurso, nesse tipo de procedimento, à ideia de dispor de especiais meios de controlo colectivo (instrumentos de regulamentação colectiva, representação dos trabalhadores, referendo), que funcionam necessariamente em moldes procedimentais como sistemas de revisão e fiscalização do poder empresarial. E, também, a um eventual controlo jurisdicional, facilitado pela transparência e formalização do procedimento.

---

plo deste tipo de dificuldades encontrar-se-á, por certo, nos regulamentos internos, sua prolação e aceitação.

[26] Organização que postula a padronização de contratos, não só por uma razão prática de racionalidade de gestão, mas também como exigência de justiça relativa quanto aos vários sujeitos contratuais.

[27] JÚLIO GOMES, ob. cit., 183, citando HAARMANN, relativamente aos contratos de longa duração e a acentuação dos respectivos riscos e a ponderação das legítimas expectativas.

4. A busca do consenso na relação de trabalho (continuação)

O papel do consenso na relação de trabalho, para além do que se acaba de dizer, exige mais aprofundada meditação.

Temos, antes de mais, que é indispensável o exercício de um *poder central* (confiado em primeira linha ao empresário) que fixe as condições de trabalho para *todos* os trabalhadores envolvidos e que, de certo modo, administre a massa de contratos de trabalho presentes na empresa. Como se viu e veremos melhor, a possibilidade de intervenção de cada trabalhador não tem viabilidade de se realizar através dos mecanismos contratuais de mútuo consenso (nem é aceitável que tal aconteça), relativamente aos espaços em branco, que permitem dizer que o contrato de trabalho está exposto ao futuro. Cada trabalhador não pode (nem porventura deve) agir sozinho contra o poder organizatório confiado ao empregador empresário e a que ele próprio se confiou outorgando em contrato de trabalho. Só pode contar (e, porventura, só é justo que conte) com a eventual intervenção de estruturas representativas ou de previsões de convenções colectivas ou até de referendo dos seus colegas trabalhadores interessados. Isto é, à lógica do contrato individual substitui-se uma lógica associativa e colectiva em que, com maior ou menor envolvimento do conjunto dos trabalhadores, se logra controlar um poder do empresário.

Isto por um lado. Deixando, por ora, as limitações colectivas, dir-se-á que falando num poder, deverá também falar-se das respectivas limitações que só operam efectivamente através de um método procedimental. Temos necessidade de transparência, de informação, de fundamentação, de interlocução e, portanto, de procedimento[28]. Obviamente as necessidades de limitação são mais intensas no caso de exercício de poderes empresariais que sejam eventualmente lesivos para o trabalhador. Não é pois surpreendente que o procedimento se verifique com especial amplitude nas situações de perda do posto de

---

[28] Referimos estas questões sumariamente na nossa ob. cit., 55.

trabalho e ainda, para usar a formulação comunitária, no caso de "decisões que possam envolver mudanças substanciais relativamente à organização de trabalho e aos contratos de trabalho"[29], sendo que nesses casos, a consulta aos órgãos representativos dos trabalhadores terá "a finalidade de chegar a acordo sobre as decisões que se encontram compreendidas nos poderes do empregador"[30]. É um novo "consensualismo".

Insista-se, de passagem, em que o caminho de um ultrapassado contratualismo, que tinha sido tentado para procurar limitar as situações de exercício de poder empresarial reconduzindo-os aos princípios contratuais de mútuo e completo consenso ("ponto por ponto"), está condenado ao fracasso. Contudo, encontra-se ainda geralmente difundida na nossa doutrina e da nossa jurisprudência (e também resulta do nosso CT) a ideia um tanto simplista de que alterações à vivência da relação de trabalho e inflexões de gestão de pessoal, quando fora de um nítido poder directivo, se reduzem à *modificação contratual* e que os contratos só poderão ser objecto de modificação por iniciativa do empregador se conseguirem obter o *consenso* do trabalhador. Mesmo deixando para já de fora os casos de perda do posto de trabalho, esse ultrapassado contratualismo, ainda hoje frequentemente detectável, não apanha a realidade.

Deve notar-se que esse modelo de contratualismo foi perfeitamente praticável e compatível com o modelo de organização empresarial e com um certo civilismo, reinantes até à primeira metade do século passado, os quais, aliás, deixaram desprotegido o trabalhador na relação de trabalho. Na realidade, nessa época, quando o empregador pretendia modificar a prestação do trabalho, solicitando, ou mais ou menos horas de trabalho, impondo uma alteração do horário ou do local de trabalho, requerendo uma modificação das tarefas,

---

[29] Art. 2.º, 2, c) da Directiva 2002/14/CE, de 11.3.02.
[30] Al. e) do n.º 4 do art. 4.º da referida Directiva.

etc., etc.[31], o método do consenso, mesmo dirigido a uma massa de contratos, resultava em favor do empresário. Na realidade, na empresa esperava-se a adesão dos trabalhadores às exigências do serviço e se algum trabalhador não se sujeitasse às solicitações do empresário, para este tudo seria muito fácil: bastava pôr termo àquele contrato que do ponto de vista empresarial se tornava infuncional. Estávamos, nessa época, num sistema em que o despedimento era ilimitado por natureza, constituindo um expediente simples e seguramente muito mais operacional para tutela do empregador do que aquilo que viria a ser chamado "despedimento modificativo"[32].

E, quando o método do "consenso" (pressionado pela eventualidade de denúncia) não resultava, era episodicamente porque se libertavam as forças ou mecanismos colectivos, sendo que por via da greve ou do *lock out* se continuava a estabelecer a necessária padronização.

Isto é, até basicamente à primeira metade do século passado, a modificação contratual era simples, porque bastava ao empregador pôr termo aos contratos de trabalho com trabalhadores irredutíveis e contratar outros que se dispusessem a trabalhar nas condições que por ele empregador fossem requeridas (directa ou indirectamente, pelos mecanismos e equipamentos, divisão de trabalho e ritmo das máquinas). Contudo, este método deixou de poder funcionar, por duas razões: a primeira de carácter técnico, pois os trabalhadores deixaram de ser indiferenciados e fungíveis e uma substituição rápida deixou de ser fácil de promover; a segunda teve a ver com o desenvolvimento

---

[31] Notar-se-á que a tentativa de alteração podia ainda dirigir-se à contraprestação, agindo o patronato nas crises sobre o montante dos salários, baixando as retribuições.

[32] Atente-se que nem sequer estamos a considerar modificações por mero arbítrio do empregador ou motivadas por um intuito persecutório ao trabalhador, mas apenas aquelas alterações à economia contratual que o empresário considerava indispensáveis ao bom funcionamento da empresa.

dos regimes legais de protecção ao trabalhador no despedimento. De facto, na medida em que se criaram restrições ou, como no caso nacional, uma proibição genérica de despedimentos deste tipo, deixou de ser viável ao empregador a utilização expedita de técnicas bilaterais de correcção através de modificação contratual, pois perdeu o meio de pressão emergente da possibilidade de pronta desvinculação, meio aliás proscrito especialmente nestas situações como abusivo[33].

Cada vez é menos possível, hoje em dia, falar em alternativa de técnicas de consenso/desvinculação como método sistemático de gestão de pessoal[34]. Contudo, nem se pode dizer que resta o primeiro termo da alternativa, como possibilidade sequer útil. Contando apenas com o mútuo consenso, isto significaria que — se o empresário pretendesse alterar as técnicas de laboração, os tempos do trabalho, intervalos de descanso, etc. — teria de obter o consentimento de todos (mas de *todos*) para que esta alteração, apelidada de modificação contratual, se viesse a realizar. Poderia parecer que assim se manteriam os princípios contratuais, mas haveria que perguntar se, em verdade, tal sistema tem virtualidades de funcionamento[35].

Diga-se também em boa verdade, que mesmo numa altura em que era fácil o despedimento[36], já se tutelava, pelo menos a partir da

---

[33] Já na LCT, o art. 21.º, 1, a) e b).

[34] Não queremos dizer que não sejam pontualmente aplicáveis técnicas de despedimento modificativo ou semelhantes, aliás com guarida no CT, corpo normativo muito enformado pela perspectiva da individualidade da relação de trabalho.

[35] Bastaria que um trabalhador entre cem se opusesse a que fosse montado um sistema de adaptabilidade de horário para que ficasse impossibilitada definitivamente a introdução desse sistema em toda a equipa a que ele pertence. Dando outro exemplo (ainda que na nossa opinião fora do sistema do contrato de trabalho): já nos foi colocado o problema de saber o que é que acontece quando uma empresa pretende encerrar um refeitório, substituindo essa regalia por compensações monetárias, troca com a qual todos os trabalhadores estão de acordo menos um, aliás por motivos respeitáveis.

[36] Cfr., sobre o tema, "Novos contratos, novas realidades e Direito laboral", em antecedente n.º da *RDES* (2005).

segunda metade do séc. XX, a estabilidade da posição contratual do trabalhador, protegendo este contra pretensões ilícitas de modificação contratual. Contudo, havia, como há hoje, um largo círculo de influência, quase de competência exclusiva patronal, expresso pelo poder de direcção em muitas zonas de conteúdo contratual e do *jus variandi* no como, quando e onde da prestação do trabalho, influência que nunca foi posta em causa.

Na realidade, o Direito do trabalho está em muitos domínios alheio dos moldes do mútuo consenso, ou melhor, do estrito "consensualismo"[37]. Esses moldes nunca satisfizeram os interesses do trabalhador, porque ficcionam uma vontade esclarecida e livre, que demasiadas vezes não existe. Nem os interesses do empresário, titular de uma massa de contratos interdependentes. Para suprir estas insatisfações desde há muito se aceitou uma intervenção unilateral, aproveitando o já cunhado conceito de subordinação e o correspondente poder directivo do empregador. A actividade humana que interessa ao Direito do trabalho exerce-se *subordinadamente*, sob as *ordens e direcção* da pessoa que aproveita a respectiva utilidade. A *subordinação* está ligada à indeterminação e inconcretização da prestação do trabalho e, nos termos que para aqui interessam, à própria inevitável incompletude de previsão no programa contratual. Relativamente à prestação do trabalho terá de ser fixado o *como*, o *onde* e o *quando*, havendo necessidade de a conexionar e organizar, bem como todas as outras prestações de trabalho, com os diversos factores de produção. Isto supõe relações de autoridade, competências unilaterais e, normalmente, a detenção de uma organização produtiva. O trabalhador — enquanto obedece — transmite o trabalho e respectivos resultados a quem está na posição de os integrar no processo produtivo. Por isso,

---

[37] No Direito civil, JÚLIO GOMES, "Cláusulas" cit., 169, referindo aquela concepção em que o mútuo consenso basta, sem qualquer outro elemento, e que; citando HAUSER, a formação se reconduz ao "instante quase intemporal do encontro de vontades".

COMMONS diz que o que o trabalhador vende, quando oferece no mercado o trabalho, é ..."*his promise to obey commands*". E, de facto, o empregador empresário dirige, encaminha, define, especifica e organiza a prestação do trabalho, tanto em abstracto — regulamentando — como em concreto — dando ordens e contra-ordens em ajustamento contínuo da prestação — intervindo sobre ela constantemente, antes, durante e depois da sua realização, controlando-a e fiscalizando-a, submetendo quaisquer desvios no cumprimento a um esquema sancionatório privado, fora dos esquemas jurisdicionais (sanções disciplinares). O trabalhador vincula-se a prestar a sua prestação nos termos concretamente determinados pelo empregador. A este último pertence, a cada momento e em certos limites, dirigir a execução efectiva da prestação, ordenando-a na sua actuação concreta. Teremos pois um poder empresarial de direcção e de coordenação de todos os contratos, numa gestão conjunta das prestações desses mesmos contratos.

Tudo isto é bem mais que uma escolha civilística no âmbito da prestação genérica. Repetindo um tópico que temos constantemente tomado, a competência geral do empregador, num quadro empresarial em que é indispensável uma gestão conjunta de uma massa de contratos, expostos e abertos todos ao futuro, tem base na necessidade de assegurar, na lição de REUTER[38], mais que uma fixação de conteúdos, uma competência de regulação, que postula a definição de padrões e que não se coaduna com um laborioso tecer de compromissos contratuais com cada um dos trabalhadores que faz parte do pessoal da empresa.

Não é que o quadro contratual não se deva manter, devendo existir mesmo no Direito do trabalho um sistema de estabilização especial desse mesmo quadro. Contudo, em muitos aspectos o empregador empresário detém poderes de facto e de direito no sentido de unilateralmente pretender alterar a situação contratual, como se estivesse

---

[38] Ob. cit., 195.

diuturnamente armado com um direito à modificação do contrato correspondente à modificação das circunstâncias (art. 437.º do CC — direito à modificação). E, na realidade, o contrato de trabalho está aberto ao futuro no seu conteúdo porque pode em alguma medida ser unilateralmente alterado sem concurso da vontade do trabalhador. Melhor, o compromisso de quem trabalha é o de aceitar uma constante adaptação do seu trabalho (desde que, claro está, seja equitativa e deixe íntegra a sua posição essencial).

Desenvolvendo um ponto já aflorado, nunca será de mais insistir no carácter ilusório do acordo e da vontade comum nos conteúdos contratuais, tais como a fixação do desempenho da actividade laborativa e suas modalidades[39]. O empresário não contrata com o trabalhador sobre as operações requeridas pelas máquinas empregues (ou a empregar) no processo produtivo nem sobre o sistema de divisão de trabalho, nem mesmo sobre o ritmo da laboração. A celebração de contratos de trabalho que postulam essas operações não expropria o empregador de funções empresariais típicas e essenciais: ele pode reequipar com novos equipamentos e tecnologias ou estabelecer diversos métodos de trabalhar[40]. Ora das máquinas e da divisão do trabalho dependem as tarefas concretas, os tempos, a qualificação, as competências e a fadiga do trabalhador... que não poderá arvorar interesses,

---

[39] É tópico conhecido o da demonstração da pretensa igualdade e da "ditadura contratual", como obstáculo a uma legitimação negocial da subordinação. A teorização antiga da relação de trabalho e a teoria da incorporação da empresa e outras "derivas" institucionalísticas, como as do ordinalismo concreto, intencionaram deixar na sombra a contratualidade da relação do trabalho. Mas, não sendo acertadas essas concepções, não o são também aquelas que envolvem um estrito contratualismo, que oculta a impossibilidade de completa fixação *in futurum* de conteúdos contratuais e a indispensabilidade de dotar o empregador de poderes amplos na matéria.

[40] É claro que há limites, quanto ao que pode ser exigido ao trabalhador, pelas regras gerais de boa fé (art. 119.º do CT) e também por regras particulares [art. 120.º, c); 149.º; 151.º, 5; 161.º; 272.º e ss.].

mesmo legítimos, à estabilidade de determinantes contratuais e, sobretudo, considerar o pressuposto material e substrato da prestação laborativa como pertencendo ao clausulado contratual, insusceptível de alteração unilateral.

Mesmo nas situações tipicamente contratuais (admissão, modificação salarial e de tempo de trabalho, mudança do local de trabalho) torna-se necessário uma apreciação mais ampla que o relacionamento trabalhador/empregador. Sem contar que essas situações contratuais são muitas vezes desencadeadas por decisões unilaterais do empregador (assim, nas decisões em concurso — admissões e promoções com vários interessados, selecção para despedimento).

Por outro lado, para além de situações tipicamente contratuais emergentes da relação de trabalho, é necessário criar espaço para apreciação de actos gerais do empresário, de carácter não contratual, unilaterais[41], apenas conexos com a relação de trabalho, mas que se destinam a estabelecer sob autoridade empresarial certo tipo de condições sobre inumeráveis aspectos, alguma das quais favorecem não só a prestação, mas as relações humanas, a integração e o sentido comunitário da empresa.

Tal ocorre com certas facilidades e vantagens conferidas ao pessoal das empresas. Relevam basicamente do poder da empresa se auto-organizar, ainda que sejam às vezes erradamente assimiladas a situações contratuais pelo seu carácter de intima conexão com a relação de trabalho. Assim, por exemplo a prática de algumas gratificações ou de prémios de carácter precário. Em outros casos também, a criação de realizações de carácter social e de regalias não obedece a uma lógica contratual e irrevogável. Assim, as situações complementares de segurança social, onde sejam permitidas, ou a instituição de estruturas de saúde (clínicas na empresa e prestações ou serviços

---

[41] Nem sempre devidamente compreendidos: é sintomático de um preconceito contratualístico o regime dos regulamentos de empresa (art. 95.° do CT).

complementares do SNS), infantários, salas e bibliotecas de pessoal, bares, refeitórios, ginásios, etc.[42].

5. O exercício do procedimento e as dificuldades de identificação do empregador/decisor

As situações em presença são, na sua interpretação tradicional, o poder do empregador e a sujeição do trabalhador, e — enquanto posições jurídicas — susceptíveis de uma reconstrução tormentosa. Estas posições recíprocas devem ser, como se disse, actuadas em muitos casos através de procedimento vinculativo, em que se inclui uma espécie de limites que oneram (ónus) o empregador, com os correspondentes interesses legítimos do(s) trabalhador(es).

Ora não poderemos ignorar o microcosmos de homens e relações humanas presente no âmbito de organizações e, sobretudo se excluímos as formações laborais menos complexas do nosso estudo (a nossa

---

[42] Não se pretende referir propriamente aqui as situações contratuais conexas com o contrato de trabalho, (e de que já nos ocupámos em outro lugar) e que resultam do funcionamento dos equipamentos referidos através de contratos específicos. É necessário distinguir os actos constitutivos e fundacionais ou institucionais, das condições de funcionamento: uma coisa é a instituição de um refeitório ou de um infantário, que releva de decisões unilaterais, outra o conjunto de relações contratuais que se criam com o funcionamento desses equipamentos (direitos dos trabalhadores à prestação de serviços educativos e de cuidado contra a prestação de propinas ou mensalidades, ou a refeições também contra o pagamento de importâncias definidas), em que os preços bonificados não roubam nem o carácter de relativa autonomia e sinalagmaticidade próxima dos contratos e prestação de serviços de guarda e educação infantil ou de restauração. As relações prestacionais deste tipo serão, porventura, de estrutura bilateral conexas com a relação de trabalho, mas já a criação das respectivas instituições prestadoras obedece a uma lógica unilateral. A unilateralidade não significa discricionariedade na extinção ou falta de vinculatividade, tanto mais que se nos afigura tratar-se de esquemas alicerçados no art. 459.º do C. Civ..

análise pretende reduzir-se a sociedades comerciais[43] e correlativas empresas médias e grandes[44]) não poderemos deixar de considerar a dificuldade de análise deste mesmo mundo. A verdade é que, em qualquer caso, a relação de trabalho já não é, no plano prático, uma relação entre pessoas físicas, identificando-se o credor gestor da prestação do trabalho (nos séculos XIX e primeira metade do século XX, designado como o "patrão") em algo de menos abstracto que a pessoa colectiva. Aliás, temos aqui falado algumas vezes de "empresário" ou de "empregador empresário", mas trata-se de algo de difícil concretização.

Quem decide e quem actua o procedimento necessário ao exercício do poder? Ao contrário dos trabalhadores (*rectius*, de cada trabalhador) — cuja identidade de pessoa singular não é difícil de estabelecer, sendo mais simples encontrar o homem que trabalha que a abstracta prestação (ou o trabalho) — quando falamos em empregador, a sua identificação para o efeito de exercício de procedimento está longe de ser clara. Trata-se de uma figura evanescente, que nos levou a aludir em outro lugar a uma espécie de huxleyano "vertebrado gasoso"[45]. Note-se bem que os nossos problemas não residem em saber quem é a "parte" ou "contraente" ou "sujeito" do contrato, obviamente a sociedade enquanto pessoa colectiva titular das relações de trabalho em causa[46]. O problema é saber quem — de carne e osso

---

[43] Sociedades civis também, fundações e empresas públicas, mas os problemas continuam a ser basicamente os mesmos. Cfr. a nota seguinte.

[44] É sabido que pode haver sociedades sem trabalhadores ou quase sem trabalhadores de enorme poder (SGPS), como grandes organizações, com centenas de trabalhadores, exploradas sob formas não societárias. Como pode haver também relações de trabalho sem empresas. Mas pretendemos aqui tratar de realidades correntes, sem integrar o atípico.

[45] Nosso, *O despedimento colectivo no dimensionamento da empresa* (Lisboa, 2000), ed. Verbo, 24.

[46] Mais uma vez esclarecemos que reduzimos o nosso estudo a situações empresariais de certa complexidade, que envolvem pessoas colectivas na banda patronal, mormente sociedades. Nos casos das relações laborais nas empresas públicas, as

— na sociedade é o "interlocutor do assalariado" (TEYSSIÉ), como competente para exercer os poderes empresariais de forma procedimental, e que avalia em termos de equidade, ponderação, sentido de igualdade, e que *decide* em termos de serem imputados os seus actos à própria sociedade.

É um dos grandes problemas do Direito do trabalho, que na prática se resolve de modo bastante empírico[47], porventura com apelo a uma ideia mais concreta, mas que na prática lida com idênticas dificuldades, que é a de empresário. Não podendo ter a pretensão de o deixar aqui elucidado, deixamos apenas as seguintes notas.

Primeira nota: Como se viu, em termos teóricos e mesmo considerando apenas a titularidade dos direitos, entende-se como empregador a sociedade comercial, que detém a empresa e que é parte nos contratos de trabalho que organiza para funcionamento da mesma empresa que lhe está adstrita. Ora, a sociedade comercial necessita de actuar no mundo do Direito e por isso possui órgãos externos (para além dos internos que não vêm ao caso) e esses são suportados por

---

questões não diferem sensivelmente. No caso de empregadores individuais, os problemas de identificação aparecem como mais fáceis, mas há situações de certa complexidade. Como se costuma dizer, o empregador pode ser um bebé e os mecanismos de representação e de suprimento de incapacidades nem sempre nos darão resposta simples ou sequer capaz.

[47] Na realidade, o problema é agudo mesmo em outros aspectos importantes do tráfico jurídico ou do contencioso. Quanto aos últimos, basta pensar em algo que frequentemente ocorre: depoimento de parte em processo de trabalho, quando é ouvido o empregador sociedade. São ouvidos dois administradores (em coro!), a pretexto de só dois obrigarem a sociedade comercial? É ouvido o administrador que detém o pelouro do pessoal ou o que está relacionado com os factos? E o que acontece, quando — como é frequente — a administração não tem um conhecimento pessoal e só tem um conhecimento documental ou até "por ouvir dizer" dos factos "pessoais" da sociedade? Têm-nos referenciado as práticas judiciais mais desencontradas. Os problemas ocorrem da mesma maneira quanto a certas obrigações de presença pessoal da parte.

pessoas físicas que representam legalmente a pessoa colectiva. E, quando falamos no exercício de poderes, necessitamos de encontrar aqui uma vontade na qual se centre o procedimento para o respectivo exercício.

Vontade da sociedade empregadora e pessoa do empregador, pois. Simplesmente, nos domínios societários — como escreveu VASCO XAVIER, "a vontade colectiva é sempre 'legal' — no sentido de que, ao contrário da vontade individual, não tem existência empírica como 'vontade'. É sabido, com efeito, que enquanto que no caso das pessoas singulares a Lei dá relevo à vontade psicológica (real), ao resultado de um mecanismo natural, para as pessoas colectivas ela 'constrói' uma vontade: e como toda a actividade jurídica das pessoas colectivas se faz por intermédio das pessoas físicas, também a formação da sua vontade se baseia em declarações (de vontade) destas últimas. Já se vê, portanto, que, se a ordem jurídica não se pode aqui a limitar a dar relevo a um fenómeno natural — como no caso da vontade individual — sempre a organização da vontade colectiva pertence directamente à lei [...]"[48].

Ora, como dizia mais adiante VASCO XAVIER, "na estruturação da vontade da pessoa colectiva, formada através de um órgão" [...] há "a saber quais são as pessoas físicas cuja actividade se pode imputar a esse mesmo órgão"[49].

Assim, torna-se importante encontrar — na comunidade de homens que constitui o suporte humano da sociedade comercial e da empresa — aquele homem que decide em últimos termos, que exerce o poder e conduz o procedimento, estando — por outro lado — juridicamente habilitado como empregador. Trata-se do problema de

---

[48] *Os pactos de voto nas sociedades anónimas*, (Coimbra, 1959), 176, obra inédita policopiada, apresentada como dissertação para o Curso Complementar de Ciências Histórico-Jurídicas.

[49] Ob. cit., 177.

encontrar aquilo que, para além do "principal abstracto" se deve considerar o "principal concreto"[50].

Isto leva a introduzir a segunda nota.

Sendo a Sociedade o empregador, em moldes jurídicos não será propriamente empregador ou empresário qualquer dos seus órgãos (mesmo quando outorga nos contratos de trabalho, como pode acontecer com o conselho de administração ou cada pessoa individual que constitui o seu suporte, *i.e.*, cada administrador). De qualquer modo, para os efeitos ligados ao desencadeamento dos procedimentos, torna-se necessário encontrar a pessoa física cuja acção pode ser imputada ao "empregador"[51]. Sabemos que, em termos jurídicos, não é empregador o sócio dominante, nem a pessoa física eleita como administrador nem mesmo o conjunto de pessoas que constitui o Conselho de Administração. Mas, como titular(es) de órgão, essa ou essas pessoas representam organicamente a sociedade, e a verdade é que para efeitos de decisão de procedimento poderemos encontrar aqui aquele que, no exercício das suas funções, age em termos de a sua actividade ser imputada ao próprio empregador empresário[52]. De qualquer modo, trata-se de um problema jurídico, não naturalístico, competindo ao

---

[50] Na linha da distinção alemã que desde há muito RAÚL VENTURA entre nós referia.

[51] Pensamos que para algumas situações é indispensável encontrar a pessoa física, no seu comportamento, que identifica o empregador. Não propriamente para certas situações de relacionamento pessoal (deveres de respeito, de omissão de assédio, etc., que porventura ainda se podem analisar com referência ao sistema hierárquico), mas na avaliação de parâmetros de igualdade, proporcionalidade, etc., que não se bastam com a identificação da sociedade empregadora em abstracto, mas exigem uma identificação do decisor.

[52] Poder-se-á dizer que temos aqui o problema geral da actuação da pessoa colectiva no mundo do Direito, mas supomos que há questões próprias na gestão do contrato de trabalho (no nosso entender, a relação de trabalho não tem as características da actuação meramente externa da pessoa colectiva e exigem uma maior responsabilização societária pela aparência — v. os parágrafos a seguir do texto).

Direito construir um processo de identificação da vontade singular de quem quer que seja (sócio dominante, administrador, director, superior hierárquico) imputável, na relação de trabalho, directa ou indirectamente ao empregador.

Outra nota aqui a colocar é a da existência de um sistema hierárquico nas empresas: os trabalhadores obedecem directamente a superiores hierárquicos que são eles próprios trabalhadores e que às vezes se encontram muito longe da própria administração. Representam para o efeito, de modo expresso[53] ou tácito, a sociedade, decorrendo os poderes do próprio contrato de trabalho, nos termos do art. 111.º, 3 do CT (antigo art. 5.º, 3 da LCT). Aliás, o próprio sistema hierárquico (supondo a prevalência da vontade do superior sobre o subalterno) permite uma imputação à pessoa colectiva das decisões nele fundadas. Exactamente aqui se insere o contrato de trabalho na própria posição patronal: o CT, numa linha que vem da LCT, diz-nos exactamente no art. 121.º, 2[54], que — no cerne do poder que identifica o patrão, que é o poder directivo — o dever de obediência "respeita tanto às ordens e instruções dadas directamente pelo empregador como às emanadas dos superiores hierárquicos do trabalhador, dentro dos poderes que" [...] "lhes forem atribuídos" pelo mesmo empregador.

Aqui se coloca o difícil problema que constitui uma outra nota, que é a da quebra lógica que existe num sistema decisional fundado na hierarquia, mas que a nível mais alto se corporiza num órgão colegial, de aparência paritária[55]. De facto, nas sociedades comerciais

---

[53] Certas empresa mais importantes elaboram anualmente um sistema de procurações, estabelecendo os termos em que certos quadros as representam.

[54] Cfr., também, o art.121.º, 1, a) — notar-se-á que se não dispensa aqui uma alusão à empresa. Já no n.º 2, nenhuma referência há, na linguagem da lei, ao sistema organizatório empresarial, como se a hierarquia relevasse apenas da condição de empregador, o que é contestável.

[55] PAULO OTERO, *Conceito e fundamento da hierarquia administrativa* (Coimbra, 1992), 400.

portuguesas, em regra de estrutura não monocrática[56] (sendo rara a figura do PDG), em que formalmente a autoridade é colegial e releva do Conselho de Administração, torna-se ainda mais difícil encontrar a figura pessoal que se assume como empresário ou patrão, de carne e osso, e que ao mesmo tempo no plano jurídico tem a respectiva identidade[57].

Finalmente diremos que estão longe de serem esclarecidos todos os problemas emergentes da pessoa colectiva e da sua hierarquia. Nos domínios da relação de trabalho, os mecanismos da representação (orgânica ou voluntária), do mandato, ou da comissão, e o jogo dos preceitos para responsabilizarem a própria sociedade e pessoalmente os sócios ou gestores (art. 6.°, 5 do CSC; arts. 163.°, 164.°, 217.°, 500.° e 800.° do C. Civ.; e arts. 111.°, 3, 378.° e 379.° do CT) estão longe de poderem ser considerados suficientemente claros.

---

[56] A colegialidade é na prática a regra nos órgãos societários de decisão. A recente reforma do CSC alterou profundamente o sistema de governo das sociedades, mas não fica invalidada a asserção.

[57] Apesar de a vida da sociedade comercial ser muitas vezes comandada pessoalmente pelo sócio dominante (o tal que não é empregador), e ser a constituição e gestão dos contratos operada através de apenas um administrador ou mais modestamente pela cadeia hierárquica da empresa (constituída por trabalhadores dispostos verticalmente). Por outro lado, não pode ser facilmente descartado o diafragma constituído pela própria sociedade, ela própria velada pela existência de um Conselho com vários administradores, que normalmente apenas obrigam a Sociedade pela presença ou assinatura de dois, sendo que agem como representantes do colégio, o qual por sua vez age como representante da Sociedade. Existem sempre as dificuldades práticas trazidas pela separação moderna entre o capital e o "management" e a indispensabilidade de manter o sistema empresarial com as suas limitações de responsabilidades, os seus agrupamentos de sociedades e a necessidade de impedir os abusos de personalização. Não se podem esquecer, por outro lado, as soluções de responsabilização para além do esquema formal de imputação à Sociedade, colocando também o sócio dominante (art. 83.° do CSC), as sociedades coligadas (art. 501.° e ss do CSC) e o administrador (art. 72.° e ss do CSC) como responsáveis. O CT, como se indica a seguir no texto, possui também soluções de responsabilização dessas pessoas.

De qualquer modo, em regra não se torna demasiado difícil encontrar o empregador, "real"[58], dando uma certa força à aparência[59] (no sentido de primazia da substância sobre a forma) e ao dominante "princípio da realidade", corrente em Direito do trabalho. Não estamos habilitados a resolver os vários problemas equacionados, mas pensamos que tem de ser procurada uma realidade suficientemente consistente do decisor empresário como vinculando o empregador, em moldes de poderem ser imputados à sociedade empregadora (que deve suportar em geral um "risco de autoridade"[60] e da própria imagem sem artifício das coisas) os actos de gestão dos contratos de trabalho[61]. Seja como for, as empresas têm um sistema decisional hierárquico, ou estabelecido de modo público (por um esquema de procurações notarialmente lavrado) ou pelo menos *coram populo*, e, se se der o devido valor jurídico à realidade, talvez empiricamente se possam identificar a decisão patronal e o decisor patronal.

---

[58] CARNEIRO DA FRADA; *Teoria da confiança* cit., 49 ss. Do mesmo autor, já antes, com OLIVEIRA ASCENSÃO, "Contrato celebrado por agente de pessoa colectiva. Representação, responsabilidade e enriquecimento sem causa", *RDE*, 1990-93, 46 ss. Muito pertinentemente nestes textos se alude "à necessidade prática de lançar sobre o detentor de uma empresa comercial o risco da organização interna da empresa e a observância efectiva da divisão interna de poderes e funções".

[59] Não propriamente ao empregador "aparente", formalmente designado tantas vezes de modo fraudulento.

[60] O princípio do "risco de autoridade" é geralmente invocado a propósito da infortunística laboral (responsabilidade patronal por acidentes de trabalho e doenças profissionais), mas supomos que tem outras virtualidades. Como a própria doutrina privatística que se ocupa da questão poderá, porventura extrair muito do art. 111.º, 3 do CT (antigo art. 5.º, 3 da LCT).

[61] Ainda que sejam cabidas dúvidas: Como actos próprios da sociedade empregadora? Como actos de terceiro pelos quais a sociedade se responsabiliza?

6. O quadro da empresa no procedimento. Trabalhador, empresa e sociedade empregadora (o art. 64 do CSC e a sua nova redacção)

Na relação de trabalho existem poderes do empregador a que está exposto o sujeito trabalhador (individualmente ou em conjunto): estes poderes devem ser exercidos rectamente e, na nossa hipótese, dentro de um quadro organizado, que é a empresa, a qual tem elevado "protagonismo" (MONTOYA) no Direito do trabalho.

Encontramos, pois, a *empresa* como organização de poder aberta ao influxo de todos os seus membros. Temos entendido a empresa[62] como centro de referência de poderes (e deveres) do empregador empresário, que organiza duradouramente as várias prestações dos distintos contratos de trabalho, através da divisão, integração e hierarquização do conjunto dos trabalhadores ligados a essa realidade económica. A empresa constitui também um quadro de referência de interesses[63], em que relevam também as conveniências do conjunto de pessoas que nelas presta serviço, e nela se estabelece uma estrutura de poder em que tem influência o pessoal, através de órgãos representativos próprios. Referentemente à empresa são segregadas regras laborais próprias (regulamentos internos, acordos colectivos, usos), parâmetros de controlo de decisões (princípio de igualdade, de proporcionalidade).

Assumem na empresa especial vulto os poderes de titularidade do empresário, que é também o empregador. Do que se disse há pouco se retira a assinalada dificuldade de necessária individualização do

---

[62] V., principalmente, nosso *Curso de Direito do trabalho* (Lisboa, 2004), 347-357.

[63] Podendo colocar-se a questão do interesse da empresa (cfr. nosso *Curso* cit., 352 ss), o que é chamado a debate precisamente para legitimar certos poderes excepcionais do empregador, que se exercem de modo procedimental (*jus variandi*, mudança do lugar de trabalho e outros exemplos referidos a p. 353). V., também, um dos parágrafos subsequentes, em que se refere o interesse da organização produtiva de pessoas.

empregador empresário, pois teremos de analisar poderes e direitos e assim também vontades e decisões, num sistema em que existe hierarquia e a distribuição do poder.

O poder empresarial é de titularidade do empregador, com referência ao interesse da organização produtiva de pessoas, organização hierárquica fundada em contratos de trabalho com margens de direcção e gestão conjunta da competência do mesmo empregador, sendo que se trata de contratos dinâmicos, duradouros e expostos ao futuro (note-se, marginalmente, que a mudança é o preço da estabilidade do emprego). A alusão ao contrato e à legitimação dos poderes empresariais através desse mesmo contrato não permite olvidar o já referenciado carácter incompleto da definição da relação contratual aberta ao futuro e destinada a ser gerida em conjunto com outras. Ora a exposição da situação dos trabalhadores a uma modificação de conteúdos contratuais pelo poder empresarial postula instrumentos de reequilíbrio, tais como a integração do interesse dos trabalhadores no processo decisional e a transparência desse mesmo processo.

No contrato de trabalho o trabalhador obriga-se a integrar a sua própria actividade com todos os que fazem parte da organização, em moldes geridos pelo empregador. Trata-se de poder do empregador empresário simultaneamente ligado ao contrato (e à posição proeminente ou vantajosa que dele dimana, em confronto da subordinação do trabalhador) e à titularidade da empresa. Poderemos encarar a gestão de contratos de trabalho ou a função de gestão do pessoal como poder com certo grau de funcionalização (menos que um poder-dever, ou um poder funcional, de qualquer modo um poder de administração ligado ao modo de exercício nos termos do art. 64.° do CSC) e referido a um quadro relativamente transcendente de interesses[64].

Aqui encontramos um outro problema, a que vamos dar especial importância. Na primitiva lição do art. 64.° do CSC, dizia-se (aliás, na

---

[64] É claro que este aspecto tem a ver com a estrutura do direito subjectivo e de outras posições activas no contrato de trabalho, problema a que temos aludido.

esteira de legislação anglo-saxónica) que os gestores da sociedade devem actuar "no interesse da sociedade, tendo em conta os interesses dos sócios e dos trabalhadores". Deixemos o problema da existência de interesses próprios da sociedade, diferentemente dos interesses do sócio e da posição de cada sócio (dominante ou minoritário), aspectos de particular relevância na doutrina societária[65] para encarar só a posição dos trabalhadores.

Quanto à relevância dos interesses dos trabalhadores, o preceito não só se encontrava na linha do já estabelecido em outros sistemas mas correspondia ao nosso quadro constitucional, em que o conjunto dos trabalhadores é portador de interesses próprios, intervém democraticamente na vida da empresa, constituindo, portanto, uma referência no quadro de interesses a que o empregador deve atender[66].

Inexplicavelmente o preceito foi mudado. Ora a modificação do CSC[67] tornou menos nítida, no seu enunciado, a menção aos interesses dos trabalhadores como parâmetro de gestão da sociedade. Onde o preceito referenciava, como obrigação dos administradores, actuar "no interesse da sociedade, tendo em conta os interesses dos sócios e dos trabalhadores", a lição actual do art. 64.º diminui aparentemente o relevo dos interesses dos trabalhadores, assimilando-os aos interesses "de outros sujeitos relevantes para a sustentabilidade da socie-

---

[65] Problemas a que Vasco Xavier deu particular atenção no estudo já citado sobre os pactos de voto.

[66] Recordo-me que, em troca de impressões com meu saudoso irmão Vasco, quando eu lhe expunha as minhas dúvidas sobre o interesse prático da menção aos interesses dos trabalhadores, dizia-me ele — concedendo embora que na gestão concreta dos administradores da empresa tal não tivesse efectividade — que o art. 64.º do CSC possuía grande interesse dogmático e, daí, que o preceito assumisse muita importância. Melhor reflexão levou-me a concordar inteiramente com ele. A referência ao interesse dos trabalhadores já era feita por Vasco Xavier em 1959, em *Os pactos de voto* cit., 207.

[67] Operada pelo cap. II do DL n.º 76/06, de 29 de Março, subsequente à autorização legislativa contida na L n.º 60-A/05, de 30 de Dezembro.

dade", como clientes e credores. Envolverá esta diluição uma diversa perspectiva ou a menorização dos interesses dos trabalhadores?

Se assim for entendido, não queremos deixar de considerar extremamente grave uma modificação do quadro vigente nos últimos vinte anos, por obra de uma reforma em que a comunidade científica e dos operadores jurídicos estava focalizada em outros aspectos. Não é aceitável dar, encapotadamente, uma conformação em absoluto diversa no plano ideológico e programático à posição dos trabalhadores. Mesmo que tal fosse substantivamente constitucional (o que consideramos muito duvidoso), não nos parece que o Governo estivesse habilitado para tanto, até porque a autorização legislativa invocada no DL n.º 76--A/2006 (no seu preambulo apela-se para o art. 95.º da L n.º 60-A//2005, de 30 de Dezembro — lei do Orçamento) em nenhuma parte menciona a esta mudança estrutural do quadro de referência da administração societária no que tange aos trabalhadores[68-69].

De qualquer modo se a nova redacção do art. 64.º do CSC pretende envolver minimamente uma "novidade" no plano dos direitos dos trabalhadores, tal será procedimentalmente inconstitucional, por

---

[68] O art. 95.º é um "cavaleiro orçamental", contido no Orçamento de Estado para 2006, em que se referem apenas os tópicos dissolução e liquidação das sociedades, em nada autorizando o Governo para efeitos de legislar sobre a estruturação e posição dos trabalhadores nas sociedades (e, porventura, relativamente a outros aspectos).

[69] Dir-se-á, em contrário, que se manteve o princípio de identidade de forma, já que o CSC em 1986 não se filiou também, nesta parte e em todas as outras, em autorização legislativa. Simplesmente, a referência específica ao interesse dos trabalhadores (aos quais não era dada equivalência aos dos credores e clientes) estava na linha do programa constitucional e em nada restringia a posição e intervenção dos trabalhadores no quadro empresarial ao tempo. Mesmo sem chamar a debate a ideia (que repudiamos) da irreversibilidade do grau de consecução dos direitos sociais, não nos parece que o "statu quo" constante de diploma legal relativo à posição dos trabalhadores no domínio da gestão das empresas pudesse ser diminuído sem intervenção da Assembleia da República.

não se ter respeitado o princípio da audição das estruturas representativas dos trabalhadores[70-71].

Afigura-se-nos, pois, para interpretar o preceito no seu quadro evolutivo em conformidade com a Const., que não se pode desvalorizar minimamente a menção — com carácter fundamental — do art. 64.º do CSC aos interesses dos trabalhadores.

7. Conclusão

Pretendeu-se aqui referenciar aspectos pouco estudados: os poderes empresariais e seu controlo através de procedimentos privados.

---

[70] Nós temos considerado excessivo aplicar este princípio constitucional de audição com demasiada amplitude: não entendemos "como legislação do trabalho aquela que marginalmente ou incidentalmente trate de questões laborais sectoriais" (nosso *Curso*, 520). Mesmo relativamente ao CSC, temos considerado excessiva a declaração de inconstitucionalidade em concreto do art. 398.º do CSC, na parte relativa à posição dos trabalhadores eleitos para órgãos de administração, a pretexto de não ter precedido audição das estruturas representativas dos trabalhadores. Simplesmente, esta opinião, que mantemos, reporta-se a questões acidentais ou acessórias e não tem em mente mudanças legislativas estruturantes em matéria laboral contidas em quaisquer Códigos, que quando ocorram exigem audição das estruturas representativas dos trabalhadores.

[71] É certo que, constituindo a obrigação dos administradores (que encarnam a posição empresarial) de atender aos interesses dos trabalhadores algo de estruturante da relação do trabalho e, portanto, neste domínio, seguramente legislação do trabalho, não foi a primeira lição do art. 64.º do CSC submetida a audição das organizações dos trabalhadores. Simplesmente, é bem diverso o caso da antiga redacção da norma, que se mantinha na linha da Const., publicada pacificamente em fase de controlo ao tempo menos severo do princípio constitucional de audição (deve comparar-se a doutrina e os parecer da Comissão Constitucional e a posição firmada com rigidez pelo Tribunal Constitucional a partir de 1988), redacção que se manteve sem protestos dessas estruturas. Outro caso é seguramente o da nova lição do art. 64.º, numa revisão em que foram ouvidas dezenas de instituições, mas não quaisquer estruturas representativas dos trabalhadores.

Como se disse, o poder empresarial é de titularidade do empregador empresário, com referência ao interesse da organização produtiva, organização de pessoas fundada em contratos de trabalho com margens de direcção e gestão conjunta da competência do mesmo empresário. Esta competência é susceptível de fundamentar a responsabilidade do empregador empresário pela organização e pela hierarquia. Os contratos de trabalho, tendo uma finalidade organizativa comum, são entre si conexos. São contratos incompletos, que transcendem a relação de troca, dinâmicos, duradouros e expostos ao futuro (a mudança é o preço da estabilidade do emprego) e desenvolvem-se aceitando abertura a uma gestão comum do empresário.

O poder do empregador empresário de gestão e adaptação dos conteúdos contratuais deve estar sujeito a vários graus de controlo (pelas ERCT's, pelos trabalhadores interessados e em certo grau pelo contraente atingido ou afectado), tendo em conta o equilíbrio dos contratos, os riscos próprios dos mesmos e a adesão recíproca dos contraentes e a pessoa dos trabalhadores envolvidos e a própria comunidade em presença. Uma das técnicas de controlo é o seu exercício de forma procedimental, com várias interlocuções e com abertura a interesses não meramente próprios do titular (*v.g.*, interesses da empresa) e ainda aos dos trabalhadores afectados.

Supomos, pois, que — para o efeito — há que repensar e reconstruir as categorias dogmáticas relativas às posições jurídicas do empregador exercidas de modo procedimental (sequência pré-ordenada de actos e formalidades conducentes a um acto final).

O exercício dos direitos e poderes do empregador empresário na empresa não está sujeito à partida a regras especiais, a não ser quando indicadas na lei ou dentro dos parâmetros da boa fé. Ainda assim, deverá considerar-se com existente uma limitação geral, sobretudo quanto a actos que envolvam alteração do "statu quo", uma obrigação geral de correcção e de boa fé de que redunda um exercício procedimental desses mesmos poderes.

A análise da lei permite detectar um vastíssimo conjunto de decisões empresariais sujeito a regras estritas de procedimento. Parece indiscutível o carácter procedimental de muitas actuações previstas no Direito do Trabalho sobretudo na vertente exercício de poderes empresariais de carácter extraordinário.

Isto significa *condicionamento* das posições activas empresariais (exercício de poderes e direitos de acordo com o "due process") e *limitações* que essa modalidade de exercício especialmente coloca.

As vantagens do procedimento são muitas como se viu: racionalização do processo decisional, informação e transparência, busca de consenso e aceitação (e, portanto, relegitimação), abertura ao colectivo e realização da igualdade, pacificação, tutela do trabalhador pela limitação inerente, controlo de equidade e da proporcionalidade. De facto, como o procedimento potencia o controlo, não só de forma como de fundo, parece evidente que se trata ainda de um método de tutela dos trabalhadores e da sua posição descompensada. Há aqui uma nova "legalidade empresarial"[72] e um modelo participativo no seu sistema de governo.

---

[72] À "legalidade da empresa" se refere Nunes de Carvalho, em *Das carreiras profissionais no Direito do trabalho* (copiog., — dissertação de mestrado na biblioteca da UCP, III, 13, VI, p. 435). O A. reporta-se a preceitos de IRCT's que não se dirigem à modelação do programa contratual, mas apõem limites à actividade organizatória e de gestão do empregador. Nós tomamos a expressão metaforicamente para identificar uma gestão do pessoal normativamente estruturada, por regras de qualquer carácter (escritas ou não), que determinam situações de confiança e servem de apoio a um modelo de direcção das relações de trabalho consistente, transparente e iluminado por princípios jurídico-laborais. Significam, portanto, o contrário de uma gestão de pessoal avulsa, sigilosa e apenas determinada pelo imediatismo de vantagens: a "legalidade empresarial" não se reporta propriamente à lei ou à CCT ou a regulamento interno, nem envolve algo de semelhante ao princípio da legalidade na administração, mas constitui um modelo de gestão que repousa em normas, não apenas técnicas, mas abertas a uma ideia de estabilidade e justiça nas relações de trabalho.

As desvantagens colocam-se logo na simples possibilidade do procedimento: perda de velocidade de gestão, fomento do contencioso onde não seja aproveitado o sistema do "due process" para a inatacabilidade do resultado[73]. E, obviamente, envolvem a debilitação à partida das posições empresariais, ainda que o exercício do procedimento seja susceptível de lhes conferir assinalável consolidação.

BERNARDO DA GAMA LOBO XAVIER
Universidade Católica Portuguesa (Lisboa)

---

[73] Queremos aludir a sistemas muito céleres e dinâmicos de controlo de irregularidades procedimentais, mais presos à rapidez da decisão e à justiça do resultado, que à observância de formalidades.

Nulidade de cláusulas de convenções colectivas de trabalho
O período experimental no contrato de trabalho desportivo[*]

Plano: *1. Apresentação do problema. 2. Período experimental: a) Noção; b) Fundamento; c) Regime. 3. Período experimental no contrato a termo: a) Regime comum; b) Regime especial dos desportistas profissionais; c) Aplicação do Código do Trabalho ao contrato de trabalho desportivo. 4. Período experimental em contratos sucessivos. 5. Alteração do período experimental: a) Disposição legal; b) Instrumento de regulamentação colectiva de trabalho; c) Acordo das partes.*

1. Apresentação do problema

I. Com a entrada em vigor do Código do Trabalho (CT) alteraram-se algumas directrizes orientadoras do direito do trabalho e estabeleceram-se diferentes regras em diversos aspectos. Apesar de o Código do Trabalho, mantendo a tradição jurídica nacional, não ter

---

[*] Neste estudo pretende-se homenagear o grande Mestre, Prof. Doutor António de Sousa Franco, de quem fui aluno no Curso Geral, tendo continuado a receber o seu ensinamento por largos anos, nomeadamente quando fui vice-presidente do Conselho Directivo da Faculdade de Direito de Lisboa, que era então presidido pelo saudoso professor.

Este trabalho foi enviado para o livro de homenagem ao Prof. Doutor Sousa Franco, em Outubro de 2005 e publicado em 2006 pela Faculdade de Direito de Lisboa, mas tendo em conta a dimensão da obra, publica-se autonomamente o texto.

operado uma modificação substancial neste ramo do direito, introduziu diversas soluções distintas das que vigoravam e resolveu várias dúvidas que se colocavam ao abrigo da legislação precedente[1].

Na medida em que as soluções consagradas no Código do Trabalho — ainda que em resultado de esclarecimento de dúvidas — se afastam das constantes da legislação revogada, os diferentes diplomas que se mantêm em vigor, assim como os instrumentos de regulamentação colectiva de trabalho, dever-se-ão adaptar ao novo regime. É necessário, pois, compatibilizar regras que não foram revogadas com o novo regime.

II. Neste estudo pretende-se analisar a compatibilidade de disposições de instrumentos de regulamentação colectiva de trabalho que prescrevem soluções quanto ao período experimental com as regras constantes dos arts. 104.º a 110.º do CT.

2. Período experimental

a) *Noção*

I. Na sequência de uma longa tradição legislativa, o período experimental foi estabelecido no art. 44.º da LCT e, posteriormente, a matéria encontrava-se regulada nos arts. 43.º e 55.º da LCCT. Com maior desenvolvimento, este regime foi regulamentado no Código do Trabalho (arts. 104.º a 110.º)[2].

Destes preceitos (arts. 104.º e ss. do CT) — que se limitam a concretizar e desenvolver o regime que já provinha do diploma de 1969, esclarecendo algumas dúvidas — conclui-se que, em qualquer con-

---

[1] Sobre a questão, veja-se ROMANO MARTINEZ, *Direito do Trabalho*, 2.ª edição, Coimbra, 2005, pp. 96 e ss.

[2] Quanto ao período experimental, veja-se ROMANO MARTINEZ, *Direito do Trabalho*, cit., pp. 451 e ss.

trato de trabalho, há um acordo implícito do qual resulta a existência do período experimental, que também pode ser alvo de acordo explícito das partes.

Dos arts. 104.° e ss. do CT decorre que o período experimental encontra-se implicitamente acordado em qualquer contrato, mesmo que este não tenha sido ajustado por tempo indeterminado. Assim, ainda que o vínculo laboral não confira estabilidade ao trabalhador, como num contrato a termo, considera-se que foi implicitamente admitida a existência de um período experimental. De facto, quanto ao contrato a termo, também se prevê um período experimental (art. 108.° do CT); a excepção encontra-se no contrato em comissão de serviço, onde a existência do período experimental depende de estipulação expressa no respectivo acordo (art. 109.°, n.° 1, do CT)[3].

II. Por vezes, o período experimental é visto como uma forma de cessação do contrato, porque ele encerra uma das hipóteses de extinção do vínculo laboral — concretamente a denúncia —, razão pela qual no regime de 1989 (LCCT) surgia entre as formas de cessação do contrato de trabalho. Porém, o período de experiência, apesar de permitir a denúncia do vínculo, tem a sua razão de ser relacionada com os primórdios de uma relação duradoura e, por isso, com o início de execução do contrato de trabalho. Justifica-se, pois, a opção do Código do Trabalho de regular esta matéria a propósito dos aspectos preliminares do contrato de trabalho, a seguir à formação, concretamente nos arts. 104.° e ss. do CT.

---

[3] Como resulta da anotação de Luís Miguel Monteiro (anot. II. ao art. 109.°), in Romano Martinez/Luís Miguel Monteiro/Joana Vasconcelos/Madeira de Brito/Guilherme Dray/Gonçalves da Silva, *Código do Trabalho Anotado*, 4.ª edição, Coimbra, 2005, p. 246, justifica-se esta exclusão ao regime comum, porque a cessação do contrato em regime de comissão de serviço encontra-se facilitada para o empregador. No fundo a excepção advém do facto de o período experimental ser muitas vezes entendido como uma vantagem conferida ao empregador, apesar de o legislador estabelecer o regime de modo bilateral.

III. Poder-se-ia supor que, antes do início da relação duradoura, se estabelecia um acordo experimental, em que as partes mantinham um vínculo jurídico atenuado; entender-se-ia, assim, que existia, primeiro, uma relação laboral temporária e, depois de findar este vínculo, iniciava-se a verdadeira relação de trabalho. Mas, de facto, não há dois contratos; pelo contrário, o contrato de trabalho é o mesmo: inicia-se numa determinada data, a partir da qual começa a correr a fase do período experimental; terminada esta, o contrato continua com um vínculo duradouro (definitivo). Por isso, a antiguidade do trabalhador conta-se desde o início do período experimental (art. 104.º, n.º 3, do CT).

Deste modo, o período experimental corresponde a uma fase inicial da execução do contrato de trabalho, durante a qual não vale o princípio de estabilidade.

b) *Fundamento*

I. A admissibilidade do período experimental no contrato de trabalho justifica-se, porque, sendo a relação laboral duradoura, as partes, antes de a iniciarem de forma definitiva, devem apreciar mutuamente as respectivas qualidades: importa que o empregador avalie se o trabalhador possui as qualidades necessárias para execução do trabalho e, da mesma forma, é relevante para o trabalhador verificar se confia no empregador, mormente no que respeita às condições de trabalho, a um tratamento condigno e ao pagamento atempado da retribuição. O próprio *intuitus personae* que caracteriza a relação laboral leva ao estabelecimento de um período de prova.

Apesar de o período experimental se revelar de extrema importância para que as partes se conheçam mutuamente, é necessário atender ao facto de também interessar a mútua percepção quanto ao modo de execução do contrato. O empregador quererá saber se pode confiar no trabalhador e se este tem capacidade para executar as tarefas correspondentes ao vínculo ajustado, como igualmente se ele se adapta às condições de execução do trabalho solicitado. Por seu turno, o trabalhador terá interesse em saber se o empregador o trata correctamente e lhe paga a retribuição no vencimento, mas especialmente se está interessado em se adaptar às condições de trabalho que lhe são propostas. Principalmente nos contratos de trabalho onde se superou o paradigma da relação comunitário-pessoal, o trabalhador não se preocupa em conhecer a pessoa do empregador — normalmente uma sociedade anónima — nem sequer o director ou o administrador; para o trabalhador será relevante avaliar as qualidades dos seus superiores hierárquicos directos e, em especial, aperceber-se das condições em que o trabalho é executado.

Na medida em que o período experimental não tem só em vista o conhecimento recíproco das partes, no n.º 2 do art. 104.º do CT, esclarece-se que «*As partes devem (...) agir de modo a permitir que se possa apreciar o interesse na manutenção do contrato*». E, para a vontade de manter o contrato, influem variados aspectos, nomeadamente relacionados com um juízo de prognose quanto ao modo como decorrerá a relação laboral.

II. Tendo em conta a estrutura da relação laboral, poder-se-ia pensar que o período experimental foi conferido em exclusivo benefício do empregador. Na verdade, tendo sido proscrita a liberdade de denúncia do contrato por parte do empregador, este tem particular interesse no período experimental; em contrapartida, o trabalhador, que pode denunciar livremente o contrato (art. 447.º do CT), não retiraria grande vantagem deste regime. Apesar de, em termos gerais, esta asserção ser verdadeira, importa ter em conta que o trabalhador tem particular interesse no período experimental nos casos em que a liberdade de denúncia se encontra limitada, como ocorre no caso de ter sido ajustado um pacto de permanência ou em vínculos especiais sem liberdade de denúncia, como o contrato de trabalho desportivo.

c) *Regime*

I. Durante o período experimental, qualquer das partes pode denunciar o contrato de trabalho sem aviso prévio, nem invocação de justa causa e não é devido pagamento a título de indemnização (art. 105.º, n.º 1, do CT).

A liberdade de desvinculação está relacionada com a razão de ser do período experimental, daí que poderá não ser lícita a denúncia motivada por causas estranhas ao contrato de trabalho. Assim, estar-se-á perante uma hipótese de abuso de direito, se, por exemplo, o empregador denunciar o contrato durante o período experimental pelo facto de a trabalhadora ter, entretanto, engravidado. O abuso de direito (art. 334.º do CC), em tais casos, enfrenta, porém, a dificuldade de prova do motivo ilícito, pois não é necessário invocar a causa de cessação do contrato.

Para além da especificidade mencionada, quanto à desvinculação da relação laboral durante o período experimental valem os direitos e obrigações próprios do contrato de trabalho. Por isso, cessando o contrato, impõe-se ao empregador o dever de pagar as prestações vencidas, por exemplo, retribuição ou férias.

Como excepção à liberdade de denúncia sem aviso prévio, prescreve-se no n.º 2 do art. 105.º do CT que, após o decurso de sessenta dias de período experimental, o empregador tem de dar um aviso prévio de sete dias para denunciar o contrato. Esta limitação só vale em relação ao empregador, pelo que ao trabalhador, independentemente da duração do vínculo, não se exige o aviso prévio para denunciar o contrato durante o período experimental.

II. Os prazos do período experimental dos contratos de trabalho submetidos ao regime comum — que não são celebrados a termo, mas sim por período indeterminado — vão de noventa dias, para a generalidade dos trabalhadores (art. 107.º, alínea *a)*, do CT), até duzentos e quarenta dias para pessoal de direcção e quadros superiores (art. 107.º, alínea *c)*, do CT).

Para a contagem do prazo do período experimental só se deve atender à execução efectiva da prestação de trabalho e não à duração do contrato (art. 106.º do CT). O período experimental tem início com a execução da prestação de trabalho — que pode ser posterior à data da celebração do contrato — e só ponderam os dias de execução do contrato, não se atendendo ao período de suspensão e às faltas, ainda que justificadas (art. 106.º, n.º 2, do CT). Em contrapartida, conta para o período experimental uma acção de formação ministrada pelo empregador ou frequentada por determinação deste, desde que não exceda metade do período experimental (art. 106.º, n.º 1, do CT).

Para cômputo do tempo de período experimental tem de se recorrer ao disposto no art. 279.º do CC, em particular à alínea *b)* deste preceito, pelo que não se conta o dia em que se inicia o prazo.

III. Entre outras dúvidas suscitadas na legislação precedente a que o Código do Trabalho deu resposta, ficou esclarecido que na contagem do período experimental só se deve atender ao tempo de efectiva execução do contrato de trabalho.

3. Período experimental no contrato a termo

a) *Regime comum*

Como resulta do disposto no art. 108.º do CT, tendo sido aposto um termo ao contrato de trabalho, o período experimental poderá ser de quinze ou de trinta dias, consoante o negócio jurídico tenha uma duração previsível inferior ou superior a seis meses.

Além da diferença de prazo, que é mais reduzido, o regime do período experimental no contrato a termo segue as regras comuns, já enunciadas, em especial no número anterior.

b) *Regime especial dos desportistas profissionais*

I. Sendo o contrato de trabalho celebrado com um praticante desportivo — por exemplo, um jogador de futebol — ter-se-á de ter em conta o regime especial estabelecido na designada Lei do Contrato de Trabalho Desportivo (Lei n.º 28/98, de 26 de Julho).

Por via de regra, quanto aos desportistas profissionais, o regime laboral comum — hoje constante do Código do Trabalho — não se apresenta como adequado para regular algumas particularidades relacionadas com a actividade desportiva. Após um longo vazio legislativo, foi publicado o Decreto-Lei n.º 305/95, de 18 de Novembro, substituído pela Lei n.º 28/98, de 26 de Junho, de onde consta o Regime Jurídico do Contrato de Trabalho do Praticante Desportivo.

II. Depois de se definir contrato de trabalho desportivo, como aquele em que o praticante desportivo (trabalhador) se obriga, mediante retribuição, a prestar uma actividade desportiva a uma pessoa que promova ou participe em actividades desportivas (empregador), sob a autoridade e direcção desta (art. 2.º, alínea *a)*, da Lei n.º 28/98), determina-se que, subsidiariamente, se aplicam as regras gerais (art. 3.º da Lei n.º 28/98). A mesma solução resulta do art. 11.º do CT, que manda aplicar as regras gerais do Código do Trabalho aos contratos de trabalho com regime especial — *v. g.*, contrato de trabalho desportivo —, desde que não sejam incompatíveis com as especificidades desses contratos.

Como poderá ser discutível que ao contrato de trabalho desportivo se apliquem as regras gerais estabelecidas no Código do Trabalho relativas ao período experimental, a questão será analisada na alínea seguinte.

No que respeita ao regime especial constante da Lei n.º 28/98, e atendendo à discussão em torno da aplicação do regime comum do período experimental, cabe atender a três aspectos.

III. Como especificidade no domínio da sua duração, o contrato de trabalho desportivo é celebrado necessariamente a termo certo, com um prazo mínimo de uma época e máximo de oito épocas (art. 8.º, n.º 1, da Lei n.º 28/98).

Diferentemente do que se prescreve em relação aos contratos a termo sujeitos ao regime comum (arts. 129.º e ss. do CT), o contrato de trabalho desportivo caduca no fim do período acordado (art. 26.º, n.º 1, alínea *a)*, da Lei n.º 28/98), não tendo sido estabelecido o princípio da renovação automática.

Está-se perante uma hipótese de contratação obrigatória a termo, por se entender que a transitoriedade se encontra associada à actividade e às condições físicas do praticante desportivo. Esta contratação a termo sujeita-se ao regime regra do Código Civil, pelo que não há renovação automática: o contrato caduca no termo do prazo acordado sem necessidade de uma prévia declaração (denúncia) nesse sentido[4].

IV. Na execução do contrato, importa ter em conta que o período experimental, com uma duração máxima de trinta dias (art. 11.º, n.º 1, da Lei n.º 28/98), apresenta duas especificidades. Não há período experimental no *«primeiro contrato celebrado após a vigência de um contrato de formação»* no caso de o empregador ser a entidade formadora (art. 11.º, n.º 2, da Lei n.º 28/98); o período experimental cessa sempre que o praticante desportivo, tendo em conta regras da modalidade desportiva ou em caso de lesão, se veja na impossibilidade de participar em competições por conta de outra entidade empregadora (art. 11.º, n.º 3, da Lei n.º 28/98).

Estas particularidades no que respeita ao período experimental têm, respectivamente, em vista uma melhor tutela do empregador (n.º 2) e do trabalhador, desportista profissional (n.º 3). O desiderato de protecção do desportista profissional (p. ex., jogador profissional)

---

[4] Sobre a liberdade de denúncia, veja-se ROMANO MARTINEZ, *Da Cessação do Contrato*, Coimbra, 2005, pp. 227 e ss.

é evidente nas limitações constantes do n.º 3 do art. 11.º da Lei n.º 28/98. De facto, estas especificidades do regime do período experimental constantes da Lei do Contrato de Trabalho Desportivo visam impedir que o clube (empregador) denuncie o contrato se o desportista não puder, durante essa época, participar em competições por conta de outro clube. Por seu turno, a excepção constante do n.º 2 do art. 11.º da Lei n.º 28/98, terá primordialmente em vista proteger o clube formador, evitando que, depois de ter dado a formação, contrate o desportista e seja confrontado com a denúncia durante o período experimental. Esta norma visa tão-só tutelar o clube em razão da formação desportiva que deu ao praticante, não valendo no caso de sucessão de contratos de trabalho, até porque não seria correcto recorrer à analogia.

V. Depois de o legislador, na sequência do art. 47.º da Constituição, ter estabelecido que não se pode condicionar a liberdade de, findo o contrato, o praticante desportivo ajustar outro vínculo com diferente empregador (art. 18.º, n.º 1, da Lei n.º 28/98), veio admitir-se que seja estabelecida, por convenção colectiva, a obrigatoriedade de pagamento de uma quantia — apelidada de «justa indemnização», mas vulgarmente designada por «passe» — a título de promoção ou valorização do praticante desportivo (art. 18.º, n.º 2, da Lei n.º 28//98). A indemnização deve ser satisfeita à anterior entidade empregadora pelo novo empregador ou pelo próprio desportista.

No mesmo sentido da limitação da liberdade de trabalho, é de aludir ao disposto no art. 26.º, n.º 1, da Lei n.º 28/98, que é omisso quanto à hipótese de ser requerida pelo trabalhador a denúncia do vínculo — por vezes, designada rescisão sem justa causa. No art. 447.º do CT prevê-se a denúncia com aviso prévio, em que o trabalhador não invoca justa causa — solução válida mesmo na hipótese de se tratar de um contrato a termo (art. 447.º, n.º 3, do CT) —, porque a liberdade de trabalho inviabiliza a obrigatoriedade injustificada de permanência do trabalhador na empresa. Contudo, do art. 26.º, n.º 1, da Lei n.º 28/98, ao não mencionar essa hipótese, pode concluir-se que o legislador pretendeu excluir o direito de denúncia *ad nutum* (injustificada) do contrato de trabalho por parte do desportista.

c) *Aplicação do Código do Trabalho ao contrato de trabalho desportivo*

I. Como se indicou no ponto II. da alínea precedente, não obstante o disposto no art. 3.º da Lei n.º 28/98 e no art. 11.º do CT, poder-se-á discutir a aplicabilidade das regras gerais constantes dos arts. 104.º e ss. do CT ao contrato de trabalho desportivo.

No art. 3.º da Lei n.º 28/98 prescreve-se: «*Às relações emergentes do contrato de trabalho desportivo aplicam-se, subsidiariamente, as regras aplicáveis ao contrato de trabalho*». Ao tempo (1998) remetia-se para o regime constante, em especial da Lei do Contrato de Trabalho, da Lei da Duração do Trabalho e da Lei da cessação do Contrato de Trabalho. Contudo, atendendo à regra da actualização de remissões, reiterada no art. 21.º da Lei de aprovação do Código do Trabalho, a mencionada remissão considera-se referida às disposições correspondentes do Código do Trabalho.

Por seu turno, o art. 11.º do CT dispõe: «*Aos contratos de trabalho com regime especial aplicam-se as regras gerais deste Código que não sejam incompatíveis com a especificidade desses contratos*».

Destes preceitos resulta que, salvo situações particulares, aos contratos de trabalho com regime especial — como é o caso do contrato de trabalho desportivo — se aplicam as regras do Código do Trabalho. Os contratos de trabalho com regime especial, atendendo às suas peculiaridades, regem-se pelas disposições próprias que o legislador estabeleceu e pelas regras comuns válidas para os demais contratos de trabalho.

Nos termos gerais, as regras especiais estabelecidas para esses contratos prevalecem sobre o regime geral, mas normas do Código do Trabalho — regime geral —, não sendo incompatíveis com as mencionadas especificidades, encontram aplicação no âmbito dos contratos com regime especial.

II. Importa averiguar se o regime geral constante do Código do Trabalho relativo ao período experimental se aplica ao contrato de trabalho desportivo.

Analisando esta questão, no Acórdão da Comissão Arbitral Paritária, de 22 de Agosto de 2005, afirma-se que «(...) *fazendo apelo às regras interpretativas da lei consagradas no art. 9.° do C. Civil se nos afigura não só desnecessário como, acima de tudo, profundamente desadequado e descaracterizador do regime do contrato de trabalho desportivo a aplicação subsidiária das regras relativas ao período experimental vertidas no CT*». E acrescenta-se que «(...) *a aplicação das regras do CT relativas ao período experimental é incompatível com a especificidade deste regime especial de contrato de trabalho, levando à sua não aplicação (art. 11.° do CT)*». Para fundamentar esta tomada de posição, no mencionado Acórdão apresentam-se duas razões: em primeiro lugar, a Lei n.° 28/98 não estabeleceu o prazo de período experimental, mas tão-só o seu período máximo; em segundo lugar, a citada lei estabelece regras especiais relativas ao período experimental no art. 11.°.

Os argumentos indicados parecem insuficientes para tal conclusão, por vários motivos.

As particularidades dos contratos de trabalho com regime especial podem resultar de previsão específica — por exemplo, a duração máxima do contrato de trabalho (art. 8.° da Lei n.° 28/98) — ou derivar implicitamente das regras próprias — *v. g.*, o regime próprio do contrato a termo é incompatível com a regra da renovação automática (art. 140.° do CT). Mas as especificidades têm de estar comprovadas; dito de outro modo, torna-se necessário que das regras especiais resulte de modo inequívoco que se encontra afastado o regime geral.

Das razões apontadas não parece resultar que esteja demonstrada a especificidade de regime motivadora do afastamento das regras gerais do período experimental. De facto, na medida em que a Lei n.º 28/98 estabeleceu o prazo máximo de período experimental (30 dias), daqui resulta que o período experimental no contrato de trabalho desportivo não está sujeito aos prazos do art. 107.º do CT[5]; mas do art. 11.º, n.º 1, da Lei n.º 28/98 não se pode concluir que, neste contrato, vale o princípio oposto à regra geral de o período experimental ter de ser expressamente ajustado pelas partes. Por outro lado, as regras especiais constantes dos n.ºs 2 e 3 do art. 11.º da Lei n.º 28/98 (a que se fez alusão no ponto IV. da alínea precedente) têm em vista tutelar aspectos específicos do contrato de trabalho desportivo — afastando-se do regime comum —, mas delas não se pode inferir que o legislador pretendeu excluir totalmente a aplicação do regime geral, mormente que o período experimental só vale se tiver sido acordado.

É importante reiterar que o princípio geral, constante do art. 3.º da Lei n.º 28/98 e do art. 11.º do CT, aponta no sentido de se aplicarem as regras gerais do Código do Trabalho. Pelo que a solução contrária — que leva à inaplicabilidade das regras do Código do Trabalho — tem de ser cabalmente demonstrada por factos concretos. A incompatibilidade «*com a especificidade desses contratos*» (art. 11.º do CT) tem de resultar de modo objectivo das disposições legais estabelecidas no contrato de trabalho desportivo. No fundo, como o princípio geral aponta para a aplicação das regras gerais do Código do Trabalho ao contrato de trabalho desportivo, a excepção justificada com base em incompatibilidade tem de ser cabalmente demonstrada.

A não aplicação das regras do Código do Trabalho a um contrato de trabalho com regime especial, não se deduzindo de norma explícita

---

[5] Refira-se, contudo, que o art. 11.º, n.º 1, da Lei n.º 28/98, ao prescrever o limite do período experimental em 30 dias, estabelece uma solução idêntica à constante do Código do Trabalho para os contratos de trabalho celebrados a termo com duração igual ou superior a seis meses, onde se fixa em trinta dias a duração máxima do período experimental (art. 108.º, alínea *a)*, do CT).

consagrada em diploma próprio, tem de resultar claramente das especificidades desse contrato. Ora, não se vislumbra quais serão as particularidades do regime do contrato de trabalho desportivo que determinem a incompatibilidade com as regras gerais do período experimental constantes do Código do Trabalho. O contrato de trabalho desportivo dá origem a uma relação jurídica duradoura em que é relevante para as partes apreciarem mutuamente as respectivas qualidades e se aperceberem do modo como vai ser executado o contrato. Pelo que valem as regras gerais do período experimental (arts. 104.º e ss. do CT).

III. Além das situações particulares, plasmadas nos três números do art. 11.º da Lei n.º 28/98, não parece que existam especificidades no contrato de trabalho desportivo que determinem a incompatibilidade com as regras gerais do Código do Trabalho relativas ao período experimental. Deste modo, ter-se-á de concluir que o período experimental no contrato de trabalho desportivo se rege simultaneamente pelo disposto no art. 11.º da Lei n.º 28/98 e pelos arts. 104.º a 110.º do CT.

4. Período experimental em contratos sucessivos

I. Apesar de o legislador, preocupado com eventuais abusos que possam prejudicar o trabalhador, ter limitado a possibilidade de se fazer cessar um contrato para, seguidamente, ser ajustado novo vínculo entre as mesmas partes, o regime regra é o da liberdade contratual que permite a celebração de sucessivos contratos de trabalho entre os mesmos contraentes.

Assim, no art. 122.º, alínea j), do CT, como garantia do trabalhador, proíbe-se o empregador de «*fazer cessar o contrato e readmitir o trabalhador, mesmo com o seu acordo, havendo o propósito de o prejudicar em direitos ou garantias decorrentes da antiguidade*». Por outro lado, no art. 132.º do CT, sob a epígrafe «Contratos sucessivos», salvo as excepções constantes do n.º 2, impede-se a contratação a termo, para o mesmo posto de trabalho, de um trabalhador cujo contrato tenha cessado por motivo que não lhe é imputável, antes de decorrido um período de tempo equivalente a um terço da duração do contrato (n.º 1).

Excluindo previsões legais, como as indicadas, ao abrigo do princípio da liberdade contratual (art. 405.º do Código Civil [CC]), nada obsta a que as partes façam cessar um contrato de trabalho e, seguidamente, celebrem outro vínculo com o mesmo objecto. Do mesmo modo, pode haver uma sucessão de contratos distintos entre as mesmas partes, tanto quanto ao objecto como em relação ao tipo contratual.

II. A sucessão de contratos entre os mesmos contraentes não é motivo para inviabilizar a existência de um período experimental no segundo vínculo.

Assim, se um trabalhador celebra um contrato de trabalho com uma empresa depois de ter mantido durante algum tempo um vínculo de prestação de serviços com a mesma entidade não ficou excluído o período experimental naquele contrato. De modo diverso, com base na previsão específica constante do n.º 2 do art. 11.º da Lei n.º 28/98, a existência de um contrato de formação seguida de um contrato de trabalho com a entidade formadora exclui o período experimental. Trata-se, como se indicou, de uma norma excepcional — justificada naquele contexto — que não importa aplicação analógica (art. 11.º do CC) para a hipótese de sucessão de contratos de trabalho.

Também no caso de sucessão de contratos de trabalho entre as mesmas partes com objecto distinto impõe-se a existência de sucessivos períodos de experiência.

E ainda que a sucessão de contratos de trabalho entre os mesmos contraentes tenha idêntico objecto — não se encontrando a referida sucessão proscrita por uma previsão legal específica (p. ex., art. 132.º do CT) ou genérica, como o abuso de direito (art. 334.º do CC) —, haverá um novo período experimental em cada um dos vínculos.

III. Em particular no contrato de trabalho desportivo, em que a contratação a termo é imperativa, havendo sucessão de contratos entre as mesmas partes com idêntico conteúdo, o segundo contrato é independente e autónomo do primeiro.

Poder-se-ia questionar da justificação de um novo período experimental no segundo contrato, mas, como se indicou *supra* e resulta do n.º 2 do art. 104.º do CT, durante esta etapa inicial do contrato não está só em causa o conhecimento mútuo das qualidades do outro contraente. Pois é necessário igualmente atender ao facto de interessar a mútua percepção quanto ao modo de execução do contrato. Ora, um trabalhador (p. ex., jogador de futebol), ainda que contratado pela segunda vez, terá interesse em saber se o empregador (clube) o irá tratar correctamente e, especialmente, se está interessado em se adaptar às condições de trabalho que lhe são propostas no novo vínculo. Em relação a um contrato de trabalho com um clube de futebol, tendo-se superado o paradigma da relação comunitário-pessoal, o jogador de futebol não se preocupa em conhecer a pessoa do empregador, nem sequer o presidente ou o director; para o trabalhador será relevante avaliar as qualidades dos seus superiores hierárquicos directos, em especial, do treinador, e aperceber-se das condições em que o trabalho é executado.

Para a vontade de o jogador de futebol manter o vínculo, ainda que num segundo contrato com o mesmo clube, influem variados aspectos, nomeadamente relacionados com um juízo de prognose quanto ao modo como decorrerá a relação laboral. Assim, a mudança de treinador ou de colegas de equipa pode ser decisiva para o referido juízo de prognose; apesar de o clube ser o mesmo, com um novo treinador, outra equipa técnica ou com diferentes jogadores, pode haver legítimo receio quanto às condições de execução do contrato de trabalho, justificando-se a existência do período experimental no segundo vínculo.

5. Alteração do período experimental

a) *Disposição legal*

I. Ao abrigo da liberdade contratual pode o período experimental ser alterado, nomeadamente reduzindo-se o prazo, ou inclusive excluindo-se o período de prova.

II. Relativamente à alteração, nos termos do art. 110.º do CT, a duração do período experimental pode ser reduzida, mas não é lícito aumentá-la; trata-se de um daqueles casos em que a norma é imperativa, no sentido de estabelecer um prazo máximo.

No domínio da legislação anterior, sendo inquestionável a possibilidade de redução do período experimental por acordo (art. 55.º, n.º 3, da LCCT), discutia-se qual a forma exigida e o tipo negocial: convenção colectiva de trabalho ou contrato de trabalho. As dúvidas foram solucionadas no citado art. 110.º do CT. O acordo tem de revestir a forma escrita e a redução do período experimental tanto pode decorrer de contrato de trabalho como de instrumento de regulamentação colectiva (art. 110.º, n.º 1, do CT).

III. A exclusão do período experimental é igualmente lícita, mas, ainda no esclarecimento de dúvidas suscitadas na vigência do diploma precedente (LCCT), o art. 110.º do CT clarifica, indicando que a redução pode constar de instrumento de regulamentação colectiva de trabalho ou acordo escrito das partes (n.º 1), mas a exclusão terá obrigatoriamente de ser incluída em contrato de trabalho (n.º 2)[6].

---

[6] Como se lê na anotação de Luís Miguel Monteiro (anot. II. ao art. 106.º), *in* Romano Martinez/Luís Miguel Monteiro/Joana Vasconcelos/Madeira de Brito/ /Guilherme Dray/Gonçalves da Silva, *Código do Trabalho Anotado*, cit., p. 247, «*Resulta agora claro que a duração do período experimental não pode ser aumentada, mas apenas reduzida, seja por instrumento de regulamentação colectiva*

A imperatividade da solução constante do art. 110.º do CT resulta não só do disposto neste preceito como igualmente da 2.ª parte do n.º 1 do art. 104.º do CT[7].

O art. 104.º, n.º 1, 2.ª parte, e n.º 2, assim como o art. 110.º, ambos do CT resolveram parte das dúvidas que tinham sido colocadas pela jurisprudência e doutrina ao abrigo da legislação precedente, tendo ficado, nomeadamente, esclarecido que:

— O regime legal que estabelece o período experimental é imperativo;
— Os prazos só podem ser reduzidos, não sendo válido o acordo que tem em vista alargá-los;
— Os prazos podem ser reduzidos por acordo individual (contrato de trabalho) ou por instrumento de regulamentação colectiva de trabalho (*maxime*, convenção colectiva);
— O período experimental só pode ser excluído por acordo individual (contrato trabalho), sendo vedada aos instrumentos de regulamentação colectiva de trabalho tal intervenção;
— O acordo (individual) que visa diminuir o prazo ou excluir o período experimental tem de ser reduzido a escrito.

b) *Instrumento de regulamentação colectiva de trabalho*

I. O art. 110.º do CT constitui uma excepção ao regime geral, pois, por via de regra, confere-se maior possibilidade de intervenção aos instrumentos de regulamentação colectiva de trabalho do que ao

---

de trabalho, seja em contrato de trabalho. Já a supressão do período experimental não pode ser determinada por instrumento de regulamentação colectiva de trabalho, mas apenas acordada, singularmente, com cada trabalhador».

[7] Cfr. LUÍS MIGUEL MONTEIRO (anot. III. ao art. 104.º), *in* ROMANO MARTINEZ/ /LUÍS MIGUEL MONTEIRO/JOANA VASCONCELOS/MADEIRA DE BRITO/GUILHERME DRAY/ /GONÇALVES DA SILVA, *Código do Trabalho Anotado*, cit., p. 241.

contrato de trabalho (cfr. art. 5.º do CT). Mas neste caso a solução é a inversa: o instrumento de regulamentação colectiva pode o menos (alteração do prazo) e o contrato de trabalho pode o mais (alterar o prazo e excluir o período experimental).

Do art. 4.º, n.º 1, do CT resulta que, na relação entre a lei — no caso, o art. 110.º do CT — e o instrumento de regulamentação colectiva de trabalho — por exemplo, o contrato colectivo de trabalho aplicável aos jogadores profissionais de futebol — ter-se-á de aferir se aquela (a lei) permite a intervenção do IRC naquele âmbito, independentemente de ser mais ou menos favorável ao trabalhador. Na realidade, o n.º 1 do art. 4.º do CT «*permite a intervenção dos instrumentos de regulamentação, quer em sentido mais favorável aos trabalhadores, quer em sentido menos favorável, uma vez que nesta situação os trabalhadores são representados — instrumentos de natureza negocial — pelos sindicatos, razão pela qual se encontram em situação de igualdade (formal e material) com os empregadores. No entanto, é necessário que da norma do Código não resulte o contrário — "salvo quando delas não resultar o contrário" —, ou seja, que o legislador não tenha proibido a intervenção dos instrumentos de regulamentação. Note-se que essa proibição tanto pode ser absoluta — caso das normas imperativas de conteúdo fixo, que contêm valores de ordem pública — como relativa — por exemplo, normas imperativas-permissivas. Com efeito, se a lei contiver uma norma imperativa de conteúdo fixo, o instrumento de regulamentação não pode dispor de forma diferente, independentemente de ser mais ou menos favorável; se a convenção contiver uma cláusula imperativa-permissiva — i.e., a cláusula tem uma parte imperativa (proibitiva), que proíbe situações menos favoráveis, e uma parte permissiva, que permite a intervenção do instrumento, i.e., a fonte apenas pode incidir sobre esta parte; se a lei contiver uma norma supletiva, o instrumento pode estipular livremente, naturalmente, sem colocar em causa os valores do ordenamento. Daqui resulta, então, que toda a área de intervenção decorrerá do espaço deixado pelo legislador, devendo este ser identificado através das regras de interpretação»*[8].

II. No contrato colectivo de trabalho (CCT) outorgado entre o Sindicato Nacional dos Jogadores Profissionais de Futebol e a Liga Portuguesa de Futebol Profissional regula-se o período experimental, estabelecendo duas particularidades com respeito ao regime regra. Concretamente, sob a epígrafe «Período experimental», no Artigo 11.º, n.º 1, do CCT estipula-se *«Apenas poderá estabelecer-se um período experimental no primeiro contrato celebrado entre o mesmo jogador e o mesmo clube»*; posteriormente no n.º 4 do mesmo Artigo dispõe-se: *«Na falta de estipulação expressa, presume-se que as partes afastaram a possibilidade de existência de período experimental»*. Nos dois outros números do preceito (n.os 2 e 3) prescreve-se solução idêntica à constante do art. 11.º da Lei n.º 28/98, pelo que não se lhes fará referência.

Importa recordar que o período experimental do contrato de trabalho desportivo, além da regra especial constante do art. 11.º da Lei n.º 28/98, rege-se pelo regime comum previsto nos arts. 104.º e ss. do CT; nomeadamente, aplica-se ao contrato de trabalho com jogador profissional de futebol o disposto no art. 110.º do CT. Esta solução decorre tanto do art. 11.º do CT como do art. 3.º da Lei n.º 28/98.

Ora, a regra constante do n.º 1 do Artigo 11.º do CCT, ao excluir o período experimental em contratos sucessivos, vai para além do disposto no art. 11.º da Lei n.º 28/98 — não sendo uma norma concretizadora deste preceito[9] — e contraria abertamente a solução consa-

---

[8] Transcreve-se a anotação IV ao art. 4.º de GONÇALVES DA SILVA, *in* ROMANO MARTINEZ/LUÍS MIGUEL MONTEIRO/JOANA VASCONCELOS/MADEIRA DE BRITO/GUILHERME DRAY/GONÇALVES DA SILVA, *Código do Trabalho Anotado*, cit., p. 78.

[9] Recorde-se que a regra constante do n.º 2 do art. 11.º da Lei n.º 28/98 só prescreve a exclusão do período experimental no caso de o contrato de trabalho se seguir a um contrato de formação.

grada no art. 110.º do CT, que não permite a exclusão do período experimental por instrumento de regulamentação colectiva de trabalho. Por outro lado, a regra inserida no n.º 4 do mesmo Artigo do CCT, ao determinar que salvo estipulação expressa em contrário se presume que as partes afastaram a possibilidade de existência de período experimental, contraria frontalmente a lei — tanto o Código do Trabalho como a Lei n.º 28/98 —, na medida em que a regra é a oposta: o período experimental é implicitamente ajustado salvo acordo em sentido diverso. E, repita-se, o acordo em sentido diverso — que afasta o período experimental — não pode ser um contrato colectivo de trabalho.

III. Assim sendo, a cláusula constante do citado Artigo 11.º do Contrato Colectivo de Trabalho contraria a solução imposta na lei (art. 110.º do CT), sendo nula ao abrigo do disposto no art. 14.º, n.º 1, da Lei de aprovação do CT (Lei n.º 99/2003, de 27 de Agosto). Como se lê no citado preceito: «*As disposições constantes de instrumento de regulamentação colectiva de trabalho que disponham de modo contrário às normas imperativas do Código do Trabalho têm de ser alteradas no prazo de doze meses após a entrada em vigor deste diploma, sob pena de nulidade*». Sendo o art. 110.º do CT uma dessas normas imperativas, como se explicou *supra*, a cláusula do Contrato Colectivo de Trabalho, datando esta convenção de 8 de Setembro de 1999, é nula desde Dezembro de 2004 (doze meses após a entrada em vigor do Código do Trabalho). O n.º 1 do art. 14.º da Lei n.º 99/2003 (que aprovou o Código do Trabalho) «*concede às disposições constantes dos instrumentos de regulamentação colectiva de trabalho um ano para a sua alteração de modo a tornarem o seu conteúdo compatível com as normas imperativas fixadas no Código do Trabalho. Caso legislador não tivesse apresentado esta solução, as disposições existentes e que colidissem com as normas imperativas do Código do Trabalho seriam imediatamente nulas (...). A manutenção da eficácia de cláusulas em colisão com o Código do Trabalho pelo período de um ano a contar da entrada em vigor deste diploma (1 de Dezembro de 2003, artigo 3.º, n.º 1, da Lei n.º 99/2003) deve também aplicar-se aos casos em que as partes tendo, por exemplo, revisto o instrumento negocial seis meses após a entrada em vigor do Código não expurgaram essas cláusulas»*[10].

c) *Acordo das partes*

Por acordo das partes no contrato de trabalho pode ser reduzido o prazo ou mesmo excluído o período experimental, mas tal manifestação de vontade deverá constar do clausulado que, como resulta do art. 5.º da Lei n.º 28/98, tem de ser reduzido a escrito e lavrado em duplicado.

A este propósito importa reiterar que a exclusão do período experimental tem de constar do próprio contrato, não se podendo entender como acordo escrito a remissão para um instrumento de regulamentação colectiva de trabalho. Apesar de no Contrato Colectivo de Trabalho dos jogadores profissionais (Artigo 11.º) se excluir o período experimental, a remissão genérica para o mencionado instrumento de regulamentação colectiva de trabalho não pode ser entendida como acordo das partes no sentido de preterir o período experimental, até porque tal interpretação contraria o disposto no art. 96.º do CT. Como resulta deste preceito, além de a remissão para cláusulas de instrumentos de regulamentação colectiva de trabalho só ser válida se tiverem sido respeitados os procedimentos impostos pelo regime da Lei das Cláusulas Contratuais Gerais, cuja prova, difícil, caberia ao clube, a exclusão do período experimental corresponde a uma limitação à liberdade de denúncia, que se encontra entre as cláusulas proibidas.

---

[10] Transcrevem-se as anotações II e IV ao art. 14.º da Lei n.º 99/2003 de GONÇALVES DA SILVA, *in* ROMANO MARTINEZ/LUÍS MIGUEL MONTEIRO/JOANA VASCONCELOS/MADEIRA DE BRITO/GUILHERME DRAY/GONÇALVES DA SILVA, *Código do Trabalho Anotado*, cit., pp. 54 e s.

Concluindo, dir-se-á que o período experimental só pode ser excluído por acordo escrito firmado entre empregador e trabalhador, sendo nula a cláusula de instrumento de regulamentação colectiva que prescreva a exclusão do período experimental nos contratos de trabalho. Mesmo em contratos de trabalho com regime especial — na falta de especificidades das quais resulte concretamente o afastamento do regime geral do Código do Trabalho —, a exclusão do período experimental por convenção colectiva de trabalho — em discordância com o disposto nos art. 104.º e ss. do CT — contraria a regra geral de relação entre a lei e o instrumento de regulamentação colectiva de trabalho (art. 4.º, n.º 1, parte final, do CT), sendo tal cláusula nula ao abrigo do disposto no art. 14.º, n.º 1, da Lei de aprovação do CT (Lei n.º 99/2003, de 27 de Agosto).

PEDRO ROMANO MARTINEZ
(Professor da Faculdade de Direito de Lisboa)

Do direito de o empregador se opor à reintegração de um trabalhador ilicitamente despedido[*]

Plano: *1. Direito à reintegração. 2. Previsão legal da recusa de reintegração. 3. Pressupostos da oposição à reintegração: a) Enunciação; b) Tipo de trabalhador; c) Prejuízo grave e perturbação da actividade empresarial; d) Motivos políticos, ideológicos, étnicos ou religiosos; e) Criação culposa de fundamento justificativo; f) Trabalhadora grávida, puérpera ou lactante. 4. Ónus da prova. 5. Constitucionalidade da solução legal. 6. Aplicação no tempo do instituto da oposição à reintegração. 7. Consequências da oposição à reintegração: a) Cessação do vínculo; b) Agravamento da indemnização em substituição da reintegração.*

---

[*] O presente texto foi enviado para um livro de homenagem ao Professor Motta Veiga, que se encontra em preparação.

Não me poderia deixar de associar à justa homenagem que a Universidade Lusíada presta ao Prof. Doutor António da Motta Veiga. Apesar de não ter sido aluno do Professor Motta Veiga, desde que me comecei a interessar pelo direito do trabalho encontrei nos seus escritos preciosos contributos para o estudo deste ramo do direito. Sem atender a outros trabalhos com maior incidência na área económica, como a tese de doutoramento (*A Economia Corporativa e o Problema dos Preços*), defendida na Faculdade de Direito de Lisboa, em 1941, a começar pela dissertação de concurso para professor extraordinário do grupo de Ciências Económicas da Faculdade de Direito de Lisboa, *A Regulamentação do Salário*, Porto, 1944, e a terminar nas *Lições de Direito do Trabalho*, em 8.ª edição, Lisboa, 2000 — guardando com todo o respeito um exemplar que o autor me dedicou —, o pensamento do Professor Motta Veiga marcou incisivamente o direito do trabalho português da segunda metade do século XX.

Neste estudo são usadas as seguintes abreviaturas de diplomas legais: CC (Código Civil); CRP (Constituição da República Portuguesa); CT (Código do Trabalho); LCCT (Lei da Cessação do Contrato de Trabalho — Decreto-Lei n.º 64-A/89, de 27 de Fevereiro).

1. Direito à reintegração

I. Não obstante o despedimento ser ilícito, o contrato de trabalho cessa de modo irreversível se o trabalhador não reagir judicialmente no prazo que a lei lhe confere[1]: como resulta do art. 425.º do CT, o trabalhador tem um ano — prazo de caducidade — para impugnar o despedimento de que foi alvo. Por isso, o despedimento *contra legem* não impugnado judicialmente determina a cessação incontroversa do contrato de trabalho. Mas se o trabalhador impugnar o despedimento e o tribunal se pronunciar pela ilicitude da resolução, importa salvaguardar os efeitos do contrato. Assim sendo, tendo o tribunal concluído no sentido da ilicitude do despedimento, a cessação do contrato não acarreta a sua extinção e, atendendo ao efeito retroactivo, o vínculo, apesar de não ter sido executado, subsistiu em vigor.

A subsistência do contrato não é, portanto, uma consequência da ilicitude do despedimento, pois decorre do princípio geral da obrigação de indemnizar (art. 562.º do CC). Esta obrigação de indemnizar funda-se na responsabilidade civil motivada pelo despedimento ilícito. Dito de outro modo, a manutenção em vigor do contrato não é uma consequência directa da ilicitude do despedimento, mas sim da obrigação de indemnizar, reconstituindo a situação que existiria, baseada na responsabilidade civil decorrente do despedimento ilícito.

Por isso, na alínea *b)* do n.º 1 do art. 436.º do CT dispõe-se que, se o despedimento for considerado ilícito, o empregador é condenado a reintegrar o trabalhador, sem prejuízo da sua categoria e antiguidade. Apesar da formulação categórica do preceito: «o empregador é condenado», trata-se, antes, de uma eventualidade dependente de dois pressupostos: um positivo e um negativo.

Não obstante o despedimento ser declarado *contra legem* e as consequências anteriormente formuladas quanto aos efeitos da ilicitude

---

[1] Segue-se, em parte, o que se escreveu em *Direito do Trabalho*, 3.ª edição, Coimbra, 2006, pp. 999 e ss.

da resolução, a reintegração depende de dois pressupostos: em primeiro lugar, é necessário que o trabalhador opte pela reintegração na empresa; por outro lado, esta consequência não opera caso o empregador se oponha com sucesso à reintegração. Em suma, o despedimento ilícito poderá ser considerado um acto inválido caso se verifiquem determinados pressupostos, tanto específicos do regime do despedimento como relacionados com a obrigação de indemnizar[2].

II. A reintegração não actua de modo automático e justifica-se a «opção» constante do n.º 1 do art. 438.º e do n.º 1 do art. 439.º, ambos do CT, nos termos da qual o trabalhador pode preferir a reintegração na empresa ou a indemnização em substituição da reintegração. Não basta pedir que o tribunal declare a ilicitude do despedimento; o trabalhador tem igualmente de requerer a restauração natural (reintegração) ou a indemnização sucedânea (em substituição da reintegração). Este pedido, em alternativa, excepcionalmente, pode ser formulado até ser proferida a sentença do tribunal de primeira instância (art. 438.º, n.º 1, parte final, do CT)[3]. No fundo, a declaração de ilicitude do despedimento corresponde a um pedido de simples apreciação; enquanto a reintegração ou a indemnização advêm de um pedido de condenação[4].

---

[2] Por isso não se acompanha a posição sustentada por LEAL AMADO («Os Efeitos do Despedimento Ilícito (Sobre os Artigos 436.º a 440.º do Código do Trabalho)», *Revista do Ministério Público*, n.º 105, Ano 27 (2006), pp. 18 e 19), que defende tratar-se, simultaneamente, de um despedimento ilícito e inválido.

[3] Como esclarece LEAL AMADO, «Os Efeitos do Despedimento Ilícito (Sobre os Artigos 436.º a 440.º do Código do Trabalho)», cit., p. 27, o trabalhador pode, desde logo, optar pela reintegração ou pela indemnização, ou «diferir a opção para momento ulterior (até à sentença), formulando o pedido em alternativa».

[4] Por ser o pedido de condenação é que não parece sustentável a modificação; o trabalhador que optou pela reintegração não pode, depois, preferir a indemnização e vice-versa (cfr. LEAL AMADO, «Os Efeitos do Despedimento Ilícito (Sobre os Artigos 436.º a 440.º do Código do Trabalho)», cit., p. 28).

Só assim, tratando-se de uma opção do trabalhador, se concebe o direito de oposição à reintegração atribuído ao empregador (art. 438.º, n.º 2, do CT).

III. O n.º 1 do art. 438.º do CT confere ao trabalhador o direito de optar pela reintegração na empresa, sem prejuízo da sua categoria e antiguidade. A expressão «sem prejuízo da sua categoria e antiguidade», constava da alínea *b)* do n.º 1 do art. 13.º da LCCT e encontra-se na citada alínea *b)* do n.º 1 do art. 436.º do CT, mas não no art. 438.º, n.º 1, do CT, por ser desnecessária[5]. De facto, mantendo-se o contrato de trabalho em vigor, o trabalhador ilicitamente despedido tem direito à reintegração na sua categoria e, no período em que esteve afastado da empresa, não perdeu a antiguidade; assim resulta do que foi anteriormente afirmado quanto ao significado da reintegração na empresa, que é uma forma de realizar a obrigação de indemnizar, reconstituindo a situação que existiria se não tivesse havido despedimento ilícito. Por isso, o direito à reintegração tem efeito retroactivo e cumula-se com o pagamento dos designados salários intercalares.

Mesmo que a locução «sem prejuízo da sua categoria e antiguidade» não tivesse sido incluída na alínea *b)* do n.º 1 do art. 436.º do CT, tendo em conta os princípios gerais, a solução não podia ser outra.

IV. Como se indicou, não obstante a omissão no art. 438.º, n.º 1, do CT da expressão «sem prejuízo da sua categoria e antiguidade», o direito à reintegração determina o regresso do trabalhador à empresa, mantendo-se a respectiva categoria. O retorno à categoria não implica retomar as mesmas tarefas que desenvolvia, mas voltar à

---

[5] É necessário recordar que o art. 438.º do CT, com várias alterações, corresponde ao art. 13.º da LCCT.

empresa para desempenhar actividades compatíveis[6]. Está em causa tanto a designada categoria real, correspondente ao conjunto de actividades (tipo) que, de facto, o trabalhador desenvolve na empresa, quanto a categoria definida como posição hierárquica que o trabalhador ocupa na empresa, no por vezes chamado «organigrama da empresa»[7].

V. Não tendo o empregador, depois da sentença que declara o despedimento ilícito e o condena a reintegrar o trabalhador, cumprido as obrigações decorrentes do contrato de trabalho, em particular o dever de ocupar o trabalhador na sua categoria, estar-se-á perante uma violação do dever de ocupação efectiva (art. 122.º, alínea b), do CT). Além das consequências normais do incumprimento (art. 363.º do CT), nomeadamente a mora quanto ao pagamento da retribuição (art. 364.º do CT), a recusa de integração do trabalhador na empresa consubstancia uma situação de falta de cumprimento de deveres contratuais, permitindo ao trabalhador intentar uma acção com o pedido de sanção pecuniária compulsória (art. 829.º-A do CC)[8].

2. Previsão legal da recusa de reintegração

I. Principalmente em microempresas ou no caso de especiais relações de confiança, a reintegração de um trabalhador ilicitamente despedido pode tornar-se difícil, razão pela qual, no n.º 2 do art.

---

[6] O trabalhador reintegrado pode ser colocado noutro lugar, desde que a actividade, no seu núcleo essencial, se mantenha (Ac. STJ de 12/5/1999, *CJ (STJ)* 1999, T. II, p. 275).

[7] Vd. ROMANO MARTINEZ, *Direito do Trabalho*, 3.ª edição, Coimbra, 2006, pp. 383 e ss.

[8] Sobre a questão, veja-se CALVÃO DA SILVA, *Cumprimento e Sanção Pecuniária Compulsória*, Coimbra, 1987, pp. 488 e ss.

438.º do CT, se prevê a possibilidade de o empregador se opor à reintegração[9].

A recusa de reintegração de um trabalhador ilicitamente despedido, além de limitada quanto aos pressupostos, não depende tão-só da vontade do empregador, pois assenta numa decisão do tribunal; há uma certa similitude com o despedimento por facto imputável a trabalhadora grávida, puérpera ou lactante, em que a resolução do contrato por parte do empregador está condicionada por uma prévia decisão judicial (art. 51.º, n.º 5, do CT). Apesar da intervenção judicial, a cessação do vínculo laboral advém de uma decisão empresarial; não

---

[9] Conforme refere MENEZES CORDEIRO, *Manual de Direito do Trabalho*, Coimbra, 1991, p. 844, em pequenas empresas de tipo familiar, as relações humanas podem ter ficado definitivamente degradadas.

Quanto à não reintegração, em Itália, de dirigentes e em pequenas empresas, nas quais o empregador pode optar pela indemnização em vez da reintegração, *vd.* AMOROSO/DI CERBO/MARESCA, *Il Diritto del Lavoro*, Volume II, *Statuto dei Lavoratori e Disciplina dei Licenziamenti*, Milão, 2001, pp. 1174 e ss. e pp. 1200 e ss.; CACCAMO/MELECA, *Risoluzione del Rapporto di Lavoro*, Milão, 2001, pp. 57 e s. Como a não reintegração opera por mera vontade do empregador, suscitam-se em Itália várias dúvidas de qualificação, cfr. PAPALEONI, «Il Rapporto di Lavoro» in *Manuale di Diritto del Lavoro,* org. Giuliano MAZZONI, Volume I, Milão, 1988, pp. 928 e ss.

Em Espanha, a recusa de reintegração por parte do empregador é sempre viável e só determina o pagamento de uma indemnização, *vd.* OLEA/CASAS BAAMONDE, *Derecho del Trabajo*, 14.ª edição, Madrid, 1995, p. 470.

Sobre a hipótese limitada de reintegração no sistema britânico, *vd.* DEAKIN/MORRIS, *Labour Law,* 3.ª edição, Londres, 2001, pp. 489 e ss.

No Brasil, onde a desvinculação por parte do empregador é, em princípio, livre, a reintegração não é um direito do trabalhador, mas, relativamente a trabalhadores com vínculo de estabilidade, a não reintegração pode ser «desaconselhada», como prevê o art. 496 da CLT, cfr. CARRION, *Comentários à Consolidação das Leis do Trabalho*, 25.ª edição, S. Paulo, 2000, anotação ao art. 496, pp. 387 e ss.; relativamente a certas garantias de estabilidade no emprego, nomeadamente conferida a dirigentes sindicais, *vd.* PINTO MARTINS, *Direito do Trabalho*, 14.ª edição, S. Paulo, 2001, pp. 362 e ss.

se trata, por isso, de uma *resolução judicial*, mas de uma extinção do contrato por decisão do empregador[10].

II. Como resulta dos n.ᵒˢ 2 a 4 do art. 438.º do CT, o juiz só pode decidir a não reintegração de um trabalhador ilicitamente despedido no caso de, cumulativamente, se verificarem os pressupostos constantes dos mencionados preceitos, a que se aludirá no número seguinte.

Importa esclarecer que a obrigatoriedade plena de reintegração dos trabalhadores ilicitamente despedidos só existe em Portugal, pois, mesmo nos países latinos, como Espanha e França, o empregador pode livremente opor-se à reintegração; e, em Itália, não há direito de reintegração nas pequenas empresas nem relativamente a dirigentes.

3. Pressupostos da oposição à reintegração

a) *Enunciação*

I. No que respeita aos requisitos para o exercício deste direito, importa distinguir os pressupostos positivos dos negativos, que correspondem, respectivamente, a elementos constitutivos e impeditivos da oposição à reintegração.

Em qualquer caso, os pressupostos, como resulta do disposto no n.º 3 do art. 438.º do CT, têm de ser apreciados pelo tribunal, cabendo ao julgador decidir se a oposição à reintegração encontra fundamento. Cabe esclarecer que o juiz não procede ao despedimento do trabalhador; caso considere justificada a oposição à reintegração valida a decisão empresarial de cessação do vínculo laboral.

---

[10] Neste sentido, LEAL AMADO, «Os Efeitos do Despedimento Ilícito (Sobre os Artigos 436.º a 440.º do Código do Trabalho)», cit., p. 32, que alude a um despedimento *sui generis*, pois tem o beneplácito judicial.

II. Os pressupostos positivos constantes do n.º 2 do art. 438.º do CT são dois.

A oposição à reintegração só pode ser feita valer em relação a trabalhador de microempresa (até dez trabalhadores) ou que desempenhe cargos de administração ou de direcção (n.º 2, 1.ª parte).

Por outro lado, será necessário que a reintegração, segundo o juízo do julgador, seja gravemente prejudicial para a prossecução da actividade empresarial (n.º 2, 2.ª parte).

III. Como pressupostos negativos, resultantes do n.º 4 do art. 438.º, assim como do n.º 8 do art. 51.º, ambos do CT, importa atender a três.

Em primeiro lugar, será necessário que o despedimento, apesar de ilícito, não tenha por fundamento um acto persecutório, nomeadamente relacionado com a discriminação em função de motivos políticos, ideológicos, étnicos ou religiosos (n.º 4, 1.ª parte).

Tendo em conta a proibição geral de abuso de direito, não pode opor-se à reintegração o empregador que tiver culposamente criado o fundamento justificativo de tal direito (n.º 4, 2.ª parte).

Por último, a oposição à reintegração está excluída relativamente a trabalhadora grávida, puérpera ou lactante (art. 51.º, n.º 8, do CT). Apesar de esta excepção não constar do artigo em análise (art. 438.º do CT), parece necessário, ao apreciar o regime, interpretar a eventualidade de não reintegração no plano global do Código do Trabalho[11].

---

[11] Ainda que possa ser questionada a natureza taxativa destes pressupostos, parece dificilmente sustentável a tese de que, ao lado da trabalhadora grávida, puérpera ou lactante, se deva colocar o trabalhador representante de outros trabalhadores (membro de comissão de trabalhadores ou de conselho de empresa europeu ou representante sindical) no elenco das limitações à oposição à reintegração — como sustenta LEAL AMADO, «Os Efeitos do Despedimento Ilícito (Sobre os Artigos 436.º a 440.º do Código do Trabalho)», cit., p. 35) —, pois não há qualquer similitude quanto

b) Tipo de trabalhador

No que respeita ao primeiro requisito (art. 438.º, n.º 2, 1.ª parte, do CT), estão em causa dados objectivos quanto à aplicação do instituto: ter-se-á de verificar se a empresa que efectuou um despedimento ilícito é uma microempresa ou se, independentemente da dimensão da empresa, o trabalhador afectado pelo despedimento ilícito ocupa um cargo de administração ou de direcção.

Para determinar se a empresa se enquadra na noção de microempresa basta verificar se emprega, no máximo, dez trabalhadores (art. 91.º, n.º 1, alínea a), do CT). Este valor é aferido pela média anual de trabalhadores contratados na empresa, sendo necessário que, em média, não se tenha excedido o valor máximo (dez trabalhadores) para se estar perante uma microempresa[12].

O segundo elemento — ocupar o trabalhador despedido um «cargo de administração ou de direcção» — é igualmente um dado objectivo e corresponde a uma situação perfeitamente justificável. De facto, a oposição à reintegração tem o seu campo natural de aplicação no que respeita a trabalhadores que ocupam cargos de administração ou direcção[13]. É relativamente a estes que tem particular relevo prático a quebra na relação de confiança, que inviabiliza a reintegração. Cabe reiterar, que no plano internacional, na família romano-germânica — onde habitualmente se confere maior tutela ao traba-

---

à justificação de protecção de tais trabalhadores e do respectivo regime (arts. 456.º e ss. do CT) não consta esta limitação.

[12] Cfr. Luís Miguel Monteiro, anotação ao art. 91.º in Romano Martinez//Luís Miguel Monteiro/Joana Vasconcelos/Madeira de Brito/Guilherme Dray//Gonçalves da Silva, *Código do Trabalho Anotado*, 4.ª edição, Coimbra, 2005, p. 222.

[13] Claro que o conceito de cargos de administração e de direcção não é unívoco, devendo esta indeterminação ser preenchida tendo em conta a realidade (em particular a concreta organização empresarial), relacionando com a especial confiança que este tipo de cargos pressupõe.

lhador —, mesmo em países latinos, como Espanha e Itália, não há o dever de reintegrar trabalhadores que ocupam cargos de direcção ou de administração, ainda que o despedimento seja ilícito.

No que respeita a este pressuposto não é imprescindível que o trabalhador em questão tenha nominalmente um cargo de administração ou de direcção, basta que o cargo por ele desempenhado — independentemente do *nomen* usado na empresa — corresponda a funções de administração ou de direcção.

c) *Prejuízo grave e perturbação da actividade empresarial*

I. A demonstração de que o regresso do trabalhador é gravemente prejudicial e perturbador para a prossecução da actividade empresarial (art. 438.º, n.º 2, 2.ª parte, do CT) carece de uma análise dos factos justificativos deste pressuposto.

No plano teórico, importa referir que essa perturbação grave tanto pode advir de factos ocorridos antes do despedimento, como resultar de comportamentos do trabalhador perpetrados depois da cessação do vínculo. Em qualquer caso, serão factos que não terão estado na base da decisão de despedimento, sendo independentes deste.

Refira-se ainda que os factos justificativos da oposição podem ter sido praticados pelo trabalhador sem culpa ou, até, não resultarem de um comportamento deste. Não é pressuposto deste instituto que o trabalhador tenha agido culposamente; exige-se unicamente que o regresso do trabalhador seja «gravemente prejudicial e perturbador para a prossecução da actividade empresarial». Este prejuízo para a empresa pode decorrer de circunstâncias externas: imagine-se que o trabalhador não fez a formação profissional imprescindível para regressar à empresa ou que o seu cargo de direcção foi extinto. Inclusive a dificuldade prática de reintegração pode constituir mais um indício de perturbação grave da prossecução da actividade empresarial.

II. A perturbação grave da actividade empresarial é o pressuposto central do instituto, para cuja concretização cabe fazer uma análise exemplificativa.

O prejuízo grave e perturbação da actividade empresarial, ainda que com contornos diversos, pode ser entendido em sentido similar à justa causa (subjectiva), prevista no n.º 1 do art. 396.º do CT. É necessário que os factos invocados pelo empregador indiciem a existência de um prejuízo grave e perturbador da actividade empresarial, caso o trabalhador seja reintegrado. Porém, diferentemente do que ocorre na justa causa de despedimento, os factos não têm de corresponder a comportamentos culposos do trabalhador, basta que deles resulte a insustentabilidade de manter a relação contratual. Também de modo diverso do que prescreve o n.º 1 do art. 396.º do CT, não se impõe a impossibilidade de subsistência da relação de trabalho, sendo suficiente o prejuízo grave e perturbação da actividade empresarial. Em suma, assentando numa base similar — de quebra de relação de confiança —, dir-se-á que os termos prescritos no n.º 2 do art. 438.º do CT são francamente menos exigentes do que os constantes da justa causa de despedimento (art. 396.º, n.º 1, do CT).

III. Passando à análise exemplificativa, dependendo do contexto, podem considerar-se factos justificativos do prejuízo grave e perturbação da actividade laboral, a crítica pública à actividade empresarial, tanto no que respeita à política económica, como à gestão de pessoal ou de clientes, bem como a divulgação de ocorrências internas, nomeadamente da vida pessoal de superiores hierárquicos ou relacionadas com segredos de fabrico ou listas de clientes. Em suma, qualquer facto perpetrado pelo trabalhador que, pela sua gravidade, comprometa a relação de confiança, inviabilizando a sã prossecução da actividade empresarial pode justificar o preenchimento deste pressuposto.

Como resulta do que se afirmou, trata-se de um conceito indeterminado, que tem de ser preenchido perante o caso concreto. Ainda assim, sempre se dirá que o prejuízo grave associado com a perturbação da actividade empresarial ao ponto de justificar a oposição à reintegração será relativamente fácil de ocorrer no que respeita a trabalhadores que ocupam cargos de administração ou de direcção, porque, quanto a estes, verifica-se amiúde a perda total da relação de confiança que perturba a prossecução da actividade.

d) *Motivos políticos, ideológicos, étnicos ou religiosos*

I. O primeiro dos requisitos negativos determina que não será admissível a oposição à reintegração sempre que a ilicitude do despedimento se fundar em motivos políticos, ideológicos, étnicos ou religiosos (art. 438.º, n.º 4, 1.ª parte, do CT). Este requisito (negativo) remete para o princípio geral da ilicitude do despedimento, constante da alínea b) do art. 429.º do CT.

Apesar de não estar indicado explicitamente no preceito, dever-se-á entender que outras formas perversas de discriminação, constantes do art. 23.º, n.º 1, do CT, como a sexual, em determinados condicionalismos, também podem inviabilizar a oposição à reintegração.

No fundo, importa determinar se o despedimento se fundou em motivos políticos, ideológicos, étnicos e religiosos, ou em qualquer forma inadmissível de discriminação. Perante uma ilicitude gravíssima (discriminação por motivos políticos, ideológicos, etc.) não se admite a oposição à reintegração. Esta faculdade só é conferida ao empregador em caso de ilicitude do despedimento menos grave, como no caso de falhas procedimentais ou de improcedência do motivo invocado.

II. A propósito da discriminação com base em motivos ideológicos, cabe esclarecer que a discordância do trabalhador com a política económica da empresa, tanto no que respeita à reestruturação empresarial, como à realização de despesas, as críticas a uma política internacional da empresa, nomeadamente aos colegas de trabalho que são nomeados para assumir cargos de chefia, não é enquadrável no âmbito dos fundamentos ideológicos indicados no art. 429.º, alínea b), do CT. Os motivos políticos e ideológicos a que o legislador alude no art. 23.º, n.º 1, do CT, bem como na alínea b) do art. 429.º do CT, assentam na mesma ideia de «convicções políticas ou ideológicas» indicadas no art. 13.º, n.º 2, da CRP. Não se reporta, portanto, a discordâncias com a política empresarial, mas a divergências com respeito a concepções políticas ou ideológicas que se referem à organização da sociedade, nomeadamente a filiação num partido político e a divulgação de ideias ou doutrinas específicas de um grupo social ou de um movimento político. Por isso, se, por exemplo, o trabalhador discordar da política da empresa, acusando a administração de prosseguir uma política fascista, capitalista, xenófoba, etc., e foi despedido por esse facto, não se enquadra na previsão legal de motivos políticos ou ideológicos.

e) *Criação culposa de fundamento justificativo*

Os factos que justificam a oposição à reintegração, dos quais resulta que o regresso do trabalhador é gravemente prejudicial e perturbador para a prossecução da actividade empresarial podem ter sido praticados pelo trabalhador ou resultar de circunstâncias alheias à sua actuação. Em qualquer caso, os motivos da oposição à reintegração não podem ter sido culposamente criados pelo empregador.

De facto, estar-se-ia perante uma hipótese de abuso de direito, na modalidade de *tu quoque*, se o empregador invocasse a oposição à reintegração tendo ele próprio criado as condições de prejuízo grave para a prossecução da actividade empresarial. Importará, todavia, esclarecer que a culpa do empregador na criação do fundamento justificativo da oposição à reintegração (parte final do n.º 4) não se confunde com a culpa do empregador no despedimento ilícito, que é irrelevante nesta sede. Por outro lado, ainda que tenha sido perturbada a prossecução da actividade empresarial por causa do despedimento ilícito, imputável ao empregador, se este não criou o motivo justificativo da oposição à reintegração, a opção do trabalhador pode ser negada.

f) *Trabalhadora grávida, puérpera ou lactante*

O terceiro e último requisito negativo do instituto da oposição à reintegração determina a inaplicabilidade da figura no caso de se tratar de uma trabalhadora grávida, puérpera ou lactante (art. 51.º, n.º 8. do CT).

Além da protecção especial conferida às trabalhadoras grávidas puérperas e lactantes no que respeita à protecção no despedimento (art. 51.º do CT) — e como corolário natural dessa protecção —, prescreve-se que o empregador não se pode opor à reintegração de trabalhadora que se encontre numa dessas três situações. A justificação é óbvia e relaciona-se com a particular tutela conferida às trabalhadoras grávidas puérperas e lactantes[14].

4. Ónus da prova

Na falta de norma especial, ter-se-á de recorrer ao regime geral de repartição do ónus da prova, constante dos arts. 342.º e ss. do CC.

Não havendo presunção legal nesta sede, será desnecessário atender à inversão do ónus da prova, referida no art. 344.º do CC, cabendo unicamente atender à distinção entre factos constitutivos, impeditivos, modificativos e extintivos do direito de oposição à reintegração (art. 342.º do CC).

Ora, a distinção feita anteriormente entre requisitos positivos e negativos do instituto em análise tem particular relevo na questão do

---

[14] Cfr. GUILHERME DRAY, anotação ao art. 51.º *in* ROMANO MARTINEZ/LUÍS MIGUEL MONTEIRO/JOANA VASCONCELOS/MADEIRA DE BRITO/GUILHERME DRAY/GONÇALVES DA SILVA, *Código do Trabalho Anotado*, cit., pp. 166 e ss.

ónus da prova. Os designados requisitos positivos — trabalhador de microempresa ou que desempenhe funções de administração ou direcção e perturbação grave — assentam em factos constitutivos do direito; de modo diverso, os apelidados requisitos negativos — o despedimento não se funde em acto discriminatório, os motivos não tenham sido culposamente criados pelo empregador e não se trate de trabalhadora grávida puérpera ou lactante — têm por base factos impeditivos do direito de oposição à reintegração.

Assim sendo, cabe ao empregador provar, primeiro, que o trabalhador ilicitamente despedido estava contratado por uma microempresa ou que, independentemente da dimensão da empresa, ocupava um cargo de administração ou de direcção. Esta prova, que incumbe ao empregador, assenta em dados objectivos. Em segundo lugar, é igualmente o empregador que tem de provar que a reintegração do trabalhador é gravemente prejudicial para a prossecução da actividade empresarial. Esta pode ser uma prova difícil, que assenta em factos (a provar pelo empregador) dos quais resulta a existência do prejuízo grave para a prossecução da actividade empresarial.

De modo diverso, será o trabalhador que deverá fazer prova dos factos que integrem os pressupostos negativos do instituto. Por isso, incumbe ao trabalhador a prova de que se tratou de uma perseguição política, ideológica, etc., bem como demonstrar que os motivos justificativos da perturbação derivada do seu regresso foram culposamente criados pelo empregador. De igual modo, será a trabalhadora que deverá provar que se encontra em qualquer das situações indicadas no art. 51.º do CT.

5. Constitucionalidade da solução legal

I. O Acórdão do Tribunal Constitucional n.º 306/2003, de 25 de Junho de 2003[15], não se pronunciou pela inconstitucionalidade da

---

[15] *DR* I, de 18 de Julho de 2003 e *Prontuário de Direito do Trabalho*, n.º 65 (2003).

norma constante do n.° 2 do art. 438.° do CT, com seis votos de vencido[16].

A invocada inconstitucionalidade da medida não era de aceitar por quatro ordens de razões[17].

i) A não reintegração está dependente de um conjunto apertado de requisitos e a sua decisão cabe ao juiz que aprecia a questão, não sendo um direito potestativo do empregador.

ii) A situação em causa não poderá integrar uma hipótese de abuso de direito, na modalidade de *tu quoque,* porquanto, como resulta da parte final do n.° 4, ao juiz estará vedado decidir pela não reintegração do trabalhador sempre que possa concluir no sentido de que o fundamento justificativo da oposição à reintegração foi culposamente criado pelo empregador[18].

---

[16] Veja-se, contudo, no sentido da inconstitucionalidade do preceito, JOSÉ JOÃO ABRANTES, «O Código do Trabalho e a Constituição», *QL* X (2003), n.° 22, pp. 145 e ss.; JÚLIO GOMES/RAQUEL CARVALHO, «Código do Trabalho — a (in)constitucionalidade das normas relativas à repetição do procedimento disciplinar e à reintegração», *QL* X (2003), n.° 22, pp. 217 e ss.

[17] Para maiores desenvolvimentos, veja-se ROMANO MARTINEZ, *Direito do Trabalho*, 3.ª edição, cit., pp. 1002 e ss.

A este propósito importa atender ao facto de mesmo autores que criticam a solução, entenderem que o Código do Trabalho «revela, ainda assim, uma razoável prudência nesta matéria» (*vd.* LEAL AMADO, «Os Efeitos do Despedimento Ilícito (Sobre os Artigos 436.° a 440.° do Código do Trabalho)», cit., p. 30).

[18] Não se pode, por isso, dizer, tal como se afirmou no Acórdão do Tribunal Constitucional n.° 107/88, de 31 de Maio de 1988, que para a não reintegração basta o empregador criar, mesmo que artificialmente, as condições objectivas conducentes à cessação do contrato de trabalho. Se o empregador criar essas condições objectivas, ainda que verdadeiras, poder-se-ia invocar o *tu quoque;* a culpa do empregador na criação da causa de justificação para não reintegrar o trabalhador faz decair a pretensão daquele. Está, deste modo, afastado o argumento que permitiu a declaração de inconstitucionalidade em 1988.

iii) Admitindo-se, como tem sido normalmente aceite, que a justa causa objectiva pressupõe uma forma (constitucional) de fazer cessar o contrato de trabalho, valem as mesmas razões para a não reintegração.

Assim, tal como o contrato de trabalho pode cessar licitamente por extinção do posto de trabalho, por inadaptação do trabalhador, por despedimento colectivo ou por extinção da comissão de serviço, estando em causa um valor relacionado com a prossecução da actividade da empresa, também será lícito, não violando a Constituição, que o contrato cesse quando se demonstre que o regresso do trabalhador é gravemente prejudicial e perturbador para a prossecução da actividade empresarial[19].

A este propósito cabe reiterar que o princípio da segurança no emprego (art. 53.º da CRP) não é absoluto, comportando várias excepções, nomeadamente tendo em vista a salvaguarda da empresa (despedimento colectivo, extinção do posto de trabalho, etc.); ora, a oposição à reintegração contextua-se entre essas excepções, sendo mais um motivo objectivo de cessação do contrato de trabalho relacionado com a prossecução da actividade empresarial.

Nesta sequência será importante referir que os argumentos invocados pelo Tribunal Constitucional aquando da declaração de conformidade com a Constituição, emitida em apreciação da cessação do contrato de trabalho em regime de comissão de serviço (Acórdão do Tribunal Constitucional n.º 64/91, de 4 de Abril de 1991), valem nesta sede, em particular no que respeita a trabalhadores que ocupem cargos de administração ou de direcção.

---

[19] Quanto à posição do Tribunal Constitucional no sentido da admissibilidade das causas objectivas de cessação do contrato de trabalho, veja-se a resenha de jurisprudência constante do Acórdão do Tribunal Constitucional n.º 306/2003, de 25 de Junho de 2003, ponto n.º 16.

iv) A estas três razões acresce uma quarta, pelo recurso a lugares paralelos.

A não reintegração tem sido pacificamente admitida, em duas situações idênticas à prevista no Código do Trabalho, que não têm suscitado dúvidas de constitucionalidade; concretamente, no serviço doméstico (art. 31.º do Decreto-Lei n.º 235/92, de 24 de Outubro) e no regime da função pública (arts. 163.º, 173.º e 175.º e ss. do Código de Processo nos Tribunais Administrativos).

No serviço doméstico, como prescreve o art. 31.º do Decreto-Lei n.º 235/92, de 24 de Outubro, a reintegração do trabalhador ilicitamente despedido pressupõe acordo do empregador; ou seja, como resulta do citado preceito, o empregador pode opor-se à reintegração do trabalhador despedido sem justa causa, não tendo de invocar qualquer motivo atendível.

Do mesmo modo, no regime da função pública, admite-se que o Estado ou outra pessoa colectiva pública, tendo o tribunal administrativo decretado a nulidade do acto de despedimento, invoque causa legítima de recusa da reintegração. O argumento de o exemplo ser improcedente só colhe numa leitura demasiado estreita dos preceitos legais. De facto, do art. 83.º do Estatuto Disciplinar dos Funcionários e Agentes da Administração Central, Regional e Local (Decreto-Lei n.º 24/84, de 16 de Janeiro) resulta que o trabalhador ilicitamente despedido (aposentado compulsivamente ou demitido) deverá ser reintegrado no seu posto de trabalho ou, na terminologia do preceito «(...) o funcionário terá direito a ser provido em lugar de categoria igual ou equivalente (...)» [veja-se também o n.º 4 do art. 173.º do Código de Processo nos Tribunais Administrativos[20]]; porém, a entidade que despediu ilicitamente o funcionário ou agente pode opor-se à reintegração se invocar causa legítima de inexecução da sentença que inva-

---

[20] O Código de Processo nos Tribunais Administrativos foi aprovado pela Lei n.º 15/2002, de 22 de Fevereiro, e entrou em vigor a 1 de Janeiro de 2004 (art. 2.º da Lei n.º 4-A/2003, de 19 de Fevereiro).

lide o despedimento [cfr. arts. 163.º e 175.º do Código de Processo nos Tribunais Administrativos, relativos às causas legítimas de inexecução da sentença[21]]. Para a oposição à reintegração basta que a entidade judicialmente condenada, por ter despedido ilicitamente o funcionário ou agente, invoque uma causa legítima de inexecução da decisão judicial que julgou inválido o despedimento; a causa legítima pode relacionar-se com o interesse público ou com a impossibilidade de manutenção da situação jurídica laboral (que é diferente da situação em que o lugar foi provido por terceiro, cfr. o já citado n.º 4 do art. 173.º do Código de Processo nos Tribunais Administrativos). Trata-se de uma causa de exclusão da ilicitude que permite à Administração não cumprir uma sentença judicial da qual resulte a reintegração do funcionário ou agente ilicitamente despedido (aposentado compulsivamente ou demitido). Se a administração invocar causa legítima de inexecução da sentença, cabe ao funcionário despedido requerer ao tribunal que se pronuncie sobre a existência dessa causa de inexecução invocada ou que lhe seja fixada indemnização pelos prejuízos resultantes do incumprimento da decisão judicial (cfr. os arts. 175.º e ss. do Código de Processo nos Tribunais Administrativos[22]).

Concluindo, refira-se que a hipótese de não reintegração prevista no n.º 2 do art. 438.º do CT tem contornos bem mais limitados do que nos casos em que se admitem estas duas situações de não reintegração, cuja constitucionalidade, repita-se e sublinhe-se, não tem sido questionada.

---

[21] A solução era idêntica atendendo ao disposto nos arts. 5.º e 6.º do Decreto--Lei n.º 256-A/77, de 17 de Junho, revogado com a entrada em vigor do Código de Processo nos Tribunais Administrativos a 1 de Janeiro de 2004.

[22] Veja-se, no mesmo sentido, os arts. 7.º e ss. do Decreto-Lei n.º 256-A/77, de 17 de Junho, revogado com a entrada em vigor do Código de Processo nos Tribunais Administrativos a 1 de Janeiro de 2004.

II. Assentando-se no pressuposto de que a solução não contraria o art. 53.º da CRP, resta verificar se a não reintegração de determinados trabalhadores — que trabalhem em microempresas ou desempenhem cargos de administração ou de direcção — viola o princípio da igualdade.

As empresas com menos de dez trabalhadores correspondem a 80 % do tecido empresarial português, empregando aproximadamente 30 % dos trabalhadores; quanto aos trabalhadores que ocupam cargos de administração ou de direcção, é difícil determinar o valor percentual, mas será necessariamente uma percentagem diminuta em relação aos, aproximadamente, três milhões de trabalhadores subordinados.

A distinção entre pequenas e grandes empresas é realista e razoável, não pondo, por isso, em causa o princípio da igualdade. Esta ideia, que se encontra também nos Acórdãos do Tribunal Constitucional n.º 64/91 e n.º 581/95, foi reiterada pelo Acórdão do Tribunal Constitucional n.º 306/2003, de 25 de Junho de 2003, ponto n.º 18, parte final. De facto, a igualdade de tratamento determina apenas que não haja diferenciações discriminatórias; não porá em causa a licitude de estatutos distintos com justificação objectiva.

No caso concreto, a distinção entre trabalhadores de pequenas, médias ou grandes empresas e trabalhadores de microempresas ou que ocupem cargos de administração ou de direcção justifica-se tendo em conta a confiança e proximidade relevantes na subsistência da relação de trabalho. Como se esclarece no citado Acórdão do Tribunal Constitucional n.º 306/2003, «cuida-se que nas microempresas é, por maioria de razão, mais "dramática" a intensidade que conduz à razoabilidade do esquema, proposto no Código, quanto à tutela reintegratória e à tutela indemnizatória».

A igualdade de tratamento determina apenas que não haja diferenciações discriminatórias; por isso, não está posta em causa a licitude de estatutos distintos com justificação objectiva.

6. Aplicação no tempo do instituto da oposição à reintegração

I. A oposição à reintegração surge explicitamente no nosso ordenamento jurídico com o Código do Trabalho (art. 438.º, n.º 2), que entrou em vigor no dia 1 de Dezembro de 2003. Ainda que seja defensável admitir que a oposição à reintegração não corresponde a uma inovação introduzida pelo Código do Trabalho, pois resulta da aplicação dos princípios gerais, mormente do abuso de direito e da boa fé, em termos explícitos o instituto passa a ter aplicação com a entrada em vigor deste diploma. Dever-se-á, por isso, atender às regras de aplicação no tempo deste instituto.

II. Como dispõe o art. 8.º, n.º 1, da Lei de aprovação do Código do Trabalho (Lei n.º 99/2003, de 27 de Agosto), «ficam sujeitos ao regime do Código do Trabalho os contratos de trabalho (...) celebrados (...) antes da sua entrada em vigor, salvo quanto às condições de validade e aos efeitos de factos ou situações totalmente passados anteriormente àquele momento». Do princípio geral de aplicação das leis no tempo, decorre que «A lei só dispõe para o futuro», mas em relação às situações jurídicas duradouras, constituídas antes da entrada em vigor do Código do Trabalho, a lei nova aplica-se-lhes; deste modo, um contrato de trabalho celebrado antes da entrada em vigor do Código do Trabalho, subsistindo a sua execução, passa a ser disciplinado pelo disposto neste diploma após a data de início de vigência. Dito de outro modo, no que respeita ao conteúdo das relações jurídicas laborais, o Código do Trabalho «abrange as próprias relações já constituídas, que subsistam à data da sua entrada em vigor» (artigo 12.º, n.º 2, *in fine*, do CC)[23].

---

[23] Sobre o princípio da aplicação imediata da lei nova, valendo para as situações antigas em curso, veja-se OLIVEIRA ASCENSÃO, *O Direito. Introdução e Teoria Geral*, 13.ª edição, Coimbra, 2005, pp. 550 e ss.

Esta regra de aplicação do Código do Trabalho às situações jurídicas em execução, mas constituídas antes da sua entrada em vigor, sofre duas excepções[24]: as condições de validade são aferidas no momento da sua constituição (p. ex., quanto às exigências de forma deve atender-se às que vigoravam ao tempo em que a situação jurídica se constituiu); os factos já produzidos ou situações totalmente passadas antes da entrada em vigor do Código do Trabalho são regidos pela lei anterior, pois este diploma não se lhes aplica (assim, o Código do Trabalho não regula as retribuições ou as férias vencidas antes da sua entrada em vigor). A expressão «totalmente passados» tem de ser entendida na sua amplitude: o Código do Trabalho não se aplica a situações constituídas e extintas no âmbito da lei anterior, pelo que, se subsistem sequelas, nomeadamente relacionadas com o incumprimento, neste ponto, pode aplicar-se a lei nova.

III. Deste regime não resulta a aplicação retroactiva da lei nova (Código do Trabalho) a situação antigas. Aos factos totalmente passados antes de 1 de Dezembro de 2003, que não se repercutam em aspectos posteriores do contrato de trabalho, não se aplica o Código do Trabalho. Aos factos ocorridos antes, mas que se repercutem em questões jurídicas ocorridas ou apreciadas depois da entrada em vigor do diploma, aplica-se o Código do Trabalho. Neste caso, quanto à aplicação de um novo regime estar-se-á perante a designada «retroconexão», diferente da retroactividade, em que se verifica a ultra-actividade de factos passados, em razão da conexão com situações futuras[25].

---

[24] A estas duas excepções é de acrescentar, sem relevo para a questão em análise, a norma especial do art. 9.º da Lei n.º 99/2003, relativamente a regras quanto a prazos em curso. Sobre a questão da aplicação no tempo do Código do Trabalho, veja-se as anotações do autor aos arts. 8.º e 9.º da Lei n.º 99/2003, *in* ROMANO MARTINEZ/LUÍS MIGUEL MONTEIRO/JOANA VASCONCELOS/MADEIRA DE BRITO/GUILHERME DRAY/GONÇALVES DA SILVA, *Código do Trabalho Anotado*, cit., pp. 43 e ss.

[25] Sobre a retroconexão, em que a lei nova se aplica a factos-"pressupostos" ocorridos antes da sua entrada em vigor, consulte-se BAPTISTA MACHADO, *Introdução ao Direito e ao Discurso Legitimador*, Coimbra, 1983, pp. 234 e ss.

IV. Ora, no que respeita à oposição à reintegração, para aplicação do regime previsto no Código do Trabalho será necessário que a cessação do contrato de trabalho tenha ocorrido a partir do dia 1 de Dezembro de 2003. Independentemente da data da celebração do contrato de trabalho, aplica-se o regime previsto no art. 438.º, n.º 2, do CT desde que o vínculo se tenha extinto na vigência do Código do Trabalho.

Para além desta questão, que não suscita dificuldades, há o problema de saber se podem ser tidos em conta na determinação do prejuízo grave e perturbação da actividade empresarial factos anteriores à entrada em vigor do Código do Trabalho. Como se referiu, o regime disposto no Código do Trabalho aplica-se a todos os aspectos de execução que não sejam «totalmente passados»; isto é, manter-se-á a aplicação da lei antiga só relativamente aos factos verificados no passado e que não tenham repercussão no futuro. Na relação laboral, atenta a regra de prescrição constante do art. 381.º do CT — que vale tanto para o trabalhador como para o empregador — são poucos os factos de execução do contrato de trabalho que se podem considerar «totalmente passados», no sentido de não terem repercussões no futuro, pelo menos até à cessação do vínculo, mormente quando relacionados com o incumprimento de prestações contratuais.

Posto isto, ainda que os factos praticados pelo trabalhador, que indiciam a existência de grave prejuízo e perturbação para a prossecução da actividade empresarial, tenham sido perpetrados antes do dia 1 de Dezembro de 2003, na medida em que o despedimento ocorra depois desta data e a oposição à reintegração seja invocada na vigência do Código do Trabalho, aplica-se o art. 438.º do CT. Tais factos não se poderiam considerar totalmente passados no sentido indicado no n.º 1 do art. 8.º da Lei n.º 99/2003. Este é um típico exemplo de retroconexão. Exemplificando: o trabalhador, na pendência do contrato de trabalho, em 2002, divulgou a lista de clientes da empresa a um concorrente, entretanto, em 2004, foi despedido por extinção do posto de trabalho, em 2005, aquele facto veio a ser conhecido pela empresa lesada a quem tinha sido movido um processo de impugnação de despedimento; neste caso, o empregador pode opor-se à reintegração invocando factos perpetrados antes da entrada em vigor do Código do Trabalho.

7. Consequências da oposição à reintegração

a) *Cessação do vínculo*

Não obstante a ilicitude do despedimento, sendo justificada a oposição à reintegração, o contrato de trabalho extingue-se. A solução não é excepcional; antes pelo contrário, corresponde ao regime regra dos contratos: a resolução de um contrato, ainda que ilícita, determina a cessação do vínculo[26].

Não havendo reintegração, tanto por opção do trabalhador que prefere a indemnização compensatória (art. 439.º, n.º 1, do CT), como no caso de ser justificada a oposição à reintegração invocada pelo empregador (art. 438.º, n.º 2, do CT), o contrato de trabalho extingue-se, deixando as partes de estar vinculadas ao cumprimento das prestações emergentes deste vínculo.

No caso de proceder a oposição à reintegração, apesar de haver uma prévia decisão judicial, a cessação do contrato de trabalho resulta de uma decisão unilateral do empregador. Como já se referiu, o vínculo não cessa por via da decisão judicial, na medida em que a intervenção do juiz — admitindo a existência dos pressupostos da figura — constitui um modo de validar a decisão empresarial de cessação do vínculo laboral.

Assim sendo, quanto à natureza jurídica, dir-se-á que a oposição à reintegração se qualifica como uma resolução do contrato de tra-

---

[26] Veja-se ROMANO MARTINEZ, *Da Cessação do Contrato*, 2.ª edição, Coimbra, 2006, pp. 221 e ss.

balho, invocada pelo empregador, com necessidade de uma prévia validação judicial.

b) *Agravamento da indemnização em substituição da reintegração*

I. Não pretendendo o trabalhador ser reintegrado, poderá optar pela indemnização prevista no art. 439.º, n.º 1, do CT. Nesta indemnização, diferentemente do que ocorre quanto às retribuições a que alude o n.º 1 do art. 437.º do CT, só se atende à retribuição base e às diuturnidades (excluindo, portanto, nomeadamente os subsídios e outros complementos salariais, cfr. art. 250.º, n.º 2, alínea *a)*, do CT); por outro lado, importa ainda ter em conta a antiguidade do trabalhador e o grau de ilicitude da conduta do empregador.

II. O art. 13.º, n.º 3, da LCCT referia-se a «ano de antiguidade ou fracção», levando a que a doutrina e a jurisprudência entendessem que um dia de trabalho equivaleria a um ano. De tal modo, recebia a mesma indemnização o trabalhador que tivesse uma antiguidade de quatro anos ou de três anos e um dia; solução que não era, evidentemente, equitativa. Tendo isso em conta, propugnava-se uma interpretação correctiva do preceito[27], no sentido de a fracção ser contada em termos proporcionais; assim, se o trabalhador tivesse uma antiguidade de três anos e seis meses e uma retribuição base de mil euros a indemnização deveria ser de três mil e quinhentos euros e não de qua-

---

[27] *Vd.* ROMANO MARTINEZ, *Direito do Trabalho*, 1.ª edição, Coimbra, 2002, p. 877. Quanto à interpretação correctiva, consulte-se OLIVEIRA ASCENSÃO, *O Direito. Introdução e Teoria Geral*, cit., pp. 425 e ss., que a admite, restritivamente, em hipóteses em que a lei tem um sentido nocivo, contrário a interesses preponderantes; a segurança jurídica só deve ser afastada quando esteja em causa a negação de princípios fundamentais. No caso em apreço não se tinha em conta o princípio da igualdade.

tro mil euros. Esta interpretação foi expressamente seguida no Código do Trabalho, nomeadamente nos arts. 247.º, n.º 1, alínea c), 388.º, n.º 3, 401.º, n.º 2, e 443.º, n.º 2, não se lhe fazendo alusão no art. 439.º do CT. No n.º 1 do art. 439.º do CT faz-se referência, tal como na legislação revogada, a «ano completo ou fracção de antiguidade», sem reiterar a regra da proporcionalidade. A falta de tomada de posição explícita neste preceito não permite uma interpretação contrária, porquanto se pode concluir que a regra é a de atender à fracção de ano proporcionalmente e, por outro lado, a omissão justifica-se na medida em que o legislador optou por fixar uma moldura para a indemnização, em vez de um valor fixo.

De modo diverso, no sistema anterior, esta indemnização, dita por antiguidade, encontrava-se fixada de modo certo, para evitar as frequentes dificuldades de determinação do montante, pelo que a discussão da fracção de ano tinha uma relevância significativa. Mesmo assim, no sistema actual, com menor relevância prática, tendo em conta a frequente remissão para a regra da proporcionalidade (já indicada), não só por uma razão de justiça, como igualmente com base na interpretação sistemática do n.º 1 do art. 439.º do CT, deve entender-se que a fracção de antiguidade será contabilizada de modo proporcional.

III. Ainda quanto à contagem da antiguidade, por via do n.º 2 do art. 439.º do CT esclareceu-se outra dúvida. Na legislação revogada determinava-se que se contava «(…) o tempo decorrido até à data da sentença», não se indicando se era a decisão em primeira instância ou a decisão judicial com trânsito em julgado. Da actual redacção não resultam dúvidas; conta-se «(…) todo o tempo decorrido desde a data do despedimento até ao trânsito em julgado da decisão judicial». Contrapondo com a interpretação da norma revogada normalmente seguida pelos tribunais, resulta um agravamento da indemnização no caso de haver recurso. Daqui advém, porém, uma dificuldade (ou contratempo) na aplicação do direito, pois, havendo recurso, a indemnização só pode ser quantificada a final, pelo que, como o crédito é ilíquido, não vencerá juros de mora (art. 805.º, n.º 3, do CC).

IV. Como resulta do disposto na 2.ª parte do n.º 1 do art. 439.º do CT, na determinação do valor da indemnização, o juiz deverá atender a três aspectos: ao valor da retribuição base e das diuturnidades auferidas pelo trabalhador à data do despedimento; à antiguidade do trabalhador; e ao tipo de ilicitude do despedimento.

Quanto à ilicitude, remete-se (desnecessariamente) para as situações previstas nas três alíneas do art. 429.º do CT, sem que daí resulte qualquer hierarquia de ilicitudes. Contudo, por via de regra, será mais grave um despedimento fundado em motivos políticos ou étnicos, do que por falta de procedimento disciplinar; nesta ponderação dever-se-á ainda atender ao grau de culpa do empregador, nomeadamente na apreciação do motivo justificativo invocado.

Com base nestes três elementos, o juiz, em vez de proceder a uma simples operação aritmética, como ocorria no âmbito do n.º 3 do art. 13.º da LCCT, fixará a indemnização segundo uma moldura: entre quinze e quarenta e cinco dias de retribuição base e diuturnidades. Deste modo, se, por exemplo, o trabalhador auferir uma retribuição base elevada e tiver vários anos de antiguidade, tendo sido invocado um motivo de justa causa cuja interpretação seja duvidosa, torna-se viável que a indemnização se fixe em quinze dias de retribuição base e de diuturnidades multiplicadas pela antiguidade; diferentemente, um trabalhador despedido por motivos religiosos, com uma retribuição base diminuta, poderá ver a indemnização fixada em quarenta e cinco dias.

V. A indemnização não pode, porém, ser inferior a três meses de retribuição base e de diuturnidades (art. 439.º, n.º 3, do CT). Mantendo-se, por isso, a regra de uma indemnização por valor mínimo, sempre que a antiguidade não perfizer três anos.

VI. A indemnização será agravada como contrapartida da oposição à reintegração do trabalhador julgada procedente (art. 439.º, n.º 4, do CT).

Seguindo os mesmos critérios enunciados nos n.ºs 1 e 2 do citado preceito, a moldura de quinze a quarenta e cinco dias é elevada para trinta a sessenta dias. Deste modo, no exemplo anteriormente indicado, em que o trabalhador auferia uma retribuição base alta e tinha vários anos de antiguidade, invocando-se um motivo de justa causa de interpretação duvidosa, perante a oposição à reintegração bem sucedida, a indemnização não deve ser fixada em mais de trinta dias de retribuição base e de diuturnidades multiplicadas pela antiguidade do trabalhador.

Acresce que, no caso de oposição à reintegração julgada procedente, o valor mínimo não poderá ser inferior a seis meses, colocando em pé de igualdade os trabalhadores que tenham antiguidade até seis anos (art. 439.º, n.º 5, do CT).

Deste modo, tendo o juiz considerado que, naquele caso, há motivo para o trabalhador não ser reintegrado, arbitrará uma indemnização, entre trinta e sessenta dias por cada ano de antiguidade; assim, em caso de oposição à reintegração do trabalhador ilicitamente despedido que o tribunal considere procedente, a indemnização substitutiva da reintegração é elevada, nos termos previstos no n.º 4 do art. 439.º do CT.

Assim, na eventualidade de um despedimento por facto imputável ao trabalhador (art. 396.º do CT) ser considerado ilícito por uma questão de interpretação discutível, tendo o trabalhador vários anos de antiguidade e auferindo uma retribuição elevada, no caso de oposição à reintegração encontram-se reunidos os pressupostos para a indemnização ser fixada por um parâmetro baixo (trinta dias): no fundo, o correspondente a um mês de retribuição base e diuturnidades por cada ano de antiguidade, contando-se a fracção de ano de modo proporcional. De modo diverso, sendo o trabalhador despedido com um fundamento de justa causa forjado pelo empregador e tendo uma antiguidade diminuta (não superior a seis anos), com uma retribuição pouco elevada (próxima do salário mínimo), em caso de oposição à renovação justifica-se que a indemnização seja fixada por um parâmetro alto (sessenta dias): correspondendo a dois meses de retribuição base e diuturnidades.

PEDRO ROMANO MARTINEZ
(Professor da Faculdade de Direito de Lisboa)

Pontos de Interrogação na Filosofia do Direito[*]

Plano: Objectivo e Método. Sentido da Homenagem. I. As Penumbras da Teoria: I.1. O Direito como Objecto de Reflexão; I.2. A Implicação Moral; I.3. A Invocação Jusnaturalista; I.4. A Carapaça Positivista do Legalismo; I.5. As Questões da Autoridade e da Obediência à Lei; I.6. Os Sonhos da Coerência Sistemática; I.7. O que Significa Interpretar?; I.8. A Face Exterior do Direito. II. As Penumbras da Prática: II.1. A Invocação da Norma Fundamental; II.2. O Respeito da Privacidade; II.3. A Promoção da Igualdade; II.4. O Respeito da Fé; II.5. A Via do Contrato; II.6. A Via da Responsabilidade; II.7. O Direito ao que Temos; II.8. A Punição; II.9. A Prova; II.10. A Vocação Universal do Direito; II.11. A Vocação Internacional do Direito. III. As Vacilações da Teoria: III.1. O Direito como Ele é...; III.2. ...numa Cultura Pragmática e Relativista...; III.3. ...e Céptica; III.4. E se? (Variante *quodlibet* na Escalada). Uma Palavra Inconclusiva. Bibliografia.

Objectivo e método

> *"Une œuvre où il y a des théories est comme un objet sur lequel on laisse la marque du prix"*
>
> MARCEL PROUST, *Le Temps Retrouvé*[1]

---

[*] Este artigo, concluído no início de 2004, destinou-se à obra colectiva em homenagem ao Prof. Doutor António Castanheira Neves.

[1] Proust, Marcel (1989), *À la Recherche du Temps Perdu*, Paris, Gallimard — La Pléiade, IV, 461.

"Les braves gens n'aiment pas que/L'on suive une autre route qu'eux"

GEORGES BRASSENS, "La Mauvaise Réputation"[2]

Proponho-me, no texto que se segue, enumerar, sob forma interrogativa, alguns pontos salientes da cogitação filosófica sobre o Direito. Escolhi temas avulsos: talvez aqueles que, na minha perspectiva, melhor simbolizam o carácter ao mesmo tempo incompleto e vivo, actualizado e relevante, de desafios que, com alguma amplitude e imprecisão, sejam enquadráveis na área da «Filosofia do Direito».

Até pela circunstância de ser profundamente céptico quanto à legitimidade e quanto à necessidade de «apropriações temáticas», serão mais as áreas que são excluídas do que as que são incluídas na deambulação subsequente. Muitas áreas são excluídas por ignorância ou por insensibilidade minhas; outras são-no por razões mais ou menos casuais ou insondáveis — como a Bioética, por exemplo, ou a Análise Económica do Direito, ou a Lógica Jurídica, tudo áreas fertilíssimas que largamente transbordam da sua intersecção com a Filosofia do Direito.

A opção pela sequência de interrogações tem os seus riscos — começando pelos estéticos, visto que o leitor gosta normalmente de se apoiar em sequências mais ou menos demonstrativas, que *decretem convicções* e não o interpelem constantemente, que não o deixem exposto à sensação de insegurança, de *crise*. Com efeito, embora algumas interrogações, pela forma, sugiram uma resposta, outras não sugerem, ao menos ao meu espírito, qualquer resposta segura e única, e permanecerão como testemunho de genuínas perplexidades. Acho que é, apesar disso, um risco que vale a pena correr, desafiando-se já o leitor a que forneça uma resposta a muitas das interrogações, sem esperar que ele tenha uma solução pronta para todas — porventura uma impossibilidade, que talvez não lograsse senão evidenciar falta

---

[2] Brassens, Georges (1993), *Poèmes et Chansons*, Paris, Seuil, 11.

de pendor crítico ou filosófico, falta de sensibilidade aos imperativos da problematização.

Atravessando pessoalmente um período de grandes dúvidas quanto às balizas convencionais com que se lançam a filosofar «*les braves gens*», sempre dispostas à vassalagem ao «pensamento por autores» e à filiação em infindáveis «ismos» e «logias», procurarei que as interrogações apareçam tão simples e depuradas dessa «ganga de erudição» quanto me for possível[3] — deixando que algumas dessas balizas apareçam apenas referenciadas em notas de pé de página, para servirem de atalhos àqueles que estejam já condicionados pelo uso das tais «balizas», e para ajudarem aqueles que queiram identificar a origem dessas interrogações, das quais não pretendo, nem posso, ser senão um fio condutor.

Afigura-se evidente que a multiplicação de interrogações, e até a sua arrumação por tópicos, destruirão a aparência de genuína *problematicidade* que poderia querer associar-se ao pendor interrogativo — e muitas vezes elas denotarão, de forma retórica e muito pouco velada, as convicções de quem só aparentemente se interroga, as certezas que ultrapassam as dúvidas. Em todo o caso, esperemos (isto é, esperemos eu e o leitor-cúmplice) que denotem sobretudo o carácter incompleto das convicções que transpiram da interrogação, a *inquietação*, e a prudência zetética, com questões abertas, a resistência a uma apropriação linguística-dogmática ou a um silenciamento categórico — com a liberdade errática de uma interpelação à quietude bucólica das nossas convicções (o *et in arcadia ego* de Nicolas Poussin, ou o de «Guercino»), uma serpente luciferina que, se umas vezes se enrosca dialecticamente no caduceu de Hermes e permite uma iluminação interpretativa ascensional, e outras caminha pelo bordão de

---

[3] Embora obviamente não tenha a pretensão de usar eu próprio uma linguagem «depurada» ou «transparente», isenta de artifício literário, que mais não seja porque adiante implicitarei repetidamente que tal coisa não existe, e que é nocivo presumir-se sequer a respectiva possibilidade.

135

Esculápio e, nele descartando a pele, simboliza o vigor renovado da inquietação, outras vezes, ao invés, ou se entorpece na solitária auto-complacência de uma *boa constrictor*, ou se esgota numa circulação autofágica, mordendo a própria cauda (como uma banda de Moebius), num alquímico e geométrico *Oroboro* que se *inutiliza* para o Mundo, se alheia da vida, devora a reflexão, acaba em nada.

Sentido da homenagem

Não se trata, com este modesto escrito, de ensaiar uma «*direttissima*» nessa parede de rocha e gelo de que ninguém verá o cume, mas apenas de prestar uma homenagem ao montanhista mais proficiente da sua geração, e também o mais generoso, aquele que deixou mais cordas fixas e *pitons* para que todos nós conseguíssemos subir até àqueles pontos de encruzilhada a partir dos quais a escalada continua por nossa conta e risco: afortunada a geração que continua a segui--lo de perto pelas escarpas mais íngremes, em novas variantes da «*Gebirgswand*» em que alguns dos engenhos mais argutos da tradição ocidental se afadigam há dois milénios e meio! Quanto a mim, modesto «*randonneur*» e seu aluno em 1981-1982, direi apenas que o fulgor desse contacto privilegiado «*in illo tempore*» contribuiu decisivamente para que a Filosofia do Direito se tornasse porventura a mais perene das várias chamas (intelectuais) em que variamente vou ardendo, nestes meandros académicos da «*ars longa...*».

I. **As penumbras da teoria**

I.1. *O direito como objecto de reflexão*

1. O facto de o Direito ser uma pura criação cultural *contingente* torna necessária uma justificação autónoma — e uma justificação

filosófica?[4] Será que a evolução histórica do Direito tem pago verdadeiro tributo ao doutrinarismo jusfilosófico, ou não passará a reflexão filosófica sobre o Direito de um magro sucedâneo para o motor político-ideológico que verdadeiramente tem comandado a vanguarda doutrinarista?

2. Será o Direito um conjunto globalmente significante de proposições normativas, que possa ser analisado sem referência interna à sua intenção valorativa e reguladora — isto é, será útil uma abordagem descritiva do fenómeno jurídico que não se envolva imediatamente na dimensão prescritiva, que se conserve exterior à teleologia das normas? E será que mesmo a crítica à pretensão de coesão semântica do Direito, a crítica aos seus alegados «fundamentos axiomáticos», atinge essa simbiose do descritivo e prescritivo na avaliação interna do Direito, na avaliação *empenhada*, com o propósito de *participação* do observador no edifício normativo?[5]

3. Haverá uma «Lei» que seja o limite ideal de convergência entre «Leis», um género para os «artefactos normativos» que se multi-

---

[4] I — Entre as obras introdutórias, destacaríamos: Bergel, J.-L. (1999); Brieskorn, N. (1990); Coing, H. (1993); Gröschner, R., C. Dirksmeier, M. Henkel & A. Wiehard (2000); Hofmann, H. (2000); Kaufmann, A. & W. Hassemer (1994); Kaufmann, A. (1997); Kaufmann, M. (1996); Naucke, W. (2000); Renaut, A. & L. Sosoe (1991); Röhl, K.F. (2001); Rüthers, B. (1999); Seelmann, K. (1994); Strömholm, S. (1991); Welzel, H. (1999); Zippelius, R. (1994). II — Entre as antologias de textos, destacaríamos: Adomeit, K. (org.) (1992/1995); Cane, P. & M. Tushnet (orgs.) (2003); Coleman, J.L., S.J. Shapiro & K. Himma (orgs.) (2002); Patterson, D.M. (org.) (1996); Patterson, D.M. (org.) (2003); Seelmann, K. (org.) (2000); White, J. & D. Patterson (orgs.) (1999). III — Entre as obras de referência merecem destaque: Arnaud, A.-J. (org.) (1993); Gray, C.B. (org.) (1999); isto sem esquecermos a esperada obra colectiva em 12 volumes: Pattaro, Enrico, Gerald Postema & Peter Stein (orgs.), *A Treatise of Legal Philosophy and General Jurisprudence*, Dordrecht, Kluwer; e ainda: Edmundson, William & Martin Golding (orgs.), *The Blackwell Guide to Philosophy of Law and Legal Theory*, Oxford, Blackwell.

[5] Dworkin, R. (1986), 13 ss.; Alexy, R. (1978); Alexy, R. (1985); Alexy, R. (1992); Alexy, R. (1995); Bronze, F.J. (1994), 499 ss.; Neves, A.C. (2003a), 349 ss..

plicam nas sociedades modernas?[6] Ou será que o Direito, tal como a Moral, nada mais é do que um «fenómeno vernáculo» que, como a linguagem que pode ser *policiada* pelos gramáticos mas é criada pelos nativos da língua, só deve à teoria, quando muito, uma vassalagem legitimadora, mas não um rumo de vivificação?[7] Haverá, com validade universal, um conceito de «Direito»? E, se houver, pode a abordagem filosófica sobre ele cingir-se à trilogia «semântica das normas/autoridade e eficácia/legitimação ética»?[8]

4. Não deveria, em nome do carácter idiossincrático do Direito no panorama dos fenómenos sociais, promover-se uma «fusão de horizontes» entre os modos de acção social representados pela abordagem descritiva e pela abordagem prescritiva[9], transcendendo desse modo, ao menos com uma «meta-descrição», as intenções de *neutralidade* que se julgou, em plena maré-alta da epistemologia «positivista-ingénua», deverem imperar no paradigma das *ciências sociais*?[10]

5. Ou não se dará o caso, pelo contrário, de o chamamento ao empenhamento do «ponto de vista interno» não ser mais do que uma estratégia de «suspensão crítica do juízo» que tolhe a análise do Direito e facilita a imposição de sentidos «fundamentantes», de postulados de «determinação» ou «sobre-determinação», ou de «coerência», à própria descrição da ordem jurídica?[11]

6. Não servirá essa ambiguidade entre abordagens descritivas e prescritivas para propiciar o domínio do Direito pela política, por um poder de facto que se recobre de legitimações «fundamentantes» e da *«patine»* da História (e do proverbial «horror ao vácuo» que reage à *crítica radical* dos «fundamentos»), subordinando o «cientista do

---

[6] Gardner, J. (2004), 168-181.
[7] Oakeshott, M. (1975), 78-79.
[8] Como é sugerido em: Alexy, R. (2004), 156-167.
[9] Habermas, J. (1981).
[10] Howart, D. (2004), 9-28.
[11] O risco de «paralaxe» é evidente: cfr. Urbina, S. (2003), 506-524.

Direito» à humilde condição de «tratadista» que fornece inócuos e conformistas roteiros para a «navegação dos práticos» pelos caminhos estreitos da legitimação normativa, à margem do verdadeiro «motor» da evolução jurídica?

7. Mas a ser exactamente assim, como se explicariam os numerosos afloramentos de proposições *de iure condendo* a partir do próprio «ponto de vista interno» da ciência jurídica (aquele que é moldado para uma audiência de juristas *praticantes*, profissionais), e como se explicaria a formação de uma doutrina capaz não só de resistir ao Direito positivado mas também de impor os seus próprios critérios e rumos na evolução da positividade jurídica? Apenas porque existe também um outro auditório, o dos próprios teóricos do Direito, ou porque são estes que dominam a formação académica de todos os juristas, ou porque é à doutrina que a jurisprudência tem que recorrer para se distanciar da rotina de acrítica exegese da letra da Lei?

8. Ou não será a persistência da abordagem prescritiva, com os seus intuitos reordenadores, um eloquente testemunho da proeminência que tem vindo a ser ganha pelo entendimento do Direito como um instrumento de política social, mais aberto e vulnerável a considerações políticas, éticas, económicas, culturais, do que aquilo que se julgava possível com a tradicional atitude de veneração exegética caracterizadora do normativismo positivista?[12]

9. Poderá, assim, a reflexão filosófica fazer ressaltar, no Direito, a sua «natureza» de instrumento mais ágil e mais disponível para aquele esforço de vivificação das normas que recai sobre a intermediação interpretativa dos juízes, transformados também estes em protagonistas de uma política social, de acordo com a intenção própria de sistemas jurídicos *abertos* — o que configuraria, ao menos em projecto, uma «unidade de discurso» entre as Faculdades de Direito e os Tribunais?[13]

---

[12] Cotterrell, R. (1992), 405-422.
[13] Friedman, L. (1986), 763-780; Rubin, E.L. (1988), 1835-1905; Selznick, P. (2003), 177-186.

10. Será o Direito predominantemente um fruto de revelações carismáticas de intérpretes privilegiados de uma supra-ordenação ideológica, mais um fruto dos pronunciamentos de *autoridades jurídicas*, ou será ele antes o resultado racional, seja de uma imposição política de soluções substantivas, seja do sistemático labor profissional de juristas?[14]

11. Será legítimo *teorizar* sobre o Direito, se é a própria noção de *Teoria*, de *abordagem teórica*, que está correntemente posta em causa — não já nos tradicionais termos das críticas à sobre-interpretação e à sobre-filosofização por teóricos presos nas «torres de marfim», mas pela abordagem pragmática que tende a desconsiderar a teoria como uma duplicação *irrelevante*?[15] Ou será possível resgatar a *teoria* impondo-lhe a «viragem coperniciana» do enfraquecimento das suas pretensões «reguladoras» e «policiadoras», em favor de uma subordinação às questões práticas da aplicação do Direito — mesmo que isso signifique o envolvimento directo nos debates técnicos, ou a adopção de uma «ontologia ingénua» sobre a índole do Direito?[16]

I.2. *A implicação moral*

12. Haverá porventura um ponto de equilíbrio que optimize a articulação entre Direito e Ética, no sentido de maximizar o serviço que combinadamente prestam aos desígnios de realização pessoal e colectiva, ao pleno florescimento da personalidade individual dentro dos limites que lhe são impostos pela sua integração social — evitando do mesmo passo que as complementaridades entre as *positivi-*

---

[14] Isto de acordo com os «tipos ideais» de Max Weber. Cfr. Weber, M. (1922), Cap. II/7.

[15] Fish, S. (1999a); Fish, S. (1994); Fish, S. (1989); Fish, S. (1999b); Robertson, M. (2002), 359-385; Neves, A.C. (2003a), 299 ss.; Linhares, J.M.A. (2001), 532 ss..

[16] Peczenik, A. (2004), 106-117; Peczenik, A. (2001), 75-105.

dades moral e jurídica se convertam em sobreposições e atritos, em duplicações e conflitos de deveres?[17]

13. Retira o Direito da Moral um simples elenco de prescrições e de proscrições, uma enumeração de valorações de que o Direito, em atenção aos interesses da liberdade cívica, adopta a versão minimalista — ou deve ele ir buscar ainda à Ética uma «teoria da acção» que clarifique os pressupostos da responsabilidade, da culpa e da desculpa, dos fundamentos da autonomia, da indiferença e da solidariedade?[18]

14. Será que é atribuição da Ética o esclarecimento das condições mínimas que um sistema jurídico deve preencher para poder servir de suporte a uma vida social moralmente significativa — nomeadamente as condições de erradicação de situações de violência, de medo recíproco, de sofrimento e de humilhação, que a nossa proximidade dentro do âmbito social propicia?[19] Em suma, o *roteiro* da evolução do Direito, encontrá-lo-emos nós porventura explicitado previamente na Ética — e se sim, significa isso que uma reflexão puramente jurídica é incapaz de fornecer a si mesma critérios evolutivos axiologicamente válidos?

15. Inversamente, a sedimentação histórica das instituições jurídicas e o seu enraizamento social não condicionam a formação da Ética, ao menos a formação de *novas* soluções éticas, a ponto de dizer-se que a Ética deve ela própria vassalagem aos valores da juridicidade — não por capitulação da sua independência categórica mas por imperativo de realismo (buscando no Direito não os alicerces da sua *validade*, mas as portas e janelas da sua *eficácia*)?

16. E não deve o Direito recusar a *subalternidade* à Ética em nome de uma *deontologia* democrática, que legitima soluções jurídicas através de simples compromissos ou votações entre moralidades

---

[17] Kaldis, B. (2002), 419 ss..
[18] Ascensão, J.O. (2001), 89-94.
[19] Hart, H.L.A. (1961), 189 ss..

socialmente conflituantes — sempre que se trate de travar a tirania de um «pensamento único» ou de propiciar a coexistência pacífica em espaços sociais disputados por proselitismos e exclusivismos morais?[20]

17. Não deve o Direito reclamar uma triagem prévia das condições de admissão ao núcleo mínimo de moralidade que ele é chamado a servir — seja a sua adequação a um mero *formalismo* que preserva a enumeração privada dos deveres, seja a sua adequação a requisitos *substantivos* que preservem condições de racionalidade, de congruência sistémica, de cognoscibilidade e clareza, joeirando preconceitos não-analisados que constituíssem pretextos para a estigmatização e para a intolerância?[21] Mas como consegui-lo sem circularidade auto-referencial — como sair do círculo da «polinização cruzada» entre Direito e Moral para proceder a essas escolhas?[22]

18. A positivação do Direito através de formas institucionais, explícitas e públicas — de acordo com formalismos inequívocos e rígidos, abarcados nos valores «não-inconstitucionalidade» e «legalidade» — é uma vantagem ou uma desvantagem face à natureza não-institucional e inorgânica da Ética, tendo em atenção os propósitos de *vigência efectiva* de ambos?

19. Em termos antropológicos, o facto de o Direito tão amiúde se limitar a reiterar a validade de práticas espontaneamente assumidas de acordo com uma ética interiorizada nos agentes individuais, e ser apenas uma espécie de *reforço consagrador* da harmonia social propiciada pelas condutas éticas (para não falarmos já da generalidade e indeterminação de muitas formulações jurídicas, que se limitam a remeter para a diligência do agente moral[23]) não significará porven-

---

[20] Sobre os pressupostos e possibilidades de uma tal «blindagem», cfr. Otero, P. (2001), 231 ss..
[21] Hart, H.L.A. (1963), 17 ss.; Devlin, P. (1965).
[22] Grotefeld, S. (2003), 299 ss..
[23] Scalet, S.P. (2003), 75-110.

tura que a positivação do Direito é uma redundância inútil, até no sentido de a falta de interiorização ética das condutas que prescreve levar inelutavelmente à irrelevância e ao desuso das suas normas? Não ficaria o Direito reduzido a um núcleo de normas puramente técnicas[24] se fossemos todos impecavelmente honestos nas nossas condutas?

20. Mas, num outro plano, não será que a *publicidade* das normas jurídicas as torna muito mais *leais* para os seus destinatários, no sentido de que — se descontarmos o efeito perverso da «entropia informativa» causada pela incontinência legiferadora[25] — o Direito enuncia, em fontes publicamente acessíveis, *todos* os preceitos de que reclama o acatamento, e limitando até essa exigência, em princípio, à prévia possibilidade de conhecimento das normas (abstendo-se, por essa razão, de tirar vantagem da retroactividade — por mais prementes e imperativos que sejam os valores que tenha consagrado *ex novo* nos seus preceitos)?[26] Não poderá dizer-se o mesmo por força da imparcialidade e transparência a que estão sujeitas as várias formas de execução pública das normas, e de administração pública da justiça — requisitos esses que não entravam, para o bem e para o mal, as demais ordens reguladoras que atravessam o espaço social, a Moral entre elas?

21. Será a existência dessas salvaguardas que legitima as pretensões de superioridade e de hegemonia que alguns sustentam para o Direito, face às demais formas de regulação social?[27] Ou será antes o facto de o Direito ter um modo de legitimação que é essencialmente

---

[24] Se é que tal coisa é possível: Homem, A.P.B. (2001), 18-19n20.

[25] É uma observação que remonta a Tácito, com o seu "*corruptissima republica, plurimae leges*", e no século XX retomada, entre outros, por Carl Schmitt em *Die Lage der europäischen Rechtswissenschaft*. Cfr. Scheuermann, W.E. (2002b), 379 ss..

[26] Fazendo o requisito da publicidade derivar da dupla exigência de legalidade e de «justificabilidade» (*Begründbarkeit*), cfr. Oliver-Lalana, D. (2001), 542 ss.. Mais amplamente, Neves, A.C. (1995k), 7 ss..

[27] Pretensões caras aos positivistas, como é óbvio — cfr. Raz, J. (1975), 150--154; Himma, K.E. (2001), 61-79.

formalista ou *procedimentalista*, por contraste com a Ética, que tende a ser *substancialista* — no sentido de conferir legitimação a uma conduta humana somente depois de dela se ter *apropriado* conceptualmente, de lhe ter demarcado uma área de subordinação aos seus postulados materiais?[28]

22. Ou não será antes que colocamos mal o problema das relações entre Ética e Direito formulando a questão em meros termos de *extensão* de áreas normativas que disputam jurisdição e primazia nalgumas intersecções, tendendo ambas a preencher todos os recantos das determinações da conduta livre — quando se trata, ao menos no momento pragmático da sua aplicação, de formas parcelares de ordenação e validação que se entreajudam e complementam, se interpenetram e reciprocamente se conferem relevância prática, e nada têm a retirar de prático a partir da sua demarcação conceptual (aquela em que o positivismo tanto se afadiga)?[29]

23. Aceitaremos nós que a moralidade seja encarada como referência necessária da semântica das normas jurídicas, ou será que podemos conceder ao Direito uma semântica desprovida de referência externa, completamente validável como um todo estanque através da consideração da sua estrutura *sistemática*, como um mero «jogo de linguagem» com alcance *performativo* independente de qualquer partilha referencial?[30]

24. Deveremos nós captar a semântica de uma expressão estrangeira como condição prévia para a obtenção de uma conduta que temos observado como invariavelmente resultante do uso dessa

---

[28] A ênfase no procedimentalismo é especialmente visível em Habermas, no seu *Faktizität und Geltung* — cfr. Karácsony, A. (2001), 97 ss..

[29] Shiner, R.A. (1992).

[30] E portanto susceptível de uma mera estruturação sintáctica, por simples «regras formais (tipográficas) de transformação» que, independentemente de qualquer sentido interpretativo, assegurassem pragmaticamente uma conduta correspondente à nossa previsão de consequências para o «acto ilocutório»?

expressão (junto daqueles que presumimos agirem em função dessa semântica que nos escapa)? Precisa o Direito de assentar em proposições que comuniquem sentidos (sentidos «jurídicos», especificamente)? Mas se assim for, como podemos nós pressupor uma «comunidade semântica», e menos ainda uma «uniformidade axiológica», naqueles que partilham connosco a esfera pública de adjudicação de interesses?

25. Se o resultado de pacificação *aparente* for alcançável pela invocação de uma fórmula que — para mim ou para os outros — é semanticamente *vazia*, deveremos nós descartá-la como expediente *legítimo* do Direito? Ao invés, poderemos sustentar que o Direito continue a ser encarado como o «jogo de iniciados», o mesmo que nos foi legado pelos paradigmas xenófobos da filosofia helénica?[31]

26. Mas, sem referência numa linguagem *natural*, não correremos nós o risco de transformarmos a «abordagem semântica» numa mera sucessora das provectas «perspectivas transcendentais», uma espécie de demarcação *a priori* contra as intrusões de todos os referenciais empíricos — uma abordagem transcendental que alegadamente se apropriaria de «significados» que seriam aplicáveis por subsunção à «inteligência» do «real»?[32]

27. Por outro lado, não correremos nós o risco de queda numa regressão infinita ao procurarmos *fundamentar* a ordem jurídica na ordem moral — se formos conduzidos logicamente a ter que fundamentar também esta numa outra ordem e assim sucessivamente, em busca de um ponto básico que se auto-fundamentasse? Não foi esse risco que levou a Escola Realista a prescindir de «razões para acatamento», e a tentar substituí-las por meros critérios de previsibi-

---

[31] A favor deste pragmatismo *nominalista*, veja-se o pioneirismo de: Bobbio, N. (1976), 287 ss..

[32] É nestes termos que Richard Rorty critica o *«linguistic turn»* que ele próprio foi responsável por vulgarizar. Cfr. Rorty, R. (1991L), 50.

lidade decisional (os critérios pragmáticos que até o «homem mau» adoptará para acatar insinceramente as normas)?[33]

28. Pelo contrário, por que haveria a ordem jurídica de requerer uma mediação no seu papel de condicionador da prática social, e de requerê-la à Ética? Não são os preceitos jurídicos, mesmo em áreas de não-sobreposição com conteúdos éticos, susceptíveis de interiorização na consciência e de espontaneidade na conduta com a mesma força dos preceitos morais?[34] Terá porventura a Ética um «carisma social» superior ao do Direito? Essa exigência de «mediação ética», tão cara ao jusnaturalismo[35], não fragiliza a *lealdade* que a *publicidade* do Direito positivo propicia? E não deixa ela o Direito perigosamente exposto aos corolários do relativismo moral, ficando condicionado, no seu acesso à realidade social, por essa particular visão?[36]

29. Deve a Lei recobrir apenas os domínios já abarcados por uma Ética Social prévia — e mesmo assim não todos[37] —, ou, mesmo arriscando a resistência, a desobediência e o desuso, deve ela aventurar-se no activismo reformista, arriscando uma cumplicidade com o «anti-direito»?[38]

30. Dado o carácter potencialmente «salomónico» da decisão jurídica, que é forçada a adjudicar em condições de incerteza recorrendo ao jogo de meras presunções, que avalia por subsunção a normas gerais e abstractas (mesmo quando conscientemente procura a

---

[33] A razão pela qual Oliver Wendell Holmes sugeriu em 1897, no seu *The Path of the Law*, que o Direito desejavelmente deveria banir toda a referência ética, toda a referência axiológica. Cfr. Holmes Jr., O.W. (1921), 167-202.

[34] Ou, ao menos, não deveria o problema cingir-se àqueles momentos em que a norma jurídica remete para o preenchimento de conceitos indeterminados e de lacunas com conteúdos éticos, com maior ou menor amplitude discricionária na interpretação?

[35] Moore, M.S. (1987), 453-506; Brink, D.O. (1989).

[36] Beyleveld, D. & R. Brownsword (1986), 152 ss.; Dworkin, R. (1986).

[37] Hart, H.L.A (1961), 188 ss..

[38] Neves, A.C. (1995b), 53.

«mediação» na concretização do Direito, quando intencionalmente se direcciona ao «círculo hermenêutico»[39], quando atende às subtilezas da «qualificação»[40]), que suspende a descoberta da «verdade» para espraiar a sua panóplia de instrumentos coercivos, não deverá ser *muito restritiva* a triagem dos interesses morais que deixamos ingressar no domínio do Direito positivo?[41] De outro modo, não estaríamos nós a usar a «linguagem dos direitos» como arma de arremesso e a instrumentalizar o Direito aos propósitos de uma «guerra social», pervertendo as finalidades da jurisdicionalização da vida comum?[42] Mas, sendo assim, que poderá entender-se que seja a insistência no Direito *justo*, e a alegação de invalidade do Direito *injusto*?[43]

31. Com o mesmo escopo de impedir a promoção indiscriminada da moral social pelo Direito — dada em especial a dificuldade de definir uma ética *objectiva* em sociedades abertas e multiculturais, ou até em sociedades não-totalitárias e não-fanatizadas[44] —, não deve restringir-se ao máximo a imposição jurídica de deveres positivos, de deveres de promoção directa de interesses alheios que não resultem da prévia assunção livre desses deveres pelos obrigados, por via contratual?[45]

32. Integram-se nesta categoria dos deveres positivos o dever de pagar impostos, o dever de prestar serviço militar, o dever de colaborar com a justiça? E onde deve traçar-se a «fronteira libertária» para lá da qual ficam vedados os sacrifícios involuntários ao bem

---

[39] Machado, J.B. (1987), 307 ss.; Neves, A.C. (2003b), 58 ss..
[40] Levi, E.H. (1961); Linhares, J.M.A. (1988), 42 ss..
[41] Feinberg, J. (1984), 31 ss..
[42] Ascensão, J.O. (2001), 489 ss..
[43] Neves, A.C. (1967), 531 ss.; Martínez, S. (2003), 344 ss..
[44] O problema, como é óbvio, respeita também à própria legitimação democrática. Colocando a questão face às teorias de Hermann Heller e Jürgen Habermas, cfr. Mori, T. (2000), 185 ss..
[45] Cohen, A.I. (2004), 264-276.

comum?[46] Deve a reciprocidade impor o alargamento dos deveres positivos — no sentido de que, por aversão ao risco, gostaríamos de alargar as possibilidades de sermos beneficiários do cumprimento de deveres de socorro impostos *aos outros*?[47] Mas como fazê-lo sem sermos reciprocamente vítimas dessa «mutualidade paternalisticamente imposta», dessas alegadas restrições à nossa liberdade «para nosso bem»?[48]

33. Até que ponto será conveniente que o Direito se abstenha da *inquisição* dos bons sentimentos que idealmente motivariam espontaneamente as nossas condutas em direcção aos fins morais que o Direito serve? Pode o Direito conceder a liberdade a *discursos* sociais de estigmatização e de intolerância que exprimam convicções formadas na esfera privada? E quando é que deve travar a sua conversão em *práticas* na esfera pública, supondo-se que o *discurso* não é ainda uma prática lesiva?[49-50]

34. Será que a crescente «eticização da esfera pública», a multiplicação de «códigos de ética» como sucedâneos das leis, é um sintoma da crise do Direito, ou será antes o espelho da trivialização (e «tecnicização») da Ética? Será ela o apelo ao juízo *extra-judicial* da moralidade pública, a politização radical dos códigos de conduta,

---

[46] Ascensão, J.O. (2001), 50-52.

[47] Bronze, F.J. (2002), 486 ss., especialmente n224.

[48] Novamente ressoam aqui as advertências libertárias de John Stuart Mill. Cfr. Feinberg, J. (1986), 1-49.

[49] Brink, D.O. (2001), 119-157; Jacobson, D. (2000), 276 ss.. Mais profundamente, Bronze, F.J. (1994), 66 ss..

[50] Sobre a hipótese de se considerar já o *discurso* como uma pura *prática lesiva*, e por isso susceptível de repressão, cfr. Altman, A. (2002), 376 ss.; Brison, S.J. (1998), 39 ss.; Collier, C.W. (2001), 203-234; e o extremamente contundente e ambicioso libelo contra a pornografia: MacKinnon, C. (1993) (com uma violenta recensão por Ronald Dworkin, no *New York Review of Books* de 21 de Outubro de 1993, a que se seguiu uma polémica, hoje contida em: Cornell, D. (org.) (2000)). Cfr. ainda: Garry, A. (2002), 344 ss..

ou antes o reflexo da crescente transparência e racionalização da ágora cívica, cada vez mais sensível à legitimação deontológica, à legitimação pelo procedimento?[51]

35. Ao invés, poderemos nós fazer dos direitos — e das responsabilidades — decorrentes da auto-apropriação do nosso corpo, dos nossos interesses pessoais, do nosso destino individual, da nossa privacidade, as barreiras *morais* absolutas contra a imposição jurídica da ética social? Mas nesse caso, como resolver as situações em que, na ausência de contrato prévio, o exercício da liberdade individual *externaliza*, positiva ou negativamente, para a esfera de liberdade e de interesses alheios? A presença dessas externalidades, e sobretudo das externalidades negativas, não deve legitimar a funcionalização a interesses mais gerais do direito de pautarmos a nossa conduta individual por uma moral privativa?[52] Não fumar na presença de potenciais «fumadores passivos» releva da simples obediência a deveres negativos, de abstenção — mas o dever de não fumar sozinho, em casa, porque uma tal conduta é potenciadora de riscos que irão externalizar sobre o acesso público aos serviços hospitalares, agravando riscos para os não-fumadores[53], como configuraríamos nós um tal dever?

---

[51] Sommermann, K.-P. (2003), 75 ss..

[52] Montague, P. (2001), 257-277. Para a abordagem pelo prisma do abuso do direito, cfr. Cordeiro, A.M. (2000), 241 ss..

[53] Não deixará de se reconhecer que, se admitimos a *actio libera in causa* para reagirmos penalmente contra o *actus reus*, também deveríamos condicionar o acesso aos tratamentos hospitalares dos fumadores activos, por doenças directamente causadas pelo tabagismo. Num contexto de escassez de recursos — a situação normal na administração da saúde — que *justiça* há na prioridade atribuída às intervenções para tratamento de consequências do foro oncológico causadas pelo tabagismo, quando isso significa saturação dos serviços, listas de espera, o prolongamento do sofrimento e até porventura a antecipação da morte para doentes não-fumadores? Falamos de *justiça*, não de *comiseração*, já que é obviamente possível sentirmos compaixão por ambos os lados envolvidos nessa colisão de direitos causada pela escassez de meios hospitalares. Cfr. Barendregt, J.J. (1999), 75-94; González, B., P. Barber & E.

149

36. E os deveres para com aqueles que não podem reciprocar? Não desmentem eles o reducionismo contratualista que insiste na correspectividade de deveres e direitos — no sentido de só poder ter direitos (ou «direitos plenos») quem puder assumir plenamente deveres?[54] Como conceberemos nós um Direito que não indefira imediata e completamente os interesses vitais de menores e incapazes, se não impusermos aos adultos capazes, aos transitórios participantes no «concerto político», deveres positivos de solicitude para com aqueles que ainda não ingressaram, ou não ingressarão jamais, ou abandonaram já, essa área em que a auto-apropriação e a auto-tutela permitem confiar às capacidades individuais o essencial da salvaguarda de interesses? E quem pode, sem perversão, sustentar que o progresso moral é um caminho de racionalização e de crescente sofisticação intelectual, um «jogo privativo», ou um «diálogo», entre adultos plenamente capazes — quando ele é tão ostensivamente um simples objectivo de educação dos nossos *sentimentos*?[55]

37. Com efeito, não existirá porventura, no bem comum que buscamos na coexistência social, mais do que o entrechoque de egoísmos que presumimos munidos de armas (jurídicas) iguais? Não haverá também, ou até *sobretudo*, a promoção de valores mínimos de humanidade, em especial para com aqueles que aparecem juridicamente desarmados mas não são moralmente insignificantes? Reconhecê-lo não é integrar no ideal jurídico um género de conduta geneticamente determinada, ainda que socialmente condicionada, que seria sempre assumida independentemente de quaisquer elos contratuais porque ela decorre simplesmente da nossa animalidade de primatas e mamíferos: a defesa colectiva da prole, o socorro dos enfermos, o respeito pelos idosos? Mas poderíamos nós, em plena

---

Rodríguez (1997), 107-146; Goodin, R.E. (2002), 307 ss.; Viscusi, W.K. (1983); Viscusi, W.K. (1992); Viscusi, W.K. (2002).

[54] Neves, A.C. (2002), 868 ss..

[55] Rorty, R. (1999), 82.

sede de conduta determinista da espécie, continuar a falar de verdadeiros deveres morais e jurídicos?

38. Não se dará, pois, o caso de, no seu nobre propósito de apoio à formação histórica de instituições democráticas e de uma consciência cosmopolita, a Ética se ter concentrado demasiado em torno da sua base racional e da *forma* das obrigações de que é composta (como instâncias *transcendentais* de validação), subestimando a referência empírica, e mormente os *sentimentos morais* da compaixão com o sofrimento e do remorso pela crueldade?[56]

I.3. A invocação jusnaturalista

39. Por que razão se insistiu tanto, ao longo da história do pensamento, na ideia de que existe uma supra-ordenação do Direito, consistindo precisamente, também ela, num Direito — como se existisse uma espécie de isomorfismo ou «correspondência» entre as duas ordens? Quereria metaforicamente sublinhar-se a intangibilidade do núcleo identificador do Direito como ordem reguladora efectiva?[57] Querer-se-ia, sem metáfora, significar literalmente que ao Direito falta um apoio superior «trans-positivo»[58], seja porque a sua necessidade não se impõe à evidência como um «absoluto dogmático», seja porque implicitamente se admitia a subordinação funcional do Direito a uma ordem valorativa ao mesmo tempo superior mas inerme, como a Ética — uma forma de separar o *poder* da *validação*, sem invalidar o exercício do poder?[59]

---

[56] Rorty, R. (1989), 192.
[57] "*O Direito natural ou é positivo ou não é direito, afinal*" — Ascensão, J.O. (2001), 190.
[58] Machado, J.B. (1987), 298 ss..
[59] Neves, A.C. (2003b), 41 ss..

151

40. Haverá aqui algo mais do que um *avatar* da «teoria da reminiscência» provinda do dualismo platónico, a convicção *realista* de que a «verdade habita no interior da nossa alma», e que por isso o vocabulário com que descrevemos a nossa realidade social está já necessariamente muito próximo da «Verdade», do vocabulário final, para o reconhecermos quando ele seja formulado — e que por isso a «justiça» não é uma mera adequação local à realidade da nossa experiência social, mas antes algo que designa uma «essência universal»?[60] Mas será essa «Verdade» algo mais do que a substantivação de um adjectivo de aprovação[61], será ela deveras a referência autónoma a uma «natureza»?

41. Será que, na perpétua «oscilação pró-jusnaturalista» a partir do positivismo[62], se procurava retirar-se aos juristas a arrogância da sua autoridade de praticantes, as pretensões do seu «ponto de vista interno», sujeitando-os a indagações valorativas nas quais o todo social tinha igual legitimidade, fazendo por isso os juristas perderem o seu peso específico?

42. Ou será que se visava, com esse exercício especulativo de remissão de uma ordem certa e publicitada para uma ordem vaga e misteriosa, deixar nas mãos de alguns putativos «filósofos-reis» o poder máximo de manipularem a ordem positiva através dos seus vaticínios iniciáticos e não sindicáveis publicamente, permitindo-lhes furtarem-se a eles próprios, ou isentarem alguém, das determinações aparentes da lei positiva — e manterem, em suma, o poder religioso-carismático de uma ordem positiva, mesmo em plena voragem de secularização?

43. E que «natureza» é essa para a qual remetem os jusnaturalistas? A *natureza humana*, e portanto o exercício da racionalidade, tal

---

[60] Rorty, R. (1989), 76. Sobre a vocação pragmatista para a «demolição» dos dualismos, cfr. Rorty, R. (1991d), 126.
[61] Rorty, R. (1991p), 226.
[62] Bronze, F.J. (1994), 319 ss..

como esta poderia ser detectada nas criações culturais em que ela se plasma — caso em que se chegaria a puras verdades analíticas e circulares (todo o Direito seria Direito Natural)? A *natureza racional*, remetendo-se para a capacidade interpretativa das criações naturais o critério último de validação — com uma consequência de mais apertada circularidade ainda (encontraríamos Direito Natural onde quiséssemos, onde a «razão» nos levasse)? A *natureza exterior*, a da flora, a da fauna, a da sucessão de dias e noites — adoptando-se por essa via uma perspectiva fatalista que nos dispensaria de usarmos a nossa racionalidade e a nossa autonomia na edificação da ordem normativa, remetendo-nos antes à contemplação e à aprendizagem «com as folhas das árvores» ou com o «valor intrínseco» das coisas?

44. Não haverá pois, nessa referência pseudo-naturalista, um embaraçoso equívoco gerado pelo «construtivismo» racionalista[63], que presume designar de «natureza» o próprio edifício que erige dentro da sua contingência cultural? E não existirá, por outro lado, a perigosa arrogância de se presumir, na referência jurídica a uma «natureza», a transparência da «natureza» (racional) do «outro», e portanto a irrestrição de controlo propiciado pelo desvendamento dessa «essência»?[64]

45. Mas será que existe deveras uma «*substância permanente*» por entre o devir histórico do Direito, uma corrente inter-temporal que preserva da erosão da contingência, que permite distinguir o «bom» do «mau» nas soluções positivas — um princípio de identidade jurídica que assegura, na torrente da sucessiva «geração e corrupção» das normas positivas, uma base de reconhecimento, um critério de acolhimento e «identificação de juridicidade» das novas normas?[65]

---

[63] Neves, A.C. (2003b), 24 ss..
[64] Bronze, F.J. (2002), 241 ss..
[65] Esse princípio de «identidade» — no fundo, a *teoria do Direito* que é transmitida aos estudantes e que eles transportam consigo para serem úteis aplicadores das leis *novas*, leis que eles desconhecerão nos seus detalhes concretos mas que hão-de

46. Que consequências práticas adviriam da dissonância entre o Direito Positivo e o Direito Natural?[66] Pressupondo-se a supremacia deste último, que sucederia a um Direito Positivo que generalizadamente se considerasse «não-natural»? Compreende-se que a ocorrência de um número diminuto de normas tidas por iníquas não suscitasse a desobediência generalizada, em atenção ao superior valor da preservação da obediência a um sistema jurídico maioritariamente «justo»[67] — mas a partir de que grau de «contaminação» se conceberia o direito de resistência ao todo da ordem jurídica?[68]

47. Ou será que o problema da tensão entre Direito Positivo e «Direito Natural» emerge de uma polarização ingénua, que não representa adequadamente a coexistência, numa só ordem jurídica e ao mesmo tempo, de regras e princípios, as primeiras mais susceptíveis de formulação dicotómica, os segundos servindo como formas de conciliação «sistémica» através da atribuição de ponderação diferenciada às regras — sendo que é relativamente aos princípios que é legítimo procurar o seu enraizamento directo em ordens supra-legais, e são os princípios que, como sínteses dialécticas, melhor reflectem a harmonia que poderia associar-se ao Direito Natural como fonte emanadora dos postulados da ordem jurídica positiva?[69]

48. Ou, ainda, não se tratará aqui antes de permitir uma «interpretação construtiva» que faça convergir a aplicação do Direito Positivo para uma integridade e para uma coerência — para uma paulatina sedimentação de uma Ética «de consenso» através da prática

---

poder, no futuro, reconhecer e *validar* socialmente como formas providas de *juridicidade* — é um contributo Kantiano decisivo para a inflexão do rumo do jusnaturalismo. Cfr. Hoffmann, T.S. (2001), 449 ss..

[66] Murphy, M.C. (2003), 241-267.

[67] É o entendimento tomista, hoje retomado por : Finnis, J. (1980).

[68] Com a amplitude que lhe é concedida por Ronald Dworkin, que reconhece «direitos fortes» à resistência? Cfr. Fagelson, D. (2002), 242-266.

[69] Dworkin, R. (1977a).

reiterada do Direito, uma nova Moral emergindo do «hábito constante» da juridicidade?[70]

49. Mas se não houver unanimidade quanto à definição do que é a iniquidade das leis por «desconformidade com o Direito Natural» — seja caso a caso, norma a norma, seja em termos de grau de «contaminação» do sistema jurídico? Poderá uma minoria, por exemplo, invocar a iniquidade de uma decisão democrática para objectar a ela, sem pôr em risco todas as decisões democráticas — sobretudo se não tiver havido explicitação constitucional prévia dos princípios que limitam uma decisão maioritária, e nesse impasse se lançar mão do argumento jusnaturalista?

50. Ao invés, pode uma maioria inserir na Constituição as suas convicções doutrinárias ou religiosas, ou princípios de intolerância ou de proselitismo, invocando tratar-se de Direito Natural? E mesmo que não suceda a polarização de ordens normativas, como transformar a pluralidade de preferências numa definição *material* do conteúdo dos «bens básicos» que constituiriam o «Direito Natural» — sem cairmos na armadilha do «paradoxo do voto»? Deveremos nós, como sugerem alguns dos estudiosos do «paradoxo do voto», vencer o impasse através da sujeição geral ao critério unitário de um «ditador benevolente»?[71] Mas não seria esse um pacto faustiano?

51. Será o Direito Natural, antes, uma forma de restituir aos cidadãos uma prerrogativa de avaliação racional prévia dos comandos a que se sujeitam — uma avaliação prévia que aparentemente o legalismo positivista procuraria negar, correndo desse passo o risco de transformar em acto de *força* aquilo que deveria ter sido concebido, em atenção a valores superiores em causa, como forma de *educação*

---

[70] Dworkin, R. (1986).

[71] Auer, M. (2002), 1 ss.; Bovens, L. & W. Rabinowicz (2004), 241-258; Pettit, P. (2004), 52-65; Tremblay, L.B. (2001), 424-454.

ou de *edificação* com vista a fins racionalmente perceptíveis e genericamente aprováveis?[72]

52. Mas porque é que o mero acatamento reiterado da legalidade *formal* não há-de constituir garantia de que o Estado, sujeitando-se a ela, valida deontologicamente todos os resultados da sua acção, torna tão seguros e inteligíveis os frutos da sua acção quanto àquilo que é exigível — o que tornaria ociosa a insistência na adição de novos critérios de validação, entre eles essa apreciação da justiça *material* dos resultados? Será porque a validação procedimental não evitou a eclosão de formas de poder político que acabaram por se cobrir de ilegitimidade *pelo exercício*?[73] Será porque, nesses casos, se incorreu na *hubris* do desrespeito pela memória ética colectiva — a dimensão histórica de um possível «Direito Natural»?[74]

I.4. *A carapaça positivista do legalismo*

53. Porque é que, da sua tese relativa à origem social das normas jurídicas, fazem os positivistas[75] decorrer a ideia de que a Ética e o Direito são fundamentalmente separáveis?[76] Será que é porque postulam que as formas de positivação moral e jurídica são cientificamente analisáveis em proposições diferenciadas? E se, porventura, aquilo que aparece como um gesto de imposição política — a ordem jurídica — só o é, em última análise, porque existe o ambiente (eticamente)

---

[72] É um dos argumentos de Lon Fuller (Fuller, L.L. (1964)) contra Herbert Hart (Hart, H.L.A. (1961)). Cfr. ainda: Machado, J.B. (1987), 214 ss..

[73] Ascensão, J.O. (2001), 203 ss.; Martínez, S. (2003), 182 ss..

[74] Schäfer, M. (2002), 403-417.

[75] Mais especificamente todos os que se encontram na confluência entre *normativismo*, *legalismo* e *positivismo*: cfr. Neves, A.C. (1995q), 256 ss.; Bronze, F.J. (2002), 279 ss..

[76] Coleman, J.L. (1982), 139-164; Coleman, J.L. (2001); Morauta, J. (2004), 111-135; Raz, J. (1979), 37 ss..

propício, seja da parte daqueles que se sentem moralmente justificados para promulgarem as leis, seja da parte daqueles que se sentem moralmente compelidos (pela *autoridade* da Ética) a acatarem essas leis? Porque haverá a «tese da separabilidade» de impor o pressuposto de que é possível criar e aplicar uma ordem jurídica sem o intermédio *legitimador* de motivações e juízos morais?

54. Será porque se trata de explicar a razão pela qual, de entre todas as normas que concorrem para sobredeterminar a nossa conduta, só algumas alcançam o estatuto de normas jurídicas (a área exclusiva da «legalidade»), só algumas se rodeiam de razões especiais para constituírem «*a se*» bases de acção (na área não menos exclusiva da «normatividade»)?[77] Será porque se comete à Filosofia do Direito a missão de encontrar os critérios de legalidade e de normatividade que alegadamente demarcariam o *próprio* do mundo do Direito, que o separam dos meros hábitos sociais e do universo das regras morais?[78]

55. Será porque os positivistas tendem a privilegiar a abordagem pretensamente *neutra* da Sociologia para descreverem o processo de formação e vivificação do Direito, e por isso se sentem compelidos a cingirem os seus juízos à dimensão «empírica» dos factos, sem imputações de intencionalidade aos participantes do fenómeno jurídico — um pouco a exemplo do que as ciências sociais julgaram dever fazer nos seus alvores mecanicistas?[79]

56. Será que com a clivagem Moral-Direito — ou mais subtilmente na clivagem entre raciocínios «*de iure condito*» e «*de lege ferenda*»[80] — o que se pretende é, não que a interpretação do Direito seja moralmente neutra, mas que a Ética não seja tomada por fundamento da validação do Direito (porque se a Ética fosse o único

---

[77] Christiano, T. & S. Sciaraffa (2003), 487-512.
[78] Hart, H.L.A. (1961), 54 ss.; Spaak, T. (2003), 469-485.
[79] Pribán, J. (2003), 14-36. Já falaremos dessa pretensão de «encontro transparente» com os «factos».
[80] Hart, H.L.A. (1983), 49 ss..

fundamento do acatamento das normas jurídicas, o Direito não teria força vinculativa própria)?[81]

57. Será também por isso que os positivistas se coíbem de analisar os resultados materiais da adjudicação de direitos e tão frequentemente se cingem aos formalismos legalistas (e outros princípios de organização) da *expressão* da autoridade, seja ela a legislativa, seja ela a judicial?[82] Será por isso que, na essência, tentam reduzir a legalidade a um simples juízo de conformação com uma vontade soberana, uma vontade que confere *poder regulativo* às normas — como se elas fossem «sucedâneos de omnipotência»[83] — e *poder decisório* efectivo àqueles que conformam as suas condutas com as normas, àqueles que seguem a *via da legalidade* para realizarem activamente transformações nas suas esferas de interesses?[84] Será por isso, também, que enfatizam tanto as pretensões *legitimadoras* da epistemologia, devolvem tanto dos seus propósitos empiristas à simples regulação *transcendental* d'«O Método», explorando os aparentes paralelismos entre a legitimação do conhecimento e a validação das condutas?[85]

58. Poderá o acatamento das normas jurídicas resultar de um juízo não-ético, um simples juízo de conveniência relativo à vantagem de adopção generalizada, ou mesmo universal, das *regras de conduta* plasmadas naquelas normas (conduzir pela direita, por exemplo, apenas para coordenar a conduta de multidões de pessoas que teriam elevados «custos de transacção» para encontrarem formas alternativas)?[86]

---

[81] Dworkin, R. (1986); Fuesser, K. (1996), 119-162.
[82] Summers, R.S. (2001), 106-129.
[83] Kramer, M.H. (1999).
[84] Green, Leslie (2002), 514-547.
[85] Neves, A.C. (1995r), 301 ss..
[86] Kutz, C. (2002), 471-494.

59. Ou encontraremos nós o ponto fraco da construção positivista no seu apelo à noção de coercibilidade — à ideia de que o acatamento se obtém, em última análise, pela ameaça de sanção[87] —, fazendo portanto com que o ponto de apoio da validação das normas do «*ius perfectum*»[88], além de extrínseco, seja puramente patológico (as pessoas acatem, não por adesão, mas por medo)?[89]

60. Procurando contornar essa faceta patológica, o que seria a «autoridade» do Direito se ele se limitasse a prescrever condutas que livremente todos adoptamos, se nos obrigasse apenas a fazermos aquilo que espontaneamente fazemos já? Não seria esse Direito inútil e redundante, e totalmente desprovido de pretensões de autoridade, visto ele deixar de nos fornecer quaisquer razões para rectificarmos os nossos hábitos já arreigados, e portanto não forçar, em ocasião nenhuma, o nosso acatamento? Para haver autoridade do Direito não será necessário que a norma forneça novas razões de agir que se sobreponham às razões com que espontaneamente agimos (por exemplo, rectificando falhas de coordenação, falhas de mercado, assimetrias informativas, etc.)?[90]

61. E o que dizer do acatamento de normas jurídicas que não correspondem a qualquer regra social existente — porque são inovadores frutos doutrinários, por exemplo, ou porque tentam eliminar uma prática social dominante —, ou que tentam dirimir conflitos entre regras sociais incompatíveis entre elas: em que se baseará esse acatamento, se ele não deriva de uma conduta social espontânea? Basear-se-á numa «regra de reconhecimento» que, validando a integralidade do sistema jurídico, depois recobre todos os recantos da diversidade normativa, em termos de fazer pesar a favor do acatamento a maior parte

---

[87] Nozick, R. (1969), 440-472; Ascensão, J.O. (2001), 72 ss.; Berman, M.N. (2002), 45-89; Lamond, G. (2001), 35-57.
[88] Otero, P. (1998), II, 68 ss..
[89] Ladenson, R. (1980), 134 ss.; Martínez, S. (2003), 253 ss..
[90] Raz, J. (1985), 295-324.

das ponderações casuísticas de justiça das normas?[91] Mas poderemos nós, mesmo se subscrevermos uma meta-ética cognitivista, inferir da validação das normas a força efectiva do seu acatamento — em termos de supormos que todos os destinatários se renderão à «evidência» da necessidade de acatamento de normas formalmente validadas?

62. Em alternativa, poderemos nós, da simples descrição sociológica da *normalidade* de uma conduta inferir algo acerca da sua «*normatividade*» — sem cairmos nos mais estreito conformismo fatalista, que seria o de invariavelmente validarmos a tradição e invalidarmos todas as quebras à tradição?[92] Decerto que o acatamento não dispensa as razões, a intencionalidade, do destinatário — mas como converter um universo de motivações imperfeita e assimetricamente detectáveis numa base perceptível e operativa (o ponto de vista «típico» do destinatário) com a qual *fundamentar* o acatamento? Ou mesmo, como aferir a representatividade daquilo que escolhêssemos para «retrato típico» do agente e operador do Direito?

63. Poderemos nós presumir que o «comportamento de manada» condiciona mecanicamente a conduta individual, ou que a condiciona por razões prudenciais (o medo de não se seguir os outros, "*les braves gens*"), ou que a condiciona ao nível moral (servindo a cada agente individual de comprovação empírica de que a razão está do lado do maior número, dos «grandes batalhões», da massa dos que se rendem à evidência da superioridade da norma ética)? Insistamos: pode fazer-se decorrer a normatividade da simples observação de comportamentos imitativos, ou exigir-se-á que a convergência social de comportamentos seja demonstradamente instrumental face a uma razão moral acessível a todos os agentes — de modo a que seja a «razão moral», e não o comportamento, a servir de fundamento à normatividade?[93]

---

[91] Harris, J.W. (1979).
[92] Green, L. (1999), 35-52.
[93] Dickson, J. (2001).

64. Em que ponto é que a discricionariedade interpretativa se transforma em indeterminação genérica da ordem jurídica?[94] Se é forçoso reconhecer que há casos «fáceis» em que a interpretação literal da norma é incontroversa (no sentido de nenhum intérprete racional poder controverter de boa fé o alcance básico da norma), como pode o legalismo positivista resistir à constatação de casos «difíceis», na margem de penumbra conceptual em que não é incontroverso o alcance prático da norma, e em que por isso é cometido ao julgador, recorrendo a princípios não literais (embora não necessariamente extra-legais), «legislar uma semântica» para as normas, ainda que dentro de uma margem estreita de discricionariedade?[95-96] E não existe, mais ainda, uma fundamental incerteza na própria demarcação tentada entre «luz» e «penumbra» na ordem jurídica?[97]

65. Será que, para não decairmos imediatamente da discricionariedade judicial para a indeterminação jurídica, deveremos admitir, contra o positivismo, que o Direito incorpora princípios morais e alicerça a sua própria validade nelas, e que o julgador deve uma obediência aos princípios morais que não é menor do que aquela que o vincula à letra da Lei? Mas será também que uma tal incorporação depõe contra o normativismo — se sustentarmos que os princípios éticos não se fazem valer por eles próprios para ingressarem no Direito, mas que dependem para isso de uma «regra de reconhecimento» que lhes atribui alcance jurídico positivo?[98]

66. Não se dará o caso de, numa eventualidade dessas, a moralidade ficar a depender de uma norma que é exclusivamente fundada na sua validade formal — uma expressão da vontade política de que se

---

[94] Perry, S.R. (1989), 913 ss..
[95] Hart, H.L.A. (1958), 593 ss.; Hart, H.L.A. (1961), 134-135; Waluchow, W.J. (1994), 5 ss..
[96] Leiter, B. (1998), 533-547; Leiter, B. (2003), 17-51; Shapiro, S. (1998), 469 ss.; Soper, P. (1977), 473 ss..
[97] Fuller, L.L. (1958), 630 ss..
[98] Himma, K.E. (2001), 61-79.

preste atenção aos princípios morais no momento da aplicação das normas jurídicas, e só àqueles princípios morais para os quais aponta a «regra de reconhecimento»?[99] Mas não é também facto que, como temos sugerido, a incorporação explícita de uma ordem extra-legal dentro da interpretação jurídica reduz a «determinação» da Lei, reduz as possibilidades de conduta social convergente, reduz o núcleo de «casos fáceis» e parcialmente invalida, ao menos nessa área de incorporação de regras morais, o alcance heurístico da «regra de reconhecimento», até porque enfraquece a legitimação positivista, se ela tem que apoiar-se em regras geradas à margem do processo formal de validação?[100]

67. Pode, em suma, o Direito afastar-se da matriz formalista, se é ela que mais ostensivamente lhe promete a transformação numa prática social inteligível, racionalmente transparente — imune talvez aos embates valorativos que atravessam qualquer base normativa *substantiva*?[101] Mas pode o formalismo livrar-se de uma via axiomática assente numa pura base de poder — ou seja, pode essa matriz ser ela própria, enquanto teoria *justificadora*, aberta a considerações morais, fazendo correr o risco de uma referência cruzada *ad infinitum*?

68. Poderá, especificamente, o formalismo ajudar a sustentar a radical autonomia do Direito Privado demonstrando uma lógica privativa deste ramo de Direito, afastando em particular a suspeita de que se trata de uma «área tolerada» pelo Direito Público, o sustentador da «norma fundamental»?[102] Poderá ele fornecer as bases de uma mediação eficiente entre partes em litígio concentrando-se na *forma* dos argumentos que podem desenvolver-se no seio das relações jurídicas, sem apelos à *força* da positividade?

---

[99] MacCormick, N. (1985), 1 ss..
[100] Finnis, J. (1996), 195-214.
[101] Weinrib, E.J. (1988), 949-1016.
[102] Weinrib, E.J. (1995), 1-55.

69. Por seu lado, será o formalismo a resposta adequada à vontade do Direito de se transformar num ordenamento «puro», num conjunto de regras de conduta universalmente válidas e coerentes — sendo por isso uma resposta atenta e sofisticadamente respeitadora da estrutura e do discurso jurídicos *nos seus próprios termos*, aceitando que esses termos são suficientemente inteligíveis e não requerem a sua «tradução» numa racionalidade de «senso comum»?

70. Será que o atractivo do formalismo consiste nessa insinuação de que é possível meditar sobre o Direito inteiramente a partir do seu interior, isto é, usando as categorias e os modos de raciocínio que são aqueles com que estão familiarizados os praticantes do Direito? Mas não será também essa a sua principal fraqueza, a de se embeber no dogmatismo jurídico, não fornecer uma instância crítica contra ele e agravar a tendência para o «autismo» dos juristas e dos jusfilósofos, seja na sua recusa do diálogo transdisciplinar, seja na sua indiferença doutrinarista à moralidade comunitária, à «*Sittlichkeit*»?

71. Pode o formalismo fornecer — ou fornecer *sozinho* — as bases para uma conduta conforme à razão prática, apontando para as condições de legitimação das acções através, não da subjugação pelas inclinações ou da capitulação aos instintos, mas da conformidade com padrões universalizáveis, padrões válidos *independentemente* das finalidades específicas e circunstanciais de cada acto?

72. Será o formalismo a única ponte entre razão e acção que preserva a liberdade geradora de soluções práticas específicas de cada contexto existencial — a única que não impõe senão requisitos formais de validação, susceptíveis de serem preenchidos a partir de quaisquer horizontes de realização pessoal, susceptíveis de se transformarem em *normatividade* em contextos de pleno relativismo pluralista?

73. Mas bastará fornecer as *condições* de coexistência de discursos plurais e fragmentados, as condições de *habilitação* do cidadão ao protagonismo jurídico-democrático (mesmo que se trate apenas de

realizar a situação ideal do diálogo[103]), ou não se reclamará do Direito que sirva de referencial ético mínimo para a coordenação de condutas que, para serem espontaneamente motivadas, devem ser norteadas por valores *substantivos*?[104]

I.5. *As questões da autoridade e da obediência à lei*

74. O que significa o facto de se atribuir «autoridade» ao Direito? Será a prerrogativa de controlar *legitimamente* condutas, servindo-se para isso de um instrumental coercivo que é usado em reacção ao «desrespeito pela autoridade»?[105] Mas o que é que poderá *justificar*, ou seja, *interiorizar como válido na consciência* daqueles cuja conduta é regulada pelas normas jurídicas, essa prerrogativa que se exprime com a crueza de qualquer mero poder de facto, e que se afigurará, ao libertário mais desencantado, ser nada mais do que um modo mais forte e invencível de expressão de poder de facto, uma força efectiva que se alcandorou, pela ameaça ou pela violência, à posição de um *monopólio*?[106] Não será possível a *justiça* sem uma «autoridade» que a *declare*?[107]

75. Pode a «autoridade» tolher a ponderação autónoma e racional das bases para a acção sem *persuadir* o agente: isto é, sem se apresentar argumentativamente como um conjunto de razões *materiais* alternativas àquelas que inicialmente teriam sido dadas como *base* para agir, antes sustentando-se num *formalismo* hierárquico que pre-

---

[103] Alexy, R. (1978), 155 ss.. Sobre a «razão comunicativa», veja-se as reservas em: Rorty, R. (2000a), 2 ss..

[104] Goebel, J. (2003), 372 ss.. Cfr. também: Bronze, F.J. (1994), 102 ss..

[105] Raz, J. (1979), v; Durning, P. (2003), 597-620; Hershovitz, S. (2003), 201-220.

[106] Machado, J.B. (1987), 31 ss..

[107] Homem, A.P.B. (2001), 53 ss..

tende dispensar argumentações[108], e fazê-lo de forma preventiva e peremptória — no fundo, como se a *autoridade* fosse em si mesma argumento bastante para a submissão do agente?[109]

76. Pode a autoridade fazer-se respeitar sem de alguma maneira comunicar pretensões a um estatuto de «detentora da verdade» — ou sem descambar no ostensivo jogo do poder e da intimidação?[110] Será a comunidade o mediador entre a autonomia privada e a autoridade da Lei — seja na vertente contratualista, seja na da formação de uma «personificação» colectiva à qual os indivíduos se apegam?[111]

77. O acatamento da autoridade corresponderá, assim, a uma capitulação da razão?[112] Como parece não haver exercício de autoridade quando ela nos ordena a mesma conduta que teríamos adoptado por deliberação livre, por imperativo moral (por uma regra de reciprocidade ou de universalização[113]), não se tornará evidente que resta apenas uma margem de divergência quanto às razões para agir, prevalecendo nesse caso a razão de autoridade por outra ordem de fundamentos que não aquela que nos indica a nossa autonomia?

78. Ou será que a autoridade só é acatada quando ela se estriba em «razões de segundo grau» (razões de justiça, de segurança, de eficiência, de coordenação, de conveniência para o «bem comum») que se sobrepõem às «razões de primeiro grau», forçando-nos à reponderação pragmática dos nossos critérios de validação da conduta, mesmo perante a premência circunstancial da nossa decisão — espécie de pano de fundo que assegura uma *continuidade* referencial aos nossos juízos éticos e jurídicos, e de um modo «pseudo-paternalista»

---

[108] Hart, H.L.A. (1982a), 243 ss..
[109] Green, L. (1988), 36 ss.; Raz, J. (1986), 35 ss., 57 ss..
[110] Edmundson, W.A. (1998); Lefkowitz, D. (2004), 399-435.
[111] Anderson, J.P. (2003), 577-595; Mian, E. (2003), 125-156; Michelman, F.L. (2001), 253-271.
[112] Hart, H.L.A. (1982), 253; Wolff, R.P. (1970).
[113] Neves, A.C. (1967), 639 ss., 760 ss..

165

se substitui ao nosso esforço de consolidação *autónoma* dos rumos das nossas condutas?[114]

79. Quando acaba o dever de obediência à Lei, e quando começa a desobediência legítima? Quando é que é legítima a ponderação de razões autónomas favoráveis e desfavoráveis à obediência, e em que termos pode essa ponderação ser conclusiva a favor da desobediência, da objecção de consciência, da resistência — atendendo-se à finalidades próprias do Direito, que fazem emergir o dever *formal* de obediência como princípio de subordinação ordeira da sociedade a regras de legalidade (seja qual for o respectivo conteúdo, pelo que mesmo uma sociedade de demónios beneficiaria com a adopção de regras comuns *imperativas*)?[115] Mas pode haver razões não-morais — mormente estéticas, de «vontade de sistema» — para a obediência à Lei?[116]

80. Existe, pois, uma presunção de necessidade de obediência, que possa evoluir para a formulação de um dever geral de acatamento?[117] Poderá porventura encontrar-se uma fundamentação meta-ética para a concepção de um dever moral de obediência à Lei, por exemplo fazendo do Direito uma condição indispensável para a formação e subsistência da vida moral?[118] Ou, mais pragmaticamente, não poderá fazer-se derivar um tal dever de um simples pressuposto de reciprocidade: o direito que têm aqueles que se submeteram espontaneamente à Lei de reclamar uma mesma submissão àqueles que beneficiaram daquela primeira obediência espontânea?[119]

---

[114] Raz, J. (1975), 37 ss.; Bix, B.H. (2003b), 537-559.

[115] Bronze, F.J. (1994), 125-128n292.

[116] Culver, K.C. (2001), 176-211.

[117] Que possa configurar-se como obrigação *prima facie*, para usarmos a terminologia estabelecida a partir de Ross, W.D. (1930)? Cfr. Edmundson, W.A. (org.) (1999).

[118] Rawls, J. (1964), 3-18; Rawls, J. (1971), 108-114; Simmons, A.J. (2001), 27-42.

[119] Hart, H.L.A. (1955), 175-191.

81. Mas não deverá mais razoavelmente dispensar-se a invocação de qualquer presunção, ou até de qualquer fundamento ético uniforme, e reconhecer-se antes, e apenas, que tem que haver uma obediência generalizada e prevalecente, mas que isso nada significa caso a caso — que não existe qualquer constrangimento moral permanente que impeça a desobediência ou que exonere moralmente pela obediência, qualquer constrangimento que dispense o destinatário da norma de formular um juízo moral, por elementar que este juízo seja?[120]

82. Não bastará invocar-se a necessidade de sobrevivência do sistema jurídico para se bloquear a invocação generalizada de razões para a desobediência, com o argumento trivial de que nada resistiria à dissolução da autoridade do Direito no turbilhão das razões individuais para a desobediência e para a obediência?[121] Não deveria por isso separar-se a questão da obediência da questão do exercício legítimo da autoridade e da força?[122]

83. Não será porventura a obediência um corolário do dever moral de promoção do bem comum, de que o Direito seria o guardião?[123] Mas, a entendermos assim, o que é esse «bem comum», esse «*summum bonum*», nas sociedades pluralistas?[124] Não deveríamos nós obedecer às normas jurídicas por amor à humanidade — por respeito, por exemplo, para com aqueles que têm no Direito o único, ou o último, resguardo contra o sofrimento, contra a violência, contra os frutos do exercício irrestrito da força bruta?[125]

---

[120] Greenawalt, K. (1987). Ocorre também, naturalmente, citar: Arendt, H. (1963).

[121] "The Obligation to Obey the Law", *in* Raz, J. (1979), 233-249; Sartorius, R.E. (1975); Simmons, A.J. (1979); Woozley, A.D. (1979); Durning, P. (2003), 597-620; Michelon, C. (2002), 51 ss..

[122] Ladeson, R. (1980), 134 ss.; Simmons, A.J. (1996), 19-39.

[123] Finnis, J. (1980), 303 ss..

[124] Duvidando da aplicabilidade contemporânea desse velho referente aristotélico, cfr. Schwaabe, C. (2003), 17 ss..

[125] Mackie, J.L. (1977), 193 ss..

84. Ou poderemos nós insistir com optimismo que, no fundo, toda a humanidade partilha de um recôndito «sentido moral» que lhe garante o acesso a verdades ao mesmo tempo intuitivas e universalizáveis — como se implicitou nos sonhos da modernidade, no legado do Iluminismo? Mas haverá verdadeira comensurabilidade das noções de «bem» que se disputam na sociedade democrática?[126] Será que daí poderemos fazer decorrer um qualquer «dever natural» de acatamento da ordem jurídica, por mais confinado que seja?[127]

85. Não será então a obediência à Lei, a conformidade cívica com os requisitos jurídicos da Democracia, o conteúdo mínimo de uma tal «moralidade do senso comum»?[128] Mas se aceitarmos a proeminência ética de uma tal «moralidade do senso comum», que poderemos nós ditar-lhe ou esperar dela, sem lhe destruir a base vivificadora, que é a sua espontaneidade na formulação colectiva de deveres? Que papel teria então o Direito a desempenhar, senão o de um ponto de referência valorativa para a formação da «vontade geral»[129] — um ponto de referência em relação ao qual um «dever de obediência» seria descabido?[130]

I.6. *Os sonhos da coerência sistemática*

86. Qual a validade das pretensões «modernistas» relativas à coerência do sistema jurídico, se elas assentam em pressupostos contestáveis — nomeadamente a atomicidade individualista (a ideia de que o micro- e o macrocosmos da experiência humana são isomórficos),

---

[126] Rawls, J. (1985), 225 ss..
[127] Rawls, J. (1971), 114-117, 333-342; Waldron, J. (1993), 3-30.
[128] Dworkin, R. (1986), 190 ss.; Gans, C. (1992), 94-119; Horton, J. (1997), 137-171.
[129] Gilbert, M. (1999), 236-260; Simmons, A.J. (1999), 739-771.
[130] Smith, M.B.E. (1973), 950-976.

o racionalismo intelectualista (com uma teoria da «verdade como correspondência» que alegadamente permitiria interpretações unívocas) e o «fundacionalismo epistemológico» (a pretensão axiomática dedutivista)?[131]

87. E qual, em contrapartida, a validade das pretensões pósmodernas de substituição do reducionismo «fundacionalista» por uma visão pragmatista e radicalmente nominalista[132] — de substituição da noção de que a «linguagem do Direito» poderia ser tida como veículo designativo e demonstrativo pela noção de que essa «linguagem» não passaria do veículo expressivo de uma mera prática capaz de suscitar, sem qualquer referência a dados exteriores, factuais ou valorativos, reacções previsíveis? Mas não bastará a simples ponderação destas alternativas para abalar as convicções acerca da auto-suficiência daquilo que se concebeu como «sistema jurídico», com as suas pretensões de completude, racionalidade, omnisciência e omnipotência — e coerência?[133]

88. Que pode exigir-se de um sistema jurídico, em termos da sua estruturação axiomática? Que entre os seus axiomas e corolários vigore uma perfeita congruência, a unidade rematada, não «contaminada pelos factos»?[134] Que seja completo, no sentido de não exibir lacunas nem permitir ambiguidades ou «indeterminações», e que seja universal, no sentido de fornecer soluções a todo o âmbito que está vocacionado para abarcar? Que exista uma perfeita unidade e uma perfeita coerência, permitindo deduzir (mesmo que com reducionismo) o conjunto total das normas a partir de proposições básicas, sem contradições ou sobreposições entre preceitos?[135] Que seja trans-

---

[131] Hage, J. (2004), 87-105.
[132] Contra o epíteto «pós-moderno», cfr. Rorty, R. (1991p), 210-211.
[133] Patterson, D.M. (org.) (1994).
[134] Bindreiter, U.U. (2001), 143-175; Neves, A.C. (1995l), 95 ss.; Roermund, B.v. (2002), 206-218.
[135] Sartorius, R.E. (1975), 192 ss..

parente e explícito, ou seja, abarcável racionalmente através de linguagem comum? Que seja persuasivo, no sentido de fornecer critérios efectivos (meta-normativos) para dirimir até os conflitos de interpretações?[136]

89. Mas pode a mera congruência interna de um sistema axiomático garantir a validade das soluções que dele se façam derivar — como se se tratasse da revelação dos intuitos ordenadores de um *Pantocrator* —, ou será necessário aqui o apoio externo de convicções basilares (que o sistema axiomático serviria apenas para explicitar e articular)?

90. Ou não se tratará aqui de mais um afloramento da tensão entre «estilos» de Ética, o deontologismo e o substancialismo, o primeiro mais propenso a aceitar a validade de qualquer proposição em função da sua coerência (única exigência, e *formal*, que se faz à expressão da autonomia)[137], o segundo insistindo que tudo tem que assentar em «primeiros princípios» não-analisados e só supervenientemente submetidos ao crivo da coerência sistemática?[138] E será que, por seu lado, a exigência de estruturação axiomática do Direito se encontra presa de alguma premissa epistemológica?[139]

91. Ou não se tratará, antes, de procurar reforçar «*ad hoc*» os princípios que eventualmente vigorem e que foram construídos por vias extra-axiomáticas, «encostando-os» a uma estrutura dotada de especial carisma para todo o agente racional — uma forma expedita de recobrir os hiatos da sub-determinação com a alegação (ou a presunção) de que toda a norma evidencia uma coerência e implicita através dela princípios basilares, princípios com os quais é possível desenvolver-se o elemento «sistemático» da interpretação?[140]

---

[136] Kress, K. (1993), 639-682.
[137] Rawls, J. (1971), 20 ss..
[138] Raz, J. (1992), 284 ss..
[139] Coleman, J.L. (1995), 33-68; Fumerton, R. (1994), 89-102; Kress, K. (1984), 369-402.
[140] Ascensão, J.O. (2001), 405 ss., 447 ss.; Homem, A.P.B. (2001), 109 ss..

DOUTRINA

92. Mas este «andaime» de coerência sistemática não desvaloriza algumas das pretensões da estruturação axiomática? Poderá haver conflitos de interpretações sobre a efectividade empírica de uma norma que não alastrem para os princípios normativos que presidam à criação dessa norma?[141] Mais uma vez: pode uma norma impor-se socialmente sem qualquer consenso acerca da sua validade intrínseca — pelo simples exercício da força?

93. Servirá a congruência sistemática, a «integridade», da ordem jurídica para aditar algo à sua *imperatividade*, à sua cogência moral — ou de novo ela não pode servir para mais do que para veicular eficientemente *conteúdos* morais que são autonomamente válidos?[142] Conta mais a coerência «epistémica» ou a coerência «estrutural»?[143]

94. Poderá a «arquitectónica» do sistema jurídico resistir à constatação de um só resultado moralmente inválido, de uma só prescrição de uma conduta dissonante com razões substanciais da autonomia ética individual?[144] E se não puder — qual é afinal a última instância da validação? Não será a estruturação axiomática porventura senão um valor instrumental face às finalidades culturalmente atribuídas à ordem jurídica? Nesse caso, assegurada a estabilidade, a transparência, a inteligibilidade, a focalização do debate social — esgotados em suma os propósitos primários da congruência orgânica do sistema jurídico —, não poderá uma irrestrita busca de coerência dificultar a realização concreta daquelas finalidades?[145]

---

[141] Himma, K.E. (2002), 145-183.

[142] Dworkin, R. (1977a), 340 ss.; Kress, K. (1992), II, 219 ss.; Kress, K. (1999), 1375-1427; Otero, P. (1998), I, 266 ss.; Raz, J. (1992), 315 ss..

[143] Sendo a visão *epistémica* mais próxima de posição de Neil MacCormick, e a *estrutural* mais próxima de Ronald Dworkin: Dworkin, R. (1977a), 340 ss.; MacCormick, N. (1978); Rodriguez-Blanco, V. (2001), 212-232; Schiavello, A. (2001), 233-243.

[144] Perry, S.R. (1995), 97-135.

[145] Alexander, L.A. & K. Kress (1995), 279-327.

171

95. Pode a coerência *instantânea* evoluir para uma exigência de coerência *inter-temporal*, procurando bloquear tanto a edificação interpretativa como a evolução histórica?[146] E o carácter *completo* do sistema significará que, encontradas soluções válidas, determinadas e inequívocas para todo o domínio de aplicação, não existe qualquer margem de rectificação, qualquer margem de melhoramento pela «osmose da aplicação para a interpretação»?[147]

96. Mas não será suficiente, para os propósitos formalistas-axiomáticos, postular-se a coerência somente dos princípios gerais, e não dos seus corolários, ou não bastará uma ordenação «lexical» de princípios, que só permita a observância do «segundo princípio» após a plena satisfação do «primeiro princípio», do terceiro depois de satisfeito plenamente o segundo, e assim sucessivamente — ou qualquer outra forma de eliminação prévia de conflitos através da separação absoluta dos respectivos âmbitos?[148] Ou será que a falta de explicitação de meta-princípios de adjudicação entre princípios conflituantes dentro de um sistema axiomático agrava ainda mais a percepção de «indeterminação» que contemporaneamente tantos julgam pairar sobre as ordens jurídicas positivas?

97. Será que se trata apenas de procurar, numa estruturação inter-temporal, ou talvez antes «atemporal», a ilusão de persistência que assegura a identificação das nossas criações culturais e nos fornece uma espécie de consolação contra a angústia da contingência, da perecibilidade da nossa existência e das referências sociais que escolhemos para enquadrá-la?[149] Será que tudo não passa, nesta «vontade de sistema», de uma opção estética?[150]

---

[146] Neves, A.C. (1995m), 181 ss..
[147] Para usarmos a expressão de: Ascensão, J.O. (2001), 596.
[148] Rawls, J. (1971), 42 ss., 60 ss..
[149] Bronze, F.J. (2002), 106 ss..
[150] Postema, G.J. (2004), 203-226.

I.7. *O que significa interpretar?*

98. Como pode a Lei coarctar, ou mesmo restringir, a amplitude interpretativa do seu aplicador?[151] Pode a sociedade, através da *forma* da Lei, limitar o poder do intérprete, salvaguardando uma medida mínima de poder reservado à *intenção* legiferante?[152] Pode ou deve o «filtro interpretativo» gerar uma normatividade redundante face àquela que emergiu directamente dos equilíbrios e ponderações político-jurídicas da legiferação?

99. Não será um estrito «textualismo», ou «literalismo», uma forma de respeito mínimo pelas instituições democráticas, de atenção às necessidades mínimas de ligação imediata dos intuitos dos «legisladores-representantes» aos «destinatários-mandantes», uma ligação tida como regra básica do jogo da representatividade — sem a interposição (tão amiúde sinistra) de «corpos intermédios» que queiram apresentar-se como remédios ao «atomismo individualista» que resulta da liberdade cívica, no caso o corpo dos «intérpretes»?[153]

100. Ou deverá reconhecer-se, antes, a insuperável margem de discricionariedade que, mesmo fora da tradição da «*common law*», se insinua na «reconstrução axiológica» a cargo do intérprete?[154] Mas essa admissão não equivalerá a reconhecer-se o ascendente da irracionalidade, do subjectivismo, do preconceito e da ideologia nos juízos de valor dos juízes, não implicará renunciar-se a qualquer pretensa neutralidade no resultado último da aplicação do Direito (mesmo quando se alegue que a parcialidade dos juízes não é pior do que a parcialidade dos políticos-legisladores, e pode até contraba-

---

[151] Neves, A.C. (1995s), 337 ss.; Bronze, F.J. (2002), 809 ss..

[152] A obra decisiva, neste ponto, é: Brandom, R.B. (1994). Cfr. Fultner, B. (2002), 121-131; Klatt, M. (2004), 51 ss.; Shapiro, L. (2004), 141-160; White, H. (2003), 566 ss..

[153] Hensche, M. (2001), 373 ss.; Scalia, A. (1989), 1175-1181.

[154] Llewellyn, K. (1934), 1 ss.; Neves, A.C. (1995j), 531 ss..

lançá-la)?[155] E haverá a possibilidade de se subscrever uma perspectiva *falibilista* ao mesmo tempo que se preserva o estatuto de «ciência» do conhecimento jurídico?[156]

101. De novo: não é a «objectividade», ao menos no sentido de «separação» axiológica face ao quadro de entendimento do intérprete, uma garantia mínima de legalidade e de democraticidade — e até de sindicabilidade de interpretações espúrias? Por essa razão pragmática — mesmo que só por essa —, não deveria sustentar-se a existência de uma «clareza razoável» na semântica da norma?[157] E não seria possível converter esse requisito de «clareza para o destinatário comum» numa base de triagem para a própria legalidade — reclamando das normas jurídicas[158] uma «substância inteligível» que, sendo acessível ao cidadão modestamente inteligente, pudesse tornar-se num ponto focal da conduta ética sem assentar em irresponsabilizantes presunções de conhecimento?[159] Em última instância, qual dos dois deve prevalecer: o positivismo da Lei, ou o «positivismo» do intérprete?

---

[155] Brest, P. (1982), 765 ss.; Fiss, O.M. (1982), 739 ss.; Peller, G. (1985), 1152 ss..
[156] Damas, J.-P. (2003), 186 ss..
[157] Para uma defesa da *objectividade* no Direito, cfr. Brink, D.O. (1988), 105--148; Coleman, J.L. & B. Leiter (1993), 549 ss.; Coleman, J.L. (1995), 33-68; Dworkin, R. (1996b), 87-139; Greenawalt, K. (1992); Leiter, B. (1993), 187 ss.; Leiter, B. (1995a), 21-31; Leiter, B. (1995b), 482-492; Leiter, B. (1997b), 267 ss.; Leiter, B. (2001b), 66-98; Mahoney, J. (2004), 187-222; Moore, M.S. (1985), 279 ss.; Moore, M.S. (1992), 2424 ss.; Putnam, H. (1995), 5-19; Schauer, F. (2003), 217-240; Stavropoulos, N. (1996). Para uma posição contrária à objectividade no Direito, e para lá das referências aos *«critical legal studies»*, ao realismo, ao pragmatismo, ao pós--modernismo, ao pragmatismo, cfr. Crenshaw, K. (1988), 1331 ss.; Delgado, R. (1993), 741 ss.; Kennedy, D. (1976), 1685 ss.; Scales, A.C. (1986), 1373 ss.; Singer, J.W. (1984), 1 ss..
[158] Metodonomologicamente? Bronze, F.J. (1994), 96; Bronze, F.J. (2002), 687 ss..
[159] É de certo modo a proposta de Oliver Wendell Holmes (Holmes Jr., O.W. (1899), 417 ss.), que neste ponto pode ser contrastada com a de Roscoe Pound (Pound, R. (1907), 379 ss.; Pound, R. (1908), 605 ss.). Cfr. Eskridge Jr., W.N. (1994); Eskridge Jr., W.N. & P.P. Frickey (1990), 321 ss..

102. Dada a insuperável *incompletude* da regulação directa de todas as situações da vida, na sua infinita variedade, qual o grau de similitude entre situações da vida, entre qualificações jurídicas, entre soluções judiciárias, que autoriza o recurso à *analogia* para interpretação e integração das lacunas?[160] Mas pode a Lei, sem cair novamente numa complexidade inatingível (e inconveniente), especificar os elementos de *individuação* dos termos comparáveis e os *factores relevantes* para a aferição da similitude?[161-162]

103. Ou deverá antes o Direito, para se furtar às armadilhas conceptuais, enveredar pela definição arbitrária (ou «salomónica») das fronteiras de relevância e irrelevância na determinação de similitudes — fazendo a ponte entre a referência *ideográfica* aos factos e a sua própria vocação *nomotética*?[163] Não haverá uma alternativa na *confiança* que a Lei possa depositar na qualificação profissional do intérprete — na capacidade que os quadros teóricos da formação dos juristas possam ter para, sem quebra do «espírito do sistema»[164], preencherem as lacunas e resolverem as ambiguidades, estabelecerem

---

[160] Rawls, J. (1971), 53 ss..

[161] Já que, como se sabe, tudo se assemelha com tudo *nalguns sentidos*, e *noutros sentidos* não há duas coisas iguais — o que se retira dos problemas das relações entre sujeito e predicado, tão longamente esmiuçados na «querela dos universais», entre nominalistas-empiristas, por um lado, e realistas-racionalistas, por outro. Cfr. Cocchiarella, N.B. (1986); Libera, A. (1996).

[162] Encontramos exemplos de *realismo moderado* em Hart, H.L.A. (1961), v, 14 (pese embora o facto de Ronald Dworkin, em *Law's Empire*, sustentar que o positivismo de Hart é uma teoria «semântica», que gravita em torno de uma tentativa de definição do conceito de «Direito», ou de uma enumeração de critérios para essa definição). Cfr. Coleman, J.L. & O. Simchen (2003), 1-41; Moore, L. (2002), 91-114; Rodriguez-Blanco, V. (2003), 99-124. Para um interessante exercício de *realismo* extremo, veja-se a abordagem jusnaturalista a partir do simples emprego de termos descritivos e de conceitos éticos, em: Moore, M.S. (1985), 277-398; e também: Neves, A.C. (2003a), 107 ss..

[163] Linhares, J.M.A. (1988), 121 ss..

[164] Sobre a sistematicidade, veja-se a síntese de: Otero, P. (1998), II, 306 ss..

precedentes, «normalizarem» a adjudicação de direitos até se sedimentar uma «normativização»?[165]

104. Mas não são, tanto a norma como a interpretação dela, instrumentos de uma determinada intenção reguladora pública — a busca de um resultado que possa ter-se por eticamente equivalente ou superior ao «estado de coisas» que a regulação pública é chamada a preservar, ou a emendar? A ser assim, não deve a interpretação desviar o seu foco, por redução teleológica, para uma *intenção normativa*, para uma *finalidade axiológica* que possa surpreender-se no *espírito* da Lei?

105. Se a norma é apenas uma *etapa* para a finalidade valiosa que consuma a tarefa social do Direito, a sua finalidade política[166], não deve a interpretação cingir-se ao papel *facilitador* da produção de certos resultados, tornando inteligíveis esses resultados mesmo quando a respectiva formulação na «etapa intermediária» da *letra* da norma não tenha sido inequívoca, fazendo avançar, com esse escopo, um acervo estático de formulações normativas em direcção à finalidade para a qual elas foram intencionalmente predispostas?[167] Não deve a interpretação consistir nessa sondagem dos valores aos quais a intencionalidade normativa necessariamente se dirige — sob pena de, passivamente submetida ao reflexo de um poder expresso em normas, se converter num exercício vazio e socialmente irrelevante?[168]

106. Mas se é possível realçar a finalidade das normas, não ressaltará o propósito de elas constituírem, não instâncias majestáticas de adjudicação de valores supremos (em nome de um fantasmagórico

---

[165] Alchourrón, C. & E. Bulygin (1971); Gardner, A.L. (1987), 37 ss.; Lamego, J. (1990), 257 ss.; Neves, A.C. (1995f), 345-348; Posner, R.A. (1992), 433 ss.; Rodriguez, J.L. (2000), 151 ss..

[166] Neves, A.C. (1995d), 305 ss..

[167] Fuller, L.L. (1949), 616-645; Suber, P. (1998); Hart Jr., H.M. & A.M. Sacks (1994).

[168] Fuller, L.L. (1940), 60 ss., 115-116; Fuller, L.L. (1978), 353 ss..

«interesse público» alheado do modo quotidiano de formação e revelação de preferências colectivas), mas antes formas conjunturais de equilíbrio de interesses entre grupos sociais que querem «capturar» em seu benefício os ganhos da regulação e da adjudicação imperativa, já que não encontram modos eficientes de coordenarem entre eles a afectação particular de recursos comuns sem recorrerem à solução autoritária de «corte do nó górdio»?[169]

107. Ou, de outra perspectiva ainda mais pragmatista, não deve a Lei ser apartada do seu carisma de «verdade» ou de «certeza», que dependeria da verificação de graus de determinação e univocidade que, mais do que impossíveis — impossíveis em termos *absolutos e não-contextuais*[170] —, se revelariam inconvenientes em sociedades abertas e plurais[171], para se remeter ao grau mais modesto de «edificador» de uma aplicação virtuosa do Direito, em perpétua (e perpetuamente contingente) dialéctica com uma interpretação falível — mas criativa?[172]

108. Em suma, deve a interpretação obediência a valores supra-textuais, o valor da «Razão», da «ética do diálogo», da «virtude cívica», da «Justiça material», da agenda do progressismo doutrinário, sobrepondo-se ao baixo jogo do compromisso e da simples administração de interesses particulares que procuram degladiar-se com as armas da Lei[173] — ou deve ela ater-se à observância intra-textual do formalismo, da coerência axiomática, da limpidez focal, da integridade, novamente afastando-se, nesse imobilismo exegético, do impé-

---

[169] A perspectiva da «*Law and Economics*». Cfr. Posner, R.A. (2002).

[170] Adoptando a noção pragmatista de que a «verdade», para sobreviver como referência válida, não é uma propriedade permanente dos conceitos, mas é algo que lhes *acontece*, algo que os eventos *provocam* nos conceitos, por «*veri-ficação*». Cfr. James, W. (1910), 201.

[171] Roumeliotis, M. (2001), 72 ss..

[172] Singer, J.W. (1984), 1 ss.. Mais amplamente, Machado, J.B. (1987), 293 ss..

[173] Calabresi, G. (1982); Farber, D.A. (1989), 281 ss.; Maltz, E.M. (1991), 767 ss.; Redish, M.H. (1991); Sunstein, C.R. (1990).

rio das paixões e do cálculo das conveniências políticas?[174] Não seria a consagração desse ideal, insistamos, uma salvaguarda contra a prepotência do poder que não se espartilha em princípios *publicitados*, que não joga as regras do jogo?[175]

109. Será o «pragmatismo interpretativo» a via intermédia entre o formalismo e o finalismo?[176] Será ele o adequado apelo à consideração respeitosa do eclectismo que é inevitável nos processos de interpretação jurídica e de aplicação judiciária, o necessário correctivo ao «purismo» e à inflamação ideológica que emergem dos dois pólos da doutrina? Será ele a via média entre a rigidez e o arbítrio?[177] Corresponderá ele ao abandono das pretensões normativas da metodologia, regressando a uma instância meramente descritiva da *prática* do Direito tal como ela ocorre, na sua imersão contextual, na sua imperfeição, nas suas limitações informativas, nas suas conciliações de extremos, nos seus desígnios de ponderação de interesses colectivos de justiça, de segurança, de eficiência, de paz, e quiçá mesmo de fraternidade e de edificação moral?

110. Será então esse tipo de pragmatismo, com a sua atitude funcionalista e anti-filosófica[178], o arauto do fim da epistemologia jurídica e das suas arrogantes pretensões legiferadoras e policiadoras do método empregue pelos juristas — uma pretensão de suzerania de teóricos e especuladores sobre a actividade dos juristas praticantes?[179] Será o pragmatismo o reconhecimento de que não existe «O Método» na interpretação jurídica, mas que existe uma amálgama de

---

[174] Dworkin, R. (1986); Hiebaum, C. (2002), 86 ss..

[175] Dworkin, R. (1977b), 38; Dworkin, R. (1986), 116-117.

[176] Patterson, D.M. (1996); Radin, M.J. (1989), 781 ss..

[177] Uma via que tendesse cada vez mais para a consideração da *substância* e menos para os pruridos da *forma*. Cfr. Benedict, J. (2003), 216 ss..

[178] Neves, A.C. (2003b), 52 ss..

[179] Campos, P.F., P. Schlag & S.D. Smith (1996); Coleman, J.L. (2003); Litowitz, D.E. (1997).

práticas que, com elevado grau de ineficiência, inconsistência e entropia, são capazes de ir conduzindo o Direito ao sabor das necessidades contextuais, sem rumo pré-definido por qualquer instância supra-ordenadora (e decerto não pela Filosofia)?

111. Voltando ao ponto inicial: pode a Lei restringir efectivamente a amplitude interpretativa dos seus aplicadores, ou será que é sempre inevitável uma amplitude reconstrutiva na mediação interpretativa, por mais salvaguardas que se estabeleçam, por mais «completa» e «realista» que a norma interpretada pretenda ser?[180] Dado que evidentemente procuramos uma simples solução *de grau* para esta interrogação — já que tudo no Direito está ostensivamente *subdeterminado* (pesem as ilusões axiomáticas do sistema fechado tantas vezes denunciadas pela abordagem tópica[181]) sem que essa subdeterminação (essa possibilidade de alguns resultados igualmente válidos[182]) implique *indeterminação* (a validação invariável de quaisquer resultados[183]) —, não será ela ociosa na sua sugestão de bipolaridade?[184]

112. Ou limitar-se-á aquela interrogação a remeter novamente para a apologia da judicialização, já tentada no «Direito Livre» e no «Realismo Jurídico», agora acrescida das tendências centrífugas e anti-fundacionalistas[185] da pós-modernidade?[186] Em suma, está

---

[180] Neves, A.C. (2003a), 11 ss.; Linhares, J.M.A. (1988), 144 ss..

[181] Cordeiro, A.M. (1984), II, 1134 ss.; Bronze, F.J. (2002), 553 ss..

[182] Pense-se na margem de *indeterminação* que sempre se admitiu que resultasse das decisões *segundo a equidade*, ou que implicitamente se associou ao «sentido de justiça» do julgador. Cfr. Goodrich, P. (1996), 180-181.

[183] Bix, B.H. (1993), 1.

[184] Patterson, D.M. (1993), 278.

[185] «Anti-fundacionalistas» no sentido de rejeitarem a necessidade de *"pontos fixos que fundem a ordem jurídica"*, para usarmos palavras de Oliveira Ascensão — Ascensão, J.O. (2001), 181-182; *ibid.*, 465 ss..

[186] Neves, A.C. (2003b), 16 ss.. Sobre a posição anti-fundacionalista de Hans Albert, cfr. Bronze, F.J. (1994), 28 ss..

ou não o Direito sujeito aos efeitos da «indeterminação»?[187] Ou será, antes, que a *estruturação* moral já é bastante para poder dispensar-se, no Direito, uma *determinação* racional — e que portanto são deslocadas as ansiedades com a «subdeterminação» e com a «indeterminação»?[188]

113. Pode dessa radical indeterminação, se a constatarmos[189] — e constatamo-la facilmente no uso jurídico de «linguagem comum», imperfeitamente axiomatizada e exposta a equívocos[190] —, retirar-se a conclusão relativista de que tudo no Direito é «Política» e está exposto às contingências dos «ventos ideológicos» que predominem?[191-192]

---

[187] Binder, G. (1988), 892 ss.; Millon, D. (1992), 35 ss.; Solum, L.B. (1987), 462-503; Yablon, C.M. (1987), 634 ss..

[188] MacCormick, N. (1978); Zippelius, R. (2001), 516 ss..

[189] O problema é mais agudo se adoptarmos a visão «realista» de que, no Direito, tudo se joga em termos de previsibilidade das decisões judiciais (sem «consolações» dogmáticas ou jusnaturalitstas), pois aí tudo se joga na possibilidade de *determinação*. Cfr. Goodrich, P. (1996), 201; Gianformaggio, L. (1990), 402.

[190] O problema prende-se basicamente com o carácter «natural» das nossas categorias (de novo a questão dos «universais»). Suponha-se que a Lei permite a utilização de substâncias rotuladas a verde e proíbe a utilização de substâncias rotuladas a amarelo. Em que ponto é que o verde (comprimento de onda = 577-492 *nm*, frequência = 520-610 *THz*) se transforma em amarelo (comprimento de onda = 597-577 *nm*, frequência = 503-520 *THz*)? Um comprimento de onda de 577 *nm* e uma frequência de 520 *THz* é *verde* ou *amarelo*? Um *verde* de 576 *nm* não estará mais próximo de um *amarelo* de 578 *nm* do que de um outro *verde* de 493 *nm*? Noutro exemplo, pense-se na imposição de que a entrada das mesquitas esteja virada para Meca: que significa isso nos antípodas (no Tahiti), onde todas as direcções são equidistantes de Meca? Deverá a entrada da mesquita estar virada para o centro da Terra? Teremos aí uma norma desprovida de conteúdo? Cfr. Edgington, D. (2001), 371-378; Guibourg, R.A. (2001), 10-33; Endicott, T. (2001a), 379-385; Sorensen, R. (2001), 387-417.

[191] Neves, A.C. (1995t), 388 ss.; Bronze, F.J. (2002), 229 ss..

[192] Mesmo na interpretação e aplicação de normas «técnicas» inteiramente desprovidas de intencionalidade valorativa ou directiva? Endicott, T. (2001b), 199-219; Guibourg, R.A. (2001), 10-33.

114. Além disso, o facto de poder haver perturbações e litígios decorrentes do conhecimento e da interpretação da Lei significa que é a própria Lei que é absolutamente indeterminada (no sentido de não haver norma), ou significa antes que ela é apenas indeterminada mas é determinável (ao menos por convergência de interpretações)?[193] O facto de abundarem casos difíceis, no limiar da intratabilidade, e o facto de esses casos terem especial proeminência, ao menos enquanto desafios teóricos, permite extrapolar para a indeterminação de todo o sistema jurídico?[194] E não podem os «ventos ideológicos» que varrem as certezas jurídicas estabilizar e, passado o seu ímpeto iconoclasta, sedimentar em novas normas jurídicas?[195-196]

115. Mas não observamos nós que o Direito dispõe de mecanismos de bloqueio de algumas interpretações espúrias, vedando assim ao menos alguns dos desfechos da sua aplicação, mesmo quando recobre com um juízo indiferentemente legitimador um universo amplo de desfechos igualmente possíveis? Não basta isso para desmentir uma tese de indeterminação radical, demonstrando que há situações nas quais a amplitude interpretativa não é irrestrita e a solução flui, com alguma transparência, de um sentido *objectivável* das normas — ao menos porque a própria norma condiciona a nossa percepção dos factos *sub iudice*?[197] Não relevaria de um implausível cepticismo

---

[193] Kress, K. (1990), 138 ss..

[194] Kairys, D. (1982), 13 ss.; Tushnet, M.V. (1983), 819 ss..

[195] Gordon, R.W. (1984), 125 ss..

[196] Como é óbvio, poderiam também abordar-se, com uma dose de cinismo, as vantagens profissionais que advieram para a classe dos juristas do aumento da «entropia normativa», uma espécie de «parasitismo do caos». Cfr. Shamir, R. (1995).

[197] Na terminologia anglo-saxónica, a prova de que há pelo menos um *«easy case»* dentro do universo de *«hard cases»*, sendo que se a indeterminação reinasse incontestada não haveria um único *«easy case»* — tal como não haveria um único *«hard case»* se o Direito fosse tal como o concebe o formalismo positivista. Cfr. D'Amato, A. (1999), 517-527; D'Amato, A. (1990a), 250; D'Amato, A. (1990b), 1086; D'Amato, A. (1990c), 536; D'Amato, A. (1990d), 148; D'Amato, A. (1989),

pirronista obstinarmo-nos na recusa de um estatuto jurídico ao apego do julgador às normas positivadas, insistirmos que ele devesse, no momento de aplicar o Direito, agir com a «alma livre» de um criador artístico?[198-199]

116. E não será alguma da insistência na indeterminação absoluta do Direito senão um mero reflexo de uma agenda política, nomeadamente do propósito de denúncia «desconstrutivista» de contradições latentes no tecido social que alegadamente se plasmariam na positividade das normas?[200] Mas que ganharíamos nós em levar a sério a velha «*boutade*» de que «os factos se recobrem do Direito como podem» — como se, mesmo dentro da tradição da «*common law*», a fundamentação jurídica fosse apenas uma justificação «*après-coup*» de um facto consumado pelo capricho dos juízes, ou pelo império dos seus preconceitos?

117. Quererá o desconstrutivismo furtar a aplicação do Direito ao controle democrático[201] — ou não pretenderá ele, pelo contrário, senão constituir um salutar contraponto ao legalismo formalista que queria fazer do aplicador do Direito um mero autómato (mesmo que omnisciente e omnipotente como o «juiz Hércules»[202], mesmo que tão penetrantemente objectivo como o «juiz historiador»[203]), fazendo

---

513; Duxbury, N. (1995), 501 ss.; Neves, A.C. (2003a), 293 ss.; Schauer, F. (1985), 399 ss..

[198] Há quem mesmo assim insista que a previsibilidade dos resultados judiciários nada tem a ver com o estabilizador referencial do Direito, e se deve a fenómenos políticos, ideológicos, culturais — cfr. Singer, J.W. (1984), 1 ss.. Cfr. Neves, A.C. (2003b), 8-9.

[199] Joga-se aqui a possibilidade de uma *Ética Racional*, inteiramente axiomatizável — *fixável* em critérios seguros de avaliação. Cfr. Rawls, J. (1951), 177 ss..

[200] Balkin, J.M. (1987), 743 ss.; Dalton, C. (1985), 997 ss..

[201] Millon, D. (1992), 66 ss..

[202] Dworkin, R. (1977a), 105-130; Dworkin, R. (1986), 239 ss.; Neves, A.C. (2003a), 360 ss.; Bronze, F.J. (2002), 58-60n24.

[203] Linhares, J.M.A. (1988), 109 ss..

decorrer das normas a integralidade das determinações da decisão?[204] Quererá ele abrir espaço a um maior dinamismo doutrinário que não se deixe enredar nos constrangimentos do imobilismo exegético ou da lenta evolução jurisprudencial?

118. Mas não se dará o caso de a indeterminação normativa atentar contra a igualdade e contra a tutela de expectativas, ambas garantias dos destinatários das leis — e por isso precisamente os suportes do respeito judiciário pelos precedentes?[205] Será que a indeterminação serve, ao invés, para rectificar aquilo que seriam casos de respeito *injusto* pelos precedentes?[206]

119. Mas, a ser assim, poderíamos nós presumir que o rescaldo de uma reacção à indeterminação normativa constituiria já uma norma perfeitamente determinada? Ou não será, ao invés, que a incorporação das *razões de decidir* da aplicação antecedente na decisão subsequente, e a constatação da inevitável margem de diferenciação entre casos, demonstra que a determinação ou indeterminação estão à mercê da *intencionalidade* dos valores que o intérprete procura servir?[207]

I.8. *A face exterior do direito*

120. Pode a Ciência do Direito evoluir por força da simples elaboração doutrinária e jurisprudencial da sua dogmática, ou deve ela reconhecer as condições sociológicas da aplicação do Direito como imposição de *realismo* às suas proposições teóricas — ainda que dessa imposição não decorra necessariamente qualquer base de validação ou de invalidação? Pode o Direito alhear-se das demais ordens

---

[204] Cordeiro, A.M. (1985), 1 ss.; Hasnas, J. (1995), 84 ss..
[205] Moral Soriano, L. (2000), 327 ss.; Perry, S.R. (1987), 215-257.
[206] Alexander, L.A. (1989), 1-64.
[207] Monaghan, H.P. (1988), 723-773; Neves, A.C. (1967), 456 ss..

valorativas e normativas que com ele disputam a proeminência social, e das formas não-jurídicas que asseguram informalmente algumas das finalidades que o Direito institucionalmente procura atingir?[208]

121. Pode o Direito afirmar-se com indiferença pelas condições desiguais em que os vários estratos sociais acedem ao conhecimento dos seus preceitos, e fica ele imune às correlações que é possível fazer entre estratificação económico-social e acesso aos aparelhos policial e judiciário? Pode o Direito ignorar a sub-representação dos interesses económicos dos mais pobres, a sub-representação dos interesses culturais das minorias, a desigualdade de oportunidades para a realização dos interesses que o Direito privilegia, e até a integração do julgador, do funcionário, do polícia, em certas afinidades sociais que, insinuando-se nas suas «categorias de entendimento», entravam a objectividade do julgamento e a imparcialidade da execução?[209]

122. Como podem, em suma, as pretensões jurídicas de imparcialidade resistir à constatação do ascendente, nos resultados concretos da vida do Direito, de factores como o estatuto social, a proximidade social das partes nos litígios, a convencionalidade face a certos padrões comportamentais, éticos, estéticos, religiosos, ideológicos que sejam favorecidos pelos administradores da Justiça — factores que tão amiúde predeterminam, ou ao menos «encaminham», a apreciação e a solução dos problemas submetidos ao «juízo isento» destes, em termos de permitirem não menos frequentemente a previsão desencantada do desfecho judiciário, mesmo quando nada se saiba do mérito da causa? Pode a *normatividade* manter as suas pretensões *apesar* desta *facticidade*?[210]

123. Mas será que nos está vedado atribuirmos um estatuto jurídico à *lealdade*, reservando a validação jurídica à prática rigidamente *imparcial*, por mais que essa rigidez (de «absolutismo moral») fira os

---

[208] Cotterrell, R. (2004), 1-14.
[209] Kevelson, R. (2002), 16-25.
[210] Machado, J.B. (1987), 253 ss..

nossos sentimentos e nos coloque perante dilemas éticos? Pode a indiferença «justiceira» constituir um norte para a nossa prática comum, sobrepondo-se à devoção e à solicitude que espontaneamente promovem muitas das finalidades sociais que o Direito tenta coercivamente assegurar? Ou deve o Direito cingir-se a ser uma rectificação dos nossos sentimentos de *lealdade social*, de modo a evitar que esses sentimentos por si mesmos se transformem em deveres, em vinculações exigíveis no seio da bilateralidade das relações jurídicas, sem a mediação de uma intencionalidade jurígena?

124. Mas não é a sociabilidade fruto de sentimentos de *pertença*, que emergem de solidariedades localmente formadas muito mais do que de abstractas representações de cidadania ou da assunção formal de uma capacidade jurídica? Mesmo que das relações de estatuto e de proximidade não se faça decorrer os deveres que, com ênfase individualista, queiramos associar exclusivamente à livre celebração de contratos[211], deveremos nós ocultar o facto de na *raiz* da nossa personalidade jurídica se encontrar um índole social pré-jurídica, mesmo correndo o risco de, com essa ocultação, promovermos uma visão formalista e *desenraizada* da vida do Direito?[212] Em síntese, quem deve vencer na dialéctica entre aquilo que *somos* nos pequenos horizontes da nossa sociabilidade e aquilo que *deveríamos ser* dentro do horizonte mais vasto dos denominadores mínimos das nossas pátrias, ou do todo cosmopolita?[213]

---

[211] O que mesmo assim é irrealista: pense-se nos deveres para com os nossos progenitores ou para com os nossos descendentes, que são tantas vezes os mais fortes deveres a que nos sentimos vinculados, e que nascem em larga medida à margem de quaisquer contratos.

[212] É o cerne da crítica «comunitarista» ao contratualismo individualista, que aponta para a «desnaturação» ínsita no respectivo «atomismo». Cfr. Bell, D. (1993); Etzioni, A. (1993); Phillips, D.L. (1993); Sandel, M.J. (1998). Cfr. Neves, A.C. (2003b), 92 ss..

[213] Lehrer, K. (2001), 105-120.

125. Deveremos fazer ainda decorrer dessa proeminência social das lealdades pré-jurídicas a conclusão de que a Justiça é irremediavelmente «classista», e que serve primariamente para perpetuar desigualdades e privilégios — ou, mais radicalmente (de encontro à perspectiva marxista), que o Direito mais não é do que um instrumento de repressão daqueles que se encontram do lado desfavorecido da estratificação social?[214]

126. E se o não fizermos, como justificaremos que o Direito seja *efectivamente* instrumental no círculo de perpetuação da desigualdade, tratando com especial hostilidade os mais pobres e os menos convencionais, estigmatizando, indeferindo, marginalizando, menosprezando a lesão dos interesses dos mais fracos pelos mais poderosos e agigantando-se na severidade (e às vezes na violência crua) com que trata as mais ínfimas ameaças aos interesses desses poderosos?[215]

127. Quantas mais vezes, para fitarmos adequadamente a face exterior do Direito, será necessário contrastar a impunidade do «colarinho branco» com a composição sociológica das populações prisionais?[216] Quantas vezes mais será necessário insistir que a multiplicação de leis e a complexificação do sistema jurídico servem exclusivamente os interesses dos mais poderosos (que têm meios para explorar os meandros e recantos da «entropia normativa» — pense-se na «planificação fiscal»), enquanto do mesmo passo alienam os menos poderosos e os menos integrados?

128. Mas, mesmo reconhecendo-se estes «enviezamentos» na concretização dos ideais do Direito, como poderá converter-se uma constatação «externa» em preceitos estruturantes de um discurso etico-jurídico que possa, a partir do próprio interior da prática jurídica e judiciária, assegurar uma convergência entre intenções e resultados? Impondo um controle doutrinal totalitário? Interferindo, por «filtra-

---

[214] Baumgartner, M.P. (org.) (1999); Baumgartner, M.P. (1988).
[215] Black, D. (1976), 28 ss..
[216] Black, D. (1980), 136 ss..

gem teleológica», nos resultados da discricionariedade dos julgadores, procurando apartá-la dos condicionamentos idiossincráticos que a façam conflituar com um «ideal de neutralidade» ou com paradigmas de «supra-ordenação»? Promovendo um «enviezamento simétrico», como na «discriminação positiva»? Erradicando das leis a margem de indeterminação normativa que autoriza a interpretação e a integração «criativas», desenhando a traço fino as fronteiras da conduta-padrão em torno da qual gravitam os deveres e direitos que a ordem jurídica aprova e tutela? Mas será possível desenhar sequer uma conduta-padrão minimalista sem deixar transparecer no desenho o peso de uma subjectividade profundamente condicionada pelo seu contexto cultural — e que por isso nada garante em termos de «neutralidade» ou de «universalização»?[217]

129. Pode, em suma, o Direito encarar a «realidade externa» sem cegar — mais especificamente, pode ele resistir à constatação da sua incapacidade para resolver sozinho as situações da vida que o reclamam, a relativa insignificância das normas que fornece face à necessidade de uma mediação interpretativa na qual tanto o contexto social do julgador como o das partes em litígio fazem sentir o seu máximo peso logo na percepção dos contornos axiológicos do caso *sub iudice*?[218]

130. Deve o Direito fazer concessões a esse modo não-dogmático de abordagem da transparência da dialéctica dos interesses desenvolvida entre actores imersos no seu próprio enredo social — e poderá fazê-las sem perder a distanciada isenção que lhe advém do apego ao formalismo, à consistência lógica, à congruência interna, sem se dissolver em anomia demagógica, sem sair daquela posição para a qual socialmente foi concebido, *«au-dessus de la mêlée»*?[219]

---

[217] Moran, M. (2003).
[218] Black, D. (1989), 100.
[219] Cotterrell, R. (1996), 315 ss., Machado, J.B. (1987), 42 ss..

II. As penumbras da prática

II.1. *A invocação da norma fundamental*

131. Pode uma Constituição *finita* servir de base legitimadora positiva de uma miríade de normas, ou bastará um juízo de não--incompatibilidade que demarque negativamente a *liberdade* do legislador ordinário? Pode fazer-se uma interpretação abrogatória da Constituição, e, em caso afirmativo, que implica essa perturbação hermenêutica em termos de legitimação do sistema infra-constitucional?[220] O que significará, pois, uma interpretação abstrusa, que faça evoluir a semântica das normas constitucionais para domínios inalcançáveis pela compreensão mais elementar do menos culto dos membros *constituintes* da nação?[221]

132. Ao invés, não é a tecnicidade da interpretação da Constituição uma salvaguarda contra apelos populistas de «retorno à letra» ou de «retorno ao espírito» da Constituição — dissolvendo em polémica e entropia o carácter fundador e focal de uma norma segura, a norma que juridicamente legitima o funcionamento das instituições públicas?[222] Mas, a ser assim, poderá inferir-se algo sobre a «Constituição Material» a partir da simples observação da inércia dos equilíbrios institucionais?[223]

133. Qual o limite à invocação de uma «Constituição Material» que rectifique a abordagem à «Constituição Formal»? Poderá postular-se a possibilidade de um consenso formado entre as preferências dos cidadãos dentro de um âmbito de livre troca de incentivos — isto é, independente de qualquer «cimento» comunitário —, de modo a

---

[220] Balkin, J.M. (1987), 743 ss..
[221] Em termos mais amplos, Ascensão, J.O. (2001), 411 ss..
[222] Ely, J.H. (1980); Goldsworthy, J. (2003), 167-193.
[223] Black, C.L. (1969).

surpreender-se o «espírito» da Constituição na «substância» da ordem jurídica positiva?[224]

134. Poderá uma interpretação jurisprudencial, doutrinária e «ética» da Constituição oferecer uma reconstrução que oblitere o elemento literal, sistemático ou histórico da interpretação do texto constitucional?[225] E, se sim, haverá alguma barreira ao subjectivismo do intérprete, alguma meta-regra interpretativa que policie e demarque os domínios legítimos da interpretação? Pode a Constituição pretender algum auto-encerramento contra a margem interpretativa sem cair, seja em irrealismo a-histórico e circularidade, seja em ilegitimidade face à intenção reguladora e actualista que possa discernir-se nos seus fundamentos?[226-227]

135. Mas não devem os juristas evitar interpretações inconstitucionais da Constituição, isto é, evitar prudentemente inferências que atentem contra os valores substanciais que se entenda serem crucialmente protegidos — interpretações que atentem, por exemplo, contra direitos fundamentais, contra a liberdade política, contra a soberania popular?[228] Não é essa uma limitação mínima necessária à liberdade interpretativa, que se impõe como limitação à possibilidade de perverter o mandato popular de que depende o funcionamento das instituições públicas?[229] Mas, em suma, será a Constituição uma norma tão excepcional que só ela tenha a virtualidade de bloquear a sua «dissolução interpretativa», a virtualidade de se auto-proteger contra a *indeterminação*?[230]

---

[224] van Aaken, A. & H. Hegmann (2002), 28 ss..

[225] Brest, P., S. Levinsion, A. Amar & J.M. Balkin (2000); Neves, A.C. (2003b), 109 ss..

[226] Bobbitt, P. (1991); Dworkin, R. (1996a).

[227] Mas mesmo a intencionalidade normativa nada assegura, dada a margem de imprecisão que se insinua em todas as reconstruções históricas de intuitos contextualmente condicionados. Cfr. Stoljar, N. (2001), 447-465.

[228] Otero, P. (2001), 154 ss..

[229] Ackerman, B.A. (1991-1998); Tushnet, M.V. (1988).

[230] Habermas, J. (2003), 187-194.

136. A simples consagração de direitos fundamentais não significa já que qualquer interpretação constitucional está materialmente confinada a resultados que não legitimem a violação de uma esfera privada ao serviço da qual toda a estrutura constitucional e legal se tem por concebida, não havendo legitimação *formal* que possa questionar essa subordinação — por mais que isso dificulte a tomada de decisões democráticas?[231]

137. No plano pragmático, não significa isso que a interpretação *sistemática* é aquela que retira argumentos a partir das prerrogativas do poder instituído, enquanto a interpretação *valorativa* é a que parte da afirmação dos direitos dos cidadãos entendidos como *limites* ao exercício do poder político?[232] Não aponta novamente essa tensão para a necessidade e possibilidade de conciliação interpretativa, mesmo que à custa da «impureza» do eclectismo?[233]

138. Pode o ideal constitucional afastar-se do minimalismo que associa a imperatividade da disciplina jurídica à necessidade racional de estabelecimento de uma ordem tolerável entre indivíduos que consigo transportam, do «estado de natureza», as «esferas atomísticas» da sua autonomia e apenas pedem da ordem jurídica a libertação do medo e da violência — deve ele procurar impor a cada comunidade uma «ontologia mínima» que se reporte ao que significa, dentro dela, desenvolver a natureza humana através das vias da intersubjectividade e da solidariedade, que mobilize cada membro da comunidade à participação num desígnio de «edificação mútua»?[234]

139. Não seria mais justo para com a inerradicável natureza social de cada indivíduo a consideração da índole constituinte desses

---

[231] Havendo, pois, uma «tensão» entre a legitimação política democrática e os «trunfos» dos direitos fundamentais. Cfr. Arango, R. (2003), 141-154.

[232] Gey, S.G. (1987), 587 ss.; Gey, S.G. (1995), 331 ss..

[233] Griffin, S.M. (1989), 493 ss.; Tribe, L.H. (1985).

[234] Habermas, J. (1994); Habermas, J. (2001); Outhwaite, W. (org.) (1996); Saito, Y. (2001), 481 ss.. Cfr. ainda: Neves, A.C. (2003b), 115 ss..

elos, em vez de se postular a pura negatividade da «protecção recíproca» como ideal constitucional, como se a comunidade fosse algo de adventício e postiço face às determinações «autênticas» da nossa natureza individual?[235] Mas, na falta de um consenso unânime sobre o conteúdo dessa «ontologia cívica», como escapar aos riscos do paternalismo ou do totalitarismo na edificação de uma comunidade centrípeta através do veículo constitucional?[236] Por outras palavras, como fazer emergir uma verdadeira *ordem* constitucional a partir de um horizonte de *indeterminação* normativa e de *pluralidade* axiológica?[237]

II.2. *O respeito da privacidade*

140. Haverá elementos comuns às várias facetas da privacidade — a exclusão de interferências no recato da vida íntima, a defesa contra a revelação de dados pessoais ou contra a difamação, o direito à imagem e ao bom nome, as barreiras à exploração em proveito alheio, por pública descrição ou alusão, de traços de personalidade?[238] Será a privacidade uma simples *limitação de acesso*, ou contém ela mais do que meros elementos negativos de demarcação[239]? Ou será ela o próprio cerne da autonomia como afirmação, juridicamente relevante, de preferências individuais projectadas no plano da *alteridade*? [240]

---

[235] Alexander, F.S. (1986), 1089 ss..

[236] Posner, R.A. (1990), 414 ss.; Moore, M.S. (2002), 619-705; Otero, P. (2001), 17 ss..

[237] Brito, M.N. (2000); Großmann, A. (2002), 419 ss..

[238] Turkington, R.C. & A.L. Allen (2002).

[239] Allen, A.L. (1988); Gavison, R. (1980), 421 ss.; Inness, J.C. (1992).

[240] Ascensão, J.O. (2002), 9-25; Boone, C.K. (1983), 6-24; Garrett, R. (1974), 263-284; O'Brien, D. (1979).

141. Mas se deixamos a privacidade confundir-se, na sua vertente «decisional», com autonomia ou ausência de constrangimentos[241], não estaremos nós a negar privacidade aos menores e incapazes — ou a remetê-los, neste ponto, para uma tutela jurídica mais fraca?[242] E não pode a invocação da privacidade encobrir, perversamente, o abandono de menores e incapazes?[243] Mais ainda, que parte da *privacidade* é que é constitutiva da personalidade jurídica — no sentido de se reconhecer uma «base naturalista» que ao mesmo alimenta e demarca a construção conceptual do «actor jurídico», que lhe fornece o referente empírico mas ao mesmo tempo se furta ao ascendente normativo?[244]

142. Poderá, sem demasiada condescendência paternalista, admitir-se que a autonomia absoluta de que goza cada um na formação das suas preferências íntimas, numa esfera de não-direito (condicionada ao único requisito formal do *neminem laedere*), é posta em causa pelas violações à privacidade em sentido físico (a ausência de perturbação no desenvolvimento livre das preferências pessoais[245]) ou à privacidade em sentido informativo (o anonimato e a confidencialidade relativas aos dados pessoais[246])?

143. Será a privacidade em sentido físico deveras redutível à privacidade em sentido informativo? Pode estabelecer-se uma fronteira segura, ao menos reconhecer-se um domínio dentro do qual nada é possível fazer-se sem o consentimento daquele cujas referências pessoais vão ser sujeitas a uma devassa ou a uma exposição pública?

---

[241] DeCew, J. (1987), 171-184; Feinberg, J. (1983), 445-490; Rubenfeld, J. (1989), 737-807; Sieckmann, J.-R. (2003), 105-122.

[242] É uma objecção colocada por: Gavison, R. (1980), 421 ss..

[243] Schneider, E.M. (1991), 973-998.

[244] Cordeiro, A.M. (2002), I, 21-45; Lang, W. (2002), 519 ss.; Machado, J.B. (1987), 17 ss..

[245] Bok, S. (1983).

[246] Dixon, R.G. (1965), 197-231.

Como, então, vencer essas barreiras quando se entenda dever prevalecer aquilo que consensualmente se entenda por «bem comum» — evitando a absolutização do «não-direito»[247], ou a sacralização de uma «expectativa de privacidade»?[248] Pode a privacidade servir para deixar germinar na sombra condutas potencialmente anti-sociais, ou para paulatinamente minar as bases do reconhecimento recíproco e da solidariedade?[249]

144. Mas haverá verdadeiros conflitos de interesses relevantes, de interesses que mereçam a mediação da regra jurídica, nalgumas áreas daquilo que se entenda ser puramente pessoal, daquilo que não fere deveres para com outros — ou será preciso subscrever-se uma convicção libertária[250] para se argumentar contra a vassalagem universal da nossa existência à ordem reguladora do Direito, ou contra o interesse opressivo dos outros pela «normatividade» da nossa conduta pessoal?

145. Por mais turvas que sejam as fronteiras conceptuais, pode a esfera pública, *polis*, transbordar arbitrariamente para a esfera privada, *oikos*, sem pôr em causa as razões pelas quais a própria esfera pública começa por existir? Pode a esfera pública, apoiada nos progressos tecnológicos[251], agrilhoar-nos e alienar-nos a ponto de dissolvermos nela o reduto da nossa auto-apropriação?[252]

146. Que pode fazer o Direito para evitar a politização das questões de privacidade, para obviar à sua conversão numa agenda de activismo libertário e contestatário que, invocando o carácter absoluto do «direito à privacidade», procure furtar a consagração dos seus valores ao debate político e social?

---

[247] Sobre a ideia de «não-direito», cfr. Carbonnier, J. (1998), 7 ss., 37 ss..
[248] Allen, A.L. (2003).
[249] Andre, J. (1986), 315-317.
[250] A convicção tão eloquentemente sustentada por John Stuart Mill em *On Liberty*. Cfr. Priddat, B.P. (2000), 518 ss..
[251] Austin, L. (2003), 119-166.
[252] Konvitz, M. (1966), 272 ss.; Westin, A. (1967).

147. Mas invocar a consagração de uma causa através da invocação da privacidade não é, do mesmo passo, dispensar o apoio da ordem jurídica na promoção activa dessa causa — não é deixá-la entregue à capacidade de auto-defesa dos interesses relevantes?[253]

148. Não necessita a privacidade, ironicamente, da tutela do Estado que a própria privacidade parece querer rejeitar do seu âmbito?[254] E poderá expurgar-se o «direito à privacidade» da sua conotação valorativa, por exemplo reduzindo-o a uma mera consequência pragmática da existência de uma ordem jurídica dentro de uma sociedade livre[255], a um simples corolário do respeito deontológico pela personalidade e pela dignidade?[256]

149. Pode a privacidade servir de cobertura à impunidade de actos lesivos de interesses alheios, no sentido de se entender que dentro de uma esfera intersubjectiva de privacidade deve vigorar, ao menos até certo ponto, a presunção do consentimento dos lesados? Poderão as relações familiares, as relações de amizade, ou mais genericamente todas aquelas em que a lei do amor se sobrepõe à lei da justiça[257], demarcar negativamente a legitimidade da intervenção jurídica?[258] Pode o Direito ser indiferente à intimidade que gerou a proximidade e propiciou a lesão, ou seja, deve ele activamente policiar as esferas de intimidade em busca das lesões graves que a privacidade silencia? E se o fizer, como evitar que tal atitude se envolva em degeneração da liberdade pré-jurídica?

---

[253] É a dúvida que se colocam algumas feministas acerca da associação de questões bioéticas a valores de «privacidade»: MacKinnon, C. (1987), 96 ss.; Colker, R. (1992); Olsen, F. (1989), 105-135. Cfr. Rorty, R. (1991p), 202-227.

[254] Kennedy, D. (1982), 1349-1357.

[255] Inness, J.C. (1992); Schoeman, F.D. (1992).

[256] Benn, S.I. (1988); Schoeman, F.D. (org.) (1984).

[257] A tutela da *diversidade* sobreposta à tutela da *universalidade*, o respeito pelo que é *único* sobreposto ao respeito pelo que é *comum*. Cfr. Rorty, R. (1991e), 206.

[258] Black, D. (1976), 40 ss.; Block, R. (1974), 555-569.

150. E que «dignidade» é essa que se prossegue pela via do respeito da privacidade? É a «característica» metafísica que se apregoa incessantemente no constitucionalismo moderno, uma «bandeira ideológica» singularmente desprovida de referente[259] — ou é antes um conjunto de situações casuísticas *concretas* de ausência de sofrimento físico e moral, de reconhecimento do «outro», de segurança e liberdade no desenvolvimento dos horizontes individuais de realização, de paz e justiça na promoção dos interesses colectivos?[260]

151. Como evitar o «desfoque *jurídico*» na imersão em domínios dilacerados pela ideologia panfletária?[261] Como reconhecer que não há outra dignidade que possa ser respeitada para além da mera abstenção da funcionalização dos seres humanos — *toda* a funcionalização, como aquela mais suave e subtil que pretende avaliar eticamente os seres humanos, e integrá-los na rede protectora do Direito, em função daquilo que eles *fazem* e daquilo que eles *têm*, daquilo que se representa ser a sua *utilidade* social?[262]

II.3. *A promoção da igualdade*

152. Que igualdade desejam os seres humanos ver consagrada pelo sistema jurídico? Pode apurar-se um sentido unívoco para o conceito, e pode esperar-se um consenso em torno dele? A que aspectos da vida humana se reporta o valor «igualdade»? E em que âmbito colectivo é legítimo aferir-se o respeito por esse valor? O que são

---

[259] A «dignidade» como característica *intrínseca e a-histórica* é de clara matriz kantiana, enquanto que a sua historicização, a sua recondução aos termos da avaliação comunitária disponível é de matriz hegeliana. Cfr. Rorty, R. (1991f), 197; Rorty, R. (2000b), 90.
[260] Thomas, V. (2001), 299 ss.; Wetz, F.J. (2001), 311 ss..
[261] Bronze, F.J. (1994), 171 ss., 174.
[262] MacIntyre, A. (1981), 56.

diferenças aceitáveis e inaceitáveis, diferenças «naturais» e «convencionais»?

153. Na falta de consenso sobre o valor igualdade, não deverá o Direito abster-se de impor colectivamente uma posição controversa, mesmo que seja a dominante? Em nome de que valores deve então o Direito oferecer resistência à pressão social que busca uma forma qualquer de «igualização» ou de uniformização? Os valores da mobilidade e da auto-afirmação livre, próprios das sociedades abertas?

154. Não existirá porventura uma perigosa ambiguidade entre o conceito de igualdade como coesão (como imposição política da convergência de condições económicas e sociais) e o conceito de igualdade como não-discriminação (como remoção das barreiras socioculturais que impediriam mesmo a convergência espontânea)? E pode a não-discriminação justificar a promoção activa de «discriminação positiva»[263], mesmo que isso signifique fazer tábua-rasa de desigualdades «convencionais» historicamente induzidas, ou frustrar as expectativas sociais quanto à administração da justiça?[264] Ou deve a iniciativa não-discriminatória restringir-se apenas à repressão das *intenções* estigmatizadoras e cruéis?

155. Como retirar do *facto* da desigualdade um *valor* ou um *desvalor*, uma base legitimadora de uma rectificação no plano dos *factos*, sem violar a demarcação de planos entre «ser» e «dever-ser», sem destruir as alegadas «bases supra-positivas» da validação do Direito?[265] Será ainda que um dos corolários da igualdade, o do tratamento desigual de situações desiguais, autoriza que se estabeleçam fronteiras gerais — limites de idade mínima ou máxima, por exemplo — em atenção precisamente à diversidade de condições?

---

[263] Duarte, M.L. (1998), 29-36.

[264] Se porventura um grupo social tem sido discriminado no acesso à educação superior, por exemplo, poderá dispensar-se excepcionalmente que os membros desse grupo sejam submetidos aos requisitos curriculares gerais no acesso a certas funções? Mas nesse caso, pergunta-se, para que servem os requisitos curriculares em geral?

[265] Machado, J.B. (1987), 264 ss..

156. Qual é a legitimidade colectiva para se impor à realização livre de projectos pessoais — e correspondente desigualdade de resultados — uma rectificação niveladora?[266] A «engenharia social» da igualdade de resultados não implica a pobreza colectiva — por destruição dos incentivos à produtividade individual? Que incentivo económico sobrevive à promessa de recompensas iguais para esforços diferentes, ou para diferentes utilidades de esforços comparáveis?[267]

157. Pode o Direito autorizar que os deveres cívicos e contratuais, que a responsabilidade civil e criminal, que os direitos de personalidade, sejam funcionalizados a um desígnio de nivelamento — em termos de se escamotear a diversidade de circunstâncias em que os interesses e as relações jurídicas emergem, de se menosprezar a relevância diferenciadora das expressões de autonomia? Pode o critério da igualdade servir para resolver questões pragmáticas de adjudicação, de acesso e de partilha relativamente a bens escassos — quando a escassez impede uma partilha igualitária, no sentido de não poder haver emprego minimamente útil dos bens escassos se não houver um número limitado *e exclusivo* de utentes?[268]

158. Será a consagração de um mínimo de igualdade um requisito da pacificação social? A partir de que grau de desigualdade se regista a quebra da solidariedade, a partir de quando se dá o colapso nas trocas económicas?[269] Pode o Direito envolver-se numa promoção de igualdade económica que seja minimamente significativa, sem com isso colocar em risco a distribuição social da propriedade privada?

159. Mas não será essencial que haja uma promoção activa de alguma convergência entre igualdade *de direito* e *de facto*, em nome

---

[266] Wilson, C. (2003), 277-314.
[267] Phillips, A. (2004), 1-19.
[268] Veja-se a aplicação do problema à questão do acesso a cuidados médicos, literalmente uma questão de vida ou de morte. Cfr. Daniels, N. (1985); Daniels, N., D.W. Light & R.L. Caplan (1996); Obermann, K. (2000), 412 ss..
[269] Parijs, P.v. (1996).

de uma sensibilidade moderna que se tem centrado na *emancipação geral*, e por isso na consagração não-discriminatória e não-exclusiva, da consideração jurídica por uma *dignidade* pessoal e social minimamente efectiva — para que a consagração *jurídica* não seja letra morta, não se converta numa cruel caricatura das exigências da ética social, uma «desigual igualdade»?[270] Ou será essa uma preocupação moral que, trazida para o plano da política, se converte num pretexto para o milenarismo totalitarista, para a promoção *forçada* da fraternidade?[271]

160. Se a liberdade é condição essencial da moralidade e da virtude cívica, não deve ela subalternizar, em todas as circunstâncias, *todos* os valores que directamente entravem o seu irrestrito desenvolvimento, como o que confinaria os resultados admitidos àqueles que fossem compatíveis com um conceito supra-pessoal de igualdade?[272]

161. Ou será, pelo contrário, a consagração de um mínimo de igualdade um alicerce da liberdade política — entendendo-se por esse mínimo a existência de igualdade de oportunidades e a presença de salvaguardas sociais contra as perdas máximas do empobrecimento extremo, a reacção à arbitrariedade do mundo e à sorte daqueles de quem sejamos dependentes[273]; ou, por outras palavras, um nivelamento *no acesso* a um jogo de resultados incertos e diferenciados, interferindo-se *exclusivamente*, de uma perspectiva deontológica «anti-sacrificial», nos resultados negativos mais extremos (sendo os resultados negativos menos extremos tidos por consequências normais e justas do jogo colectivo)?[274]

---

[270] Como aquela imortalizada no «*bon mot*» irónico do *Triunfo dos Porcos*, de George Orwell.

[271] Hollander, S. (2004), 5-39.

[272] A coexistência da liberdade cívica com o conceito pessoal de igualdade é um puro problema de ética individual.

[273] Fleurbaey, M. (2001), 499-530.

[274] Rawls, J. (1971), 141 ss.; Schwartz, J. (2001), 83-117. Cfr. Kukathas, C. & P. Pettit (1995); Neves, A.C. (2003b), 69 ss., 76.

162. Deverá, assim, restringir-se a desigualdade ao indispensável para os incentivos e para as recompensas, em tudo o resto promovendo a igualdade como «rede protectora» contra as perdas máximas? Ou deverá considerar-se também a desigualdade que, através dos incentivos, promove o enriquecimento colectivo (a intensificação da actividade económica) e por isso arrasta consigo a melhoria das condições do mais pobre dos mais pobres?

163. Não será a «rede protectora» um artifício desincentivador que empola demasiado a aversão ao risco e a subalterniza face às perspectivas de ganho que se prendem com a assunção dos riscos? Não ponderará ninguém os ganhos da minimização das perdas máximas com os prejuízos da pauperização generalizada; e quem assegura que, aproximando-nos desse estado de desincentivo prevalecente, não soaria o «salve-se quem puder», destruindo em definitivo a «rede protectora»?[275] Além disso, não se traduz a redistribuição numa imposição generalizada de deveres *positivos*, os deveres de realização colectiva de «mínimos de existência»?[276]

164. Em contrapartida, poderá porventura aceitar-se qualquer desigualdade com o singelo argumento de que ela, promovendo a eficiência económica, resultará numa diminuição da pobreza extrema, das perdas máximas? E se estiver pressuposto nos elos sociais, nas bases mínimas do «contrato social», que a única justiça distributiva aceitável é aquela que igualiza a distribuição de recursos, que nivela o acesso à riqueza — que assenta num ideal fraterno de partilha, de mutualidade de benefícios em ambiente de escassez?[277]

---

[275] Não são os inúmeros expedientes de limitação de responsabilidade e de dissipação de risco eficientes sucedâneos à administração da justiça igualitária, como formas de gestão do risco? E quem pode assegurar que, *pace* Rawls, em condições de «véu de ignorância», e sobretudo depois de levantado esse «véu», não haverá muita gente disposta a correr o risco das perdas máximas a troco da simples probabilidade de alcançar ganhos máximos? Cfr. Horton, J. (2003), 5-23; Wall, S. (2003), 79-102.

[276] Tugendhat, E. (1984); Hoffmann, J. (2002), 495 ss..

[277] Matravers, M. (2002), 558-572.

165. Não deveria então cingir-se a ordem jurídica à prossecução de um único desígnio de justiça material que, apagando do pano de fundo da repartição todas as desigualdades «naturais» ou «herdadas» (todas as desigualdades de oportunidades, em suma), apenas admitisse os resultados desiguais de puras opções morais, os resultados de decisões arriscadas mas livremente assumidas? Mas será possível eliminar, sem violência para os mais beneficiados, as desigualdades de oportunidades?[278] E se tal não for possível, qual será o grau aceitável dessa desigualdade — e como evitar que ela condicione as puras opções morais? E como não tornar esta opção valorativa suspeita de cumplicidade com desígnios totalitários de «engenharia social»?[279]

166. Por outro lado, como pode presumir-se, a partir da simples conveniência de ordem partilhada que é buscada na estrutura social, que os membros do «contrato social» querem algo mais do que o «Estado-guarda-nocturno», do que o «Estado-guarda-costas»? Como pode presumir-se que queiram a interferência activa do Estado no desenvolvimento «comutativo» das esferas individuais de autonomia — para lá daqueles recantos nos quais o «efeito de boleia» torna inevitável a promoção estadual de *bens públicos*?

167. Não seria radicalmente problemática — até pelas ineficiências que induziria — a promoção do «bem de mérito» que alegadamente (mas não pacificamente) seria o nivelamento de resultados visando a igualdade, ao menos quando ela ultrapassasse o limiar da garantia universal de acesso a «bens mínimos», aqueles «bens de ingresso» sem os quais não existem sequer denominadores comuns para a coesão social?

168. Pode um «Estado-providência» prosseguir as suas finalidades sem reduzir os beneficiários à «servidão» face a uma burocracia

---

[278] Dworkin, R. (1981a), 185-246; Dworkin, R. (1981b), 283-345; Dworkin, R. (1987), 1-54; Dworkin, R. (1988), 1-30.

[279] Moore, W.D. (2001), 158 ss.; Williams, A. (2002), 377-389. Para as suas incidências na vertente *adjectiva*, cfr. Linhares, J.M.A. (1988), 304 ss..

discricionária?[280] E, por mais que insistamos doutrinariamente na necessidade de separação das «esferas de justiça», como poderemos nós evitar, sem violência ou sem perda de eficiência, que a desigualdade de resultados económicos extravase para desigualdades noutros domínios da vida social?

169. Poderá, com efeito, o valor «igualdade» sobreviver à sua desagregação em «esferas de justiça» que sejam capazes de assegurar (localmente) alguma coesão enquanto convivem com um reconhecimento (global) do carácter centrífugo e diferenciador do exercício da autonomia individual — e nessa simbiose se limitem pragmaticamente a travar o caminho à dominação injusta, ou seja, à extrapolação para uma área de justiça na qual a igualdade possa e deva prevalecer (por exemplo, o acesso a cuidados de saúde básicos, ou a representação política) das desigualdades que sejam inevitáveis numa outra esfera (por exemplo, a desigualdade de fortuna económica)?[281]

170. Deverá então a defesa da «igualdade» consistir na separação «atomística» dessas esferas, e na garantia de que em qualquer delas é possível a prossecução separada de dignidade e de realização pessoal? Haverá «universalização» compatível com essa «pulverização» da heterogeneidade — algum critério material e *substantivo* que resista ao impulso da heterogeneidade?[282]

171. Mas como assegurar isso sem violência para aqueles que querem explorar o seu sucesso numa «esfera» fazendo-o extravasar para outras «esferas» — se foi essa possibilidade de extravasar livremente de umas «esferas» para outras que gerou a motivação inicial de

---

[280] Goodin, R.E. (1988).

[281] De forma a poder concluir-se (cingindo-nos aos exemplos que demos) que, se é legítimo que haja desigualdade económica, não é legítimo que ela dite desigualdade de acesso a cuidados primários de saúde, ou que ela determine a sub-representação política dos mais pobres. Cfr. Walzer, M. (1983). Cfr. ainda: Homem, A.P.B. (2001), 48 ss..

[282] Nevel, M. (2002), 323 ss..

sucesso?[283] Haverá alguém disposto a sacrificar uma parte (local) da sua liberdade em favor de um vago direito (geral) à indiferenciação e ao «nivelamento»?[284]

II.4. *O respeito da fé*

172. Pode a função directiva do Direito resistir à respectiva dessacralização — à perda do carisma que tem acompanhado a secularização generalizada (e o conexo *secularismo*[285]), que apesar de tudo lhe permitiu sobreviver a outras ordens de supra-ordenação social que com ele concorreram e conviveram, em simbiose mutuamente reforçadora?[286]

173. Pode a hermenêutica do Direito apontar para uma delimitação tão restritiva da legitimação que ele fique inteiramente dependente de uma hipótese auto-justificativa ou autopoiética, em circuito fechado? Pode ela desvalorizar o peso motivador e ordenador, tanto individual como socialmente, da experiência religiosa, ao menos para surpreender nesta o potencial ordenador que rivaliza com qualquer esforço secularizado?[287]

---

[283] Aquele a quem se diz: "*Enriquece, mas não te deixaremos usar livremente o teu dinheiro — especialmente na obtenção de vantagens fora do domínio ou mercado no qual ganhaste o teu dinheiro*", estará melhor do que qualquer pobre que também está limitado pela falta de dinheiro? Que incentivo haverá então para enriquecer nesta situação totalitária?

[284] Armstrong, C. (2002), 67-82; Keat, R. (1997), 93-107; Mayer, R. (2001), 237-261.

[285] Neves, A.C. (1995e), 325-326.

[286] Evidentemente, não há apenas secularização por detrás da perda de carisma — podendo detectar-se as respectivas raízes tão longe como nos embates entre Papado e Império, e depois na tensão de Reforma e Contra-Reforma. Cfr. Berman, H.J. (1983).

[287] Zippelius, R. (2000), 109 ss..

174. Pode o Direito sobreviver, como instância ordenadora, à perda de um ritual, de uma hierarquia de interpretações autorizadas, à possibilidade de estabelecimento de interpretações autênticas que, com autoridade, desfaçam o nó górdio da aproximação infinitesimal à certeza *objectiva*? E poderá ele resistir à perda de conteúdo ético, de convicção quanto à substancialidade dos valores, quanto à obrigatoriedade das condutas, quanto ao mérito e demérito da interiorização das bases da acção, da *espontaneidade* do acatamento? Poderá o Direito, em suma, dispensar a sacralização da obediência, permitirá ele a generalização do cepticismo ou da objecção de consciência, mesmo quando se trate aí, aparentemente, de imperativos de democraticidade?[288]

175. Em alternativa, quais os riscos de adesão do Direito a uma meta-narrativa[289] sobre os desígnios da existência colectiva, os riscos de mobilização ideológica reportada a uma ética substantiva transpersonalista, ou à arquitectónica determinista de uma Filosofia (especulativa) da História?[290] Existirá deveras, como alegam ainda os fundamentalismos proselitistas, uma «juridicidade transcendente» pairando por sobre os desígnios da sociedade humana, ou não se trata aí senão de uma «fantasmagoria» com a qual ardilosamente se converte o Direito em «religião civil» silenciadora e pacificadora?

176. E, fora do âmbito do radicalismo fanático, não é essa mesma visão de uma «juridicidade transcendente» que alicerça, seja o anacronismo triunfalista que condena as práticas sociais do passado, seja o anacronismo que justifica as «reparações históricas» através das instituições jurídicas?[291]

---

[288] Pense-se no espinhoso exemplo do «governo dos juízes». Cfr. Donohue, B. (2002), 267-282.

[289] Rorty, R. (1991a), 198-199; Linhares, J.M.A. (2001), 213 ss..

[290] Veja-se um paralelismo na análise à posição de Niklas Luhmann sobre o ecologismo, em: Bronze, F.J. (1994), 274 ss.; mais amplamente, Bronze, F.J. (2002), 188 ss..

[291] Veja-se o mais recente episódio relativo ao esclavagismo norte-americano: America, R.F. (1993); Asante, M.K. (2003); Kershnar, S. (2002), 243-267; Robinson, R. (2000); Winbush, R. (2003).

177. Mas podem a Ética, e mesmo a Religião, dispensar essa dessacralização do Direito que parece ser reclamada pela genuína libertação das motivações do agente — como condição de assunção incondicionada de deveres de conduta, a verdadeira marca que separa a virtude do carácter da «legalidade formal» da conduta? Mas, em contrapartida, pode a virtude afirmar-se em contextos sociais de interdependência sem o concurso da moldura jurídica?

178. E haverá porventura uma fatal dissonância entre o acatamento formal da Lei e a promoção das finalidades virtuosas a que esse acatamento colectivamente nos predispõe? E se existir essa dissonância, deveremos nós ter que optar entre uma anomia de anjos e a canga reguladora de demónios — como se o Direito fosse pura negatividade que estanca a prática do mal mas nada pode para promover a intenção do bem? E não será mais perigosa ainda a confluência totalitária na «positividade» do Direito, trazendo o «Reino» para este «vale de lágrimas», sacralizando-o?[292]

179. Pode o destinatário da norma jurídica excepcionar ao acatamento com a invocação dos seus deveres religiosos — e se não pode, por não se admitir o direito de objecção às leis gerais (e com ele a pulverização social das normas), que significa para o crente a proclamação *jurídica* da liberdade religiosa ou a insistência política na *neutralidade* do Estado?[293] Pode a unidade do Estado consentir na multiplicação de jurisdições associadas a ordens de valores distintos dos seus, sem que essa abertura (reflexo da própria abertura e incompletude existenciais[294]) constitua um precedente para a desagregação axiológica e política?[295]

---

[292] Burns, T. (2002), 545-557; Oudemans, T.C.W & A.P.M.H. Lardinois (1987); Tyrrell, W.B. & L.J. Bennett (1998). Para uma síntese das leituras alternativas (Hegel, Lacan, Irigaray), cfr. "Antigones of Gender", *in* Battersby, C. (1998), Cap. VI. Cfr. ainda: Martínez, S. (2003), 346 ss..

[293] Ackerman, B.A. (1984), 359; Rawls, J. (1971), 212; Richards, D.A.J. (1986).

[294] Machado, J.B. (1987), 7-9.

[295] Dane, P. (2001), 117 ss.. Analisando a questão de uma perspectiva mais secularizada, cfr. Dietrich, F. (2004), 1 ss..

180. Mas deverá o Estado assumir uma ordem valorativa *substantiva* própria, em concurso com outras ordens de supra-ordenação social? Poderá a neutralidade converter-se em promoção activa da secularização, o *secularismo*?[296] E deverá isso acontecer apenas quando esteja em causa o proselitismo de ordens valorativas que pregam o fanatismo, a intolerância ou a violência, ou deverá ser essa, preventivamente, a atitude face a *quaisquer* axiologias *substantivas* que tenham a vocação supra-ordenadora?

181. Poderá invocar-se um *estado de necessidade* para se impor pela força limites às aberrações do multiculturalismo, em especial quando algumas ordens valorativas conflituem abertamente, no plano dos deveres específicos, com os adquiridos civilizacionais dos direitos humanos?[297] Ou será que, em nome da liberdade e do pluralismo, a única solução é a do casuísmo, o de uma navegação errática, meramente prudencial e desprovida de rumo, entre princípios conflituantes?[298]

182. Por outro prisma, não será a perene tradição jurídica, nas suas ambições normativas e reguladoras, a emanação de uma Filosofia da História que é providencialista e soteriológica — e por isso postula a permanência intertemporal de uma «lógica interna» que resiste aos embates do tempo porque «paira» por sobre as contingências, e assim não só redime da historicidade algumas das criações culturais do homem, mas permite subsumir as nossas condutas em padrões arquetípicos que são profundamente significantes e inteligíveis (mesmo que pareçam desígnios insondáveis na «espuma dos dias»)?[299] Não haverá aqui ecos do atávico providencialismo teísta que fazia do Direito o sucedâneo imperfeito daquela solicitude divina

---

[296] Adragão, P.P. (2002).
[297] Elósegui, M. (2001), 168 ss..
[298] Dane, P. (1996), 122-124.
[299] Berman, H.J. (1993), 306 ss.; Neves, A.C. (1967), 440 ss.; Neves, A.C. (1983), 260 ss.; Neves, A.C. (1995c), 246 ss.; Wagner, W.J. (1993), 1045 ss..

que chegara a ser directamente exercida no paraíso perdido da «*Idade de Cronos*»?[300]

183. Ou não será antes o reconhecimento de que, a partir da nossa «prisão de contingência», quiçá da nossa «natureza decaída», não é possível ascender à bondade e à perfeição moral através da rudimentar «escada do Direito» que nós próprios fabricámos, muito mais um instrumento de governação entre diabos do que um veículo de edificação de anjos?[301]

184. Não será o Direito um entrave «demasiado humano» à assunção plena de uma ética de solicitude e de compaixão que está mais directamente envolvida com a protecção dos fracos e dos sofredores do que com a soberba das comparações de mérito, com a idolatria do nosso egoísmo — "*porque não é aprovado quem a si mesmo se louva...*"[302], porque a abnegação e o serviço dos pobres são formas de realização moral superiores à observância dos ditames do poder e das regras geradas pelas meras conveniências da surda coexistência entre estranhos?[303]

II.5. *A via do contrato*

185. Deve o Direito, em sede de incumprimento de obrigações contratuais, privilegiar o interesse negativo da restituição (atribuindo ao credor tudo aquilo com que o devedor se tenha locupletado em

---

[300] Referimo-nos, obviamente, ao mito celebrizado em *O Político*, de Platão: muito fértil e sugestiva, a ideia de uma outorga de leis como sucedâneo «deísta» da intervenção divina directa nos negócios do mundo! Cfr. Rosen, S. (1997); Vidal-Naquet, P. (1978), 132-141.

[301] Aqui as tonalidades são mais augustinianas. Cfr. Walker, G. (1990); Powell, J. (1993).

[302] Como São Paulo o assevera na *2.ª Carta aos Coríntios* (10:18). Cfr. Schwinger, E. (2001), 153 ss..

[303] Ball, M.S. (1993), 152 ss..

razão do incumprimento), o interesse positivo do cumprimento (atribuindo ao credor uma indemnização susceptível de colocá-lo numa posição economicamente equivalente àquela em que o cumprimento o teria colocado) ou o interesse da tutela da confiança (compensando o credor dos danos emergentes e lucros cessantes que lhe tenham advindo do facto de confiar no cumprimento, colocando-o numa situação economicamente equivalente àquela em que estaria se nunca tivesse confiado no inadimplente)?[304]

186. Pode uma mera promessa alicerçar um interesse positivo de cumprimento — e se sim, significa isso que, mesmo em casos de mera eficácia obrigacional dos contratos, impende sobre o devedor o dever positivo de satisfazer os interesses do credor, para lá do que resulta do dever negativo de abster-se de lesar esses interesses?[305]

187. Ou será antes o interesse na tutela da confiança que alicerça esse excepcional equivalente económico de um dever positivo, convertendo-se numa penalização que opera como prevenção geral contra a quebra de confiança no comércio jurídico que adviria da frustração impune das expectativas depositadas pelo credor no cumprimento? Mas a ser assim, não há um «deslizamento» em direcção às indemnizações punitivas, assente porventura na ideia de que o incumprimento externaliza negativamente sobre os interesses sociais de cooperação contratual?[306]

188. Ou não se tratará antes de reconhecer simplesmente que a seriedade da declaração negocial associa benefícios à confiança do declaratário (tal como ela pode ser razoavelmente configurada[307]),

---

[304] É a trilogia celebrizada no artigo clássico de: Fuller, L.L. & W.W. Perdue Jr. (1936), 52-96, 373-420; cfr. Atiyah, P.S. (1986), 73; Cordeiro, A.M. (1984), II, 1243 ss.; Cordeiro, A.M. (2000), 233 ss.; Frada, M.A.C. (2003), *passim*.

[305] Kimel, D. (2002), 313-338.

[306] Benson, P. (1995), 273-336; Craswell, R. (2001), 19-44.

[307] Uma questão que tem que resolver-se de acordo com princípios de interpretação dos negócios jurídicos. Cfr. Cordeiro, A.M. (2000), 535 ss..

permitindo a este antecipar condutas geradoras de ganhos *por conta* dos próprios benefícios futuros prometidos, e que existe um interesse social em não perturbar a *objectividade* da percepção da seriedade das declarações com uma ponderação de riscos elevados de frustração culposa dos créditos — em não induzir os promissários a adoptarem generalizadamente atitudes auto-defensivas que provocariam diminuição das trocas e perdas de bem-estar social?[308]

189. Não deveria o interesse no cumprimento estar reservado a contratos nos quais as vantagens económicas já se tivessem feito sentir (ou em que a confiança do credor tivesse sido activamente promovida), excluindo os meros encontros de vontades desprovidos de qualquer incidência extra-jurídica — por forma a evitar a emergência de um dever positivo que na prática deixa nas mãos do credor a possibilidade de impedir o devedor de mudar de ideias *antes* de haver verdadeira troca de utilidades (privilegiando por razões insondáveis a primeira manifestação de vontade em detrimento das manifestações posteriores quando não há ainda interesses económicos directamente em jogo)?[309]

190. Em termos de eficiência, não deveria exigir-se a prova de um benefício ou de um dano para fazer associar consequências do incumprimento em termos de responsabilidade — admitindo até lá (até ao momento em que a confiança não é tão extensa que não seja possível ao promissário regressar sem dano a uma situação economicamente equivalente à posição prévia ao contrato) um equilíbrio entre o interesse do promitente na sua liberdade e o interesse do promissário na concretização das suas expectativas?[310]

191. Por outras palavras, exigirá o respeito pela *autonomia* que se consagre a vinculação por simples expressão de uma vontade promis-

---

[308] Goetz, C.J. & R.E. Scott (1980), 1261-1322.

[309] É a questão que se coloca em: Atiyah, P.S. (1981), 11 ss.; Atiyah, P.S. (1986), 127 ss.; Cruft, R. (2004), 347-397.

[310] Cfr. Atiyah, P.S. (1995).

sória — independentemente de ter havido efectivo enriquecimento ou de ter havido lesão da confiança? Poderá, insista-se, o promissário *bloquear* a mudança de ideias do promitente a partir da primeira promessa, mesmo quando seja comprovável que não houve enriquecimento nem dano, invocando apenas o respeito pelo princípio da *autonomia*?[311-312] Poderemos nós fazê-lo em nome de um transcendente valor de solidariedade — e, se sim, o que significa a preservação da *autonomia* quando ela se afirma *contra* os interesses relevantes do próprio indivíduo?[313]

192. Para isso, não deveria distinguir-se entre uma dimensão *intencional* e uma dimensão *obrigacional* da declaração de vontade, a primeira reservada às situações em que o promitente apenas se representa a sua vinculação no caso de alguém receber a declaração e confiar nela, uma confiança que pode ter sido encorajada pelo conteúdo dos deveres que assumiu com a sua declaração — e por isso é livre de alterar a sua intenção na medida em que não haja lesão da confiança de um promissário, por mais intensa e sincera que tenha sido a sua declaração inicial —, e a segunda àquelas situações em que o promitente assume ostensivamente que se sente unilateralmente vinculado pela declaração que fez, se sente adstrito a uma conduta que deixa de ser meramente intencionada e que essa adstrição basta para o colocar numa posição de devedor perante aquele a quem a declaração é dirigida — independentemente da confiança que o promissário deposite nessa declaração — ?[314]

193. Ora, não demonstra a distinção entre contratos e negócios unilaterais que são restritas as ocasiões em que socialmente se re-

---

[311] Sobre a *culpa in contrahendo*, cfr. Cordeiro, A.M. (2000), 391 ss.; Vicente, D.M. (2001).

[312] Enoch, D. (2002), 355-384; Polinsky, A.M. & S. Shavell (1994), 427-437.

[313] Radin, M.J. (1996); Singer, J.W. (1989), 2442 ss.; Singer, J.W. (2000). Para a aplicação da ideia a um caso de despedimento colectivo, cfr. Chartier, G. (2003), 324-351.

[314] Raz, J. (1977), 210-228; Raz, J. (1982), 916-938.

clama do declarante, como regra de jogo, a vinculação por via da simples declaração do promitente? Não estão essas situações confinadas aos casos em que se concebe o interesse do próprio declarante na percepção colectiva acerca da seriedade e irreversibilidade da sua vinculação, em termos de a perda dessa confiança colectiva (por degradação do valor social das promessas) causar dano ao próprio declarante, lesando o seu interesse na seriedade das condições de reciprocidade de que dependeria o seu próprio benefício?[315]

194. Não será, pois, apenas nestes casos que deverá sacrificar-se a liberdade do promitente à segurança *objectiva* da promessa, independentemente de haver ou não enriquecimento ou dano? Fazer-se mais do que isso não será sacrificar a liberdade do promitente em nome de uma adesão forçada a um bem moral que, ele, com a sua quebra (não danosa) de promessa, não quer espontaneamente honrar? Não deverá o princípio do *dano* antepor-se ao respeito pela *autonomia*?[316]

195. Não deveria antes ser deixada ao declarante arrependido a plena liberdade, balizada apenas por incentivos económicos, de escolha entre soluções: a de cumprir ou a de incumprir, ponderadas cada uma pelos correspondentes custos, confrontados com os custos de transmissão ou indução de confiança junto do declaratário — ou seja, uma escolha ponderada prospectivamente pelo custo-benefício de uma *conduta conforme* à declaração inicial, de uma *conduta divergente* e de uma *conduta auto-defensiva* do próprio declarante face aos

---

[315] Fried, C. (1981), 12 ss..

[316] Em todo o caso, a reparação do dano pode revelar-se problemática: se quisermos negar ao promitente um direito ao arrependimento em nome da tutela dos interesses do promissário, deveríamos ainda, em nome da eficiência (paretiana), promover uma compensação da parte mais sacrificada pelo cumprimento (segundo o critério Hicks-Kaldor) — se não se desse o caso de uma tal compensação depender, por sua vez, de uma primeira definição dos direitos em presença, e por isso a solução ficar presa de um impasse — cfr. Coleman, J.L. (1988), 92 ss.; Simester, A.P. & A.v. Hirsch (2002), 269-295.

custos legalmente associados com cada uma das opções?[317] Mas poderá o próprio sistema jurídico confiar na proeminência dessa racionalidade maximizadora na conduta das partes nos contratos — ficando a mercê dessa simples hipótese de maximização prospectiva?[318]

196. Por outro lado, qual o princípio que preside à tutela jurídica de promessas contratuais, se não for o da protecção das pessoas que ficam fragilizadas pela confiança — o crédito — que depositam em declarações que se lhes afiguram *objectivamente* visarem a promoção de interesses deles próprios, promissários, por *livre* assunção de um dever de justiça por parte do promitente, um dever que vincula o promitente a uma conduta de promoção de interesses do promissário-credor?

197. Mas, a adoptar-se esta perspectiva, não passa a sobressair o interesse contratual positivo, o interesse no cumprimento?[319] Não regressaremos nós, por esta via, à admissão de deveres positivos, «deveres de virtude» que, na tradição liberal-kantiana do *«neminem laedere»*, não deveriam ser objecto de protecção coactiva pela ordem jurídica, dado o risco que eles fazem correr à autonomia individual?[320]

198. Poderemos nós, em alternativa, alicerçar a autonomia *sempre* numa eficácia translativa que, operando por simples consenso, faria já da mudança de ideias do promitente, instantaneamente, uma interferência em direitos do promissário?[321] A aceitar-se esta perspectiva, poderíamos deixar de nos atardar na consideração da «vinculabilidade obrigacional» da declaração ou na tutela da confiança, concentrando-nos antes na determinação do efeito translativo-aquisitivo

---

[317] Goetz, C.J. & R.E. Scott (1980), 1288 ss..
[318] Sieckmann, J.-R. (2004), 66 ss..
[319] Fried, C. (1981), 17 ss..
[320] Hruschka, J. (2004), 45-72; Smith, P. (2003), 221-240.
[321] Barnett, R.E. (1986), 269-321.

(presos apenas das dificuldades de interpretação do contrato) — ou não regressaríamos nós ao domínio do interesse contratual positivo, agora o interesse na transferência de uma titularidade que legitimaria, independentemente de quaisquer locupletamento ou dano, a posição jurídica do promissário (conferindo *eficácia real* a toda e qualquer declaração negocial)?

199. Deveremos nós antes contornar a perspectiva atomística da autonomia individual e perspectivar os contratos como meros instrumentos, seja da promoção da justiça comutativa (de reciprocidade ou de liberalidade)[322], seja da promoção da justiça distributiva (de reafectação voluntária de recursos como condição da sua aceitabilidade social, promovendo incrementos *paretianos* de bem-estar pelas trocas)[323], seja da promoção espontânea de interesses económicos pela satisfação recíproca de preferências[324] — sem de novo convertermos essa perspectiva teleológica em base para a insinuação de deveres positivos no seio de uma concepção liberal do contrato (por exemplo, no dever de vinculação de um promitente arrependido face a uma promessa que seria economicamente superior — em termos paretianos — àquela que ele passou a preferir[325])? Pode haver, em suma, uma autonomia *soberana* no seio dos contratos, no seio do Direito Privado?

---

[322] Gordley, J. (1991), 234 ss..
[323] Kronman, A.T. (1980), 472-511.
[324] Trebilcock, M.J. (1993), 7 ss..
[325] Simetricamente, perguntar-se-ia se seria vinculativo um contrato que, por alteração das circunstâncias, simplesmente deixou de ser a solução de «óptimo de Pareto» entre as partes, ou até se deveria promover-se, em nome da eficiência económica (mas em detrimento da autonomia e até da segurança das expectativas), a conversão automática do conteúdo do contrato, por forma a aproximá-lo em cada momento do «óptimo de Pareto» circunstancial — aquilo que Trebilcock designa por «dilema paretiano» (Trebilcock, M.J. (1993), 103).

II.6. *A via da responsabilidade*

200. Poderão porventura conciliar-se o objectivo da responsabilização pessoal de acordo com regras éticas de imputação — pela *culpa* —, por um lado, e por outro o objectivo da preservação de um nível objectivo de prevenção do dano e de dissipação do risco? Deve o efeito preventivo geral da imputação pessoal do dano prevalecer sobre os objectivos da pacificação que podem advir da adopção de regras de responsabilidade objectiva — ditadas, por exemplo, pelos baixos custos de prevenção em que incorrerão os promotores de actividades arriscadas e pesadamente externalizadoras[326] — ou de regras de «*no-fault*» (visando a simples socialização do risco)?[327]

201. Consiste a responsabilidade civil num mero expediente de internalização das actividades negativamente externalizadoras, por forma a assegurar eficientemente um nível de bem-estar social óptimo[328], ou é ela uma via de conciliação de actividades cuja maximização envolveria externalizações recíprocas[329], promovendo com essa conciliação a maximização possível das actividades combinadas — mormente quando elevados «custos de transacção» ou uma deficiente definição de titularidades jurídicas interferem nessa conciliação espontânea *ex ante*?[330] Mas se entre os custos de transacção elevados se contarem os custos de obtenção de informação, como poderemos nós ter a certeza de que haverá conhecimento da moldura legal, para podermos asseverar que o efeito preventivo se fará sentir generalizadamente?[331]

---

[326] Priest, G.L. (1985), 461-527. Cfr. Neves, A.C. (1995h), 475 ss..

[327] Honoré, A.M. (1995), 363-385; Perry, S.R. (1992), 449-514; Perry, S.R. (2000), 237 ss.; Perry, S.R. (2001), 72-130; Weinrib, E.J. (2002).

[328] A solução «pigouviana». Cfr. Posner, R.A. (1995), 99 ss..

[329] A solução «coaseana». Coase, R.H. (1960), 13.

[330] O âmago do denominado «teorema de Coase». Cfr. Coleman, J.L. (1988), 69 ss..

[331] Sugarman, S.D. (1989), 6 ss..

202. Se reduzirmos a responsabilidade a um meio de prevenção contra condutas economicamente ineficientes que reciprocamente externalizam umas sobre as outras, um meio sucedâneo à prevenção contratualizada *ex ante*[332], a quem confiar, seja o apuramento *ex post* dos valores inerentes à externalização cruzada, seja a modulação dos incentivos que possam generalizar condutas preventivas óptimas em agentes racionais — punindo a *negligência*, entendida esta como a falta de atitude preventiva quando os custos de prevenção são inferiores à esperança subjectiva de danos[333], por forma a que os custos totais (sociais) da *prevenção* não ultrapassem os custos esperados da *externalização*?[334]

203. Pela mesma lógica, não poderá conceber-se a responsabilidade objectiva como uma atribuição do suporte residual dos danos àqueles que, num contexto de elevados custos de transacção, são privados da atribuição do direito prevalecente — e que, por isso, se vêem impossibilitados de adquiri-lo *ex ante*, não tendo outra via para a sua «aquisição» do que a da externalização e da reparação *ex post*?[335]

204. Não será essa a verdadeira razão pela qual a «culpa do lesado» é especialmente relevante para afastar a regra de atribuição residual de responsabilidade — até para bloquear abusos da parte daqueles que tenham sido beneficiados com o direito inicial respeitante ao interesse económico em causa — evitando um excesso de risco e da actividade por parte destes, perturbador do grau social óptimo de prevenção que a responsabilidade objectiva é capaz de sus-

---

[332] Opondo-se a essa visão (tida por reducionista) da responsabilidade civil como veículo de «justiça correctiva», e favorecendo mais a visão «preventiva», cfr. Sheinman, H. (2003), 21-73.

[333] De acordo com a «Regra do Juíz Learned Hand», um dos cânones da «*law and economics*». Cfr. Calabresi, G. (1970), 26 ss.; Shavell, S. (1987), 206-261.

[334] Os custos combinados de todos os envolvidos, já que uma simples regra de responsabilização colectiva bastará para que a diligência de uns agrave o *standard* de negligência dos outros.

[335] Shavell, S. (1987), 5 ss..

citar naqueles sobre os quais ela impende? Não deverá assim, numa pura perspectiva de eficiência global, a atribuição inicial de direitos beneficiar a actividade que socialmente se considere menos arriscada — aquela em que os custos de prevenção sejam mais baixos[336] —, fazendo a responsabilidade objectiva recair sobre as actividades que, por serem invulgarmente arriscadas e externalizadoras, haja especial interesse em regular?[337]

205. Se o objectivo da eficiência predominar no regime jurídico da responsabilidade civil, como ponderar os ganhos «administrativos» de formas simplificadas de imputação — como por exemplo a responsabilidade objectiva — com o aumento de litigância propiciado pelo afrouxamento dos requisitos? Mesmo em termos de pura eficiência, não deverão às indemnizações *punitivas* justificar-se naqueles contextos em que se transcende a negligência, e a intencionalidade «faz subir a parada» dos meios ofensivos e defensivos com que uns tentam forçar a transferência ilícita de recursos e outros tentam impedi-la, um «estado de guerra» que se traduz num puro desperdício colectivo de recursos?[338]

206. Por essa razão, por que não haveria de dar-se prioridade à simples e pacificadora dissipação do risco, que fosse capaz de esbater o impacto marginal dos danos no bem-estar total, seja por partilha colectiva de um sistema de seguro, seja por transferência redistributiva do risco, fazendo-o recair sobre entidades com elevado poder económico ou com capacidade de repercussão a jusante da sua própria responsabilidade[339], seja ainda por imposição de seguro obrigatório às potenciais «vítimas» de externalização?[340]

---

[336] Calabresi, G. (1970), 135 ss.; Gilles, S.G. (1992), 1291-1375.
[337] A intuição é de: Shavell, S. (1987), 29 ss..
[338] Landes, W.M. & R.A. Posner (1987), 149-189.
[339] Calabresi, G. (1970), 39 ss., 53-54.
[340] Priest, G.L. (1987), 1521-1590.

207. E se, em vez de um sistema de responsabilização que gravita em torno da ideia de partilha de risco, se procurasse uma solução mais fortemente preventiva como a que ampliaria e cumularia o risco para ambas as partes, excluindo a possibilidade de enriquecimento com o dano externalizador — como o faz a figura do «anti-seguro», a atribuição a um terceiro, que não a «vítima», da compensação que seria devida a esta em função do dano[341] — ou a que dispensaria não apenas o conceito de culpa como até o requisito do nexo causal[342], alastrando, em nome da eficiência, para todas as situações em que qualquer diligência preventiva faria diferença na diminuição da actividade arriscada ou do risco médio do *nível normal* dessa actividade?[343]

208. Será que a responsabilidade não é mais do que uma simples rectificação das interferências involuntárias no padrão distributivo dominante? Pode uma redistribuição de recursos ter um resultado conforme com um padrão de justiça distributiva e ao mesmo tempo ser *responsabilizante* — no sentido de fazer impender apenas sobre o causador do dano, sem dissipação social do risco, o esforço económico da reparação —, ou não apontará esse escopo redistributivo antes para uma simples reparação «*no fault*», dispensando indagações de causalidade e de culpa?[344]

209. Ou será a responsabilidade não mais do que um sucedâneo do contrato «completo» — aquele que estipularia detalhadamente

---

[341] Tanto o dano contratual como o extra-contratual. Cfr. Cooter, R. & A. Porat (2002), 203-232; Shavell, S. (1987), 29-30.

[342] Com as suas infindáveis complicações de referência empírica — cfr. Calabresi, G. (1975), 69-108.

[343] Landes, W.M. & R.A. Posner (1987), 229 ss.; Shavell, S. (1987), 105 ss..

[344] É que, com a responsabilidade individual, a vítima da lesão volta à afectação inicial e *justa*, mas isso acontece à custa da perda dessa posição para aquele que individualmente indemniza, não constituindo, por isso, uma solução combinadamente *maximizadora* — cfr. Alexander, L.A. (1987), 6-7.

sobre *todas* as contingências futuras[345] —, devendo por isso cingir-se à correcção dos desequilíbrios que os danos tenham provocado na justiça comutativa que bilateralmente se estabelece? Mas poderá um critério distributivo geral ceder localmente à lógica retributiva que transfere o dano para o autor da lesão quando, como é evidente, já não há objectivo especificamente preventivo quanto àquele dano?[346] Dar-se--á o caso de o lesante, com a sua responsabilidade *pelo resultado* (pelo resultado juridicamente tido por evitável, entenda-se), se apropriar dos interesses lesados e dever compensar o lesado pela apropriação não-consentida — uma *apropriação* similar àquela que legitimaria, pelo princípio de não-locupletamento, a restituição dos benefícios que tivesse provocado sem consentimento na esfera de interesses alheios, uma apropriação que, numa concepção libertária-minimalista, é a única medida aceitável de justiça — já que qualquer expropriação dos resultados dos nossos actos seria, dessa perspectiva minimalista, uma violência infundada?[347]

210. Mas se se trata, com o regime da responsabilidade civil, de combinar prevenção e compensação, porque é que essa combinação fica dependente das contingências de litígios judiciários? Não fragiliza tal procedimento o respeito pela igualdade de tratamento devido às vítimas de dano, se é de compensá-las que se trata — compensá-las a todas, sem discriminações? E a prevenção através do litígio judiciário não se torna também extremamente aleatória — na medida em que fica dependente, entre outros, da ocorrência efectiva do dano e da sua gravidade, da reacção da vítima, do sucesso judiciário dessa reacção?

211. Não seria preferível, nesse caso, substituir o regime da responsabilidade civil por dois regimes separados, um de *reparação* e

---

[345] Visando *poupar* em custos de litigiosidade (*ex post*) mais do que aquilo que teria gasto em custos de negociação (*ex ante*).
[346] Perry, S.R. (1992), 467 ss..
[347] Perry, S.R. (1988), 148 ss..

outro de *prevenção*, que não dependessem das vicissitudes da sua combinação num único processo, já que manifestamente os objectivos da prevenção e da indemnização se configuram como distintos e dificilmente conciliáveis? Não se evitaria assim que as vítimas fossem compensadas apenas na medida adequada à prevenção, e que a dissuasão dos potenciais perpetradores fosse artificialmente limitada àquilo que basta para indemnizar as vítimas?[348] Aliás, não seria de dizer o mesmo de todos os outros «fundamentos» do regime de responsabilidade que se intrometem na relação entre perpetrador e vítima — entre outras, a «regra do Juiz Hand», a regra da maximização do bem-estar, a regra da dissipação do risco, as teorias sobre o escopo punitivo da indemnização?

II.7. *O direito ao que temos*

212. Pode o direito de propriedade atribuir a indivíduos o poder de decisão sobre o emprego de recursos sem ponderação ou consulta dos interesses daqueles que podem ser afectados por essa apropriação de recursos? Serão os direitos reais meros meios de prevenção, seja de conflitos que adviriam do concurso a meios escassos, seja da «tragédia» de sobre-exploração de recursos comuns?[349] Poderá a terminologia dos direitos reais tornar-se mais simples, de forma a reflectir o facto básico de haver uma titularidade exclusiva sobre recursos susceptível de gerar conflitos de interesses?[350]

---

[348] Abel, R.L. (1981), 199-231; Atiyah, P.S. (1996), 1-46; Blum, W.J. & H.J. Kalven Jr. (1964), 641 ss.; Calabresi, G. (1965), 713 ss.; Chapman, B. & M.J. Trebilcock (1992), 797-869; Franklin, M.A. (1967), 778-814; Little, J.W. (1987), 861 ss.; Sugarman, S.D. (1992), 1163 ss.; Trebilcock, M.J. (1989), 15, 471 ss.; Weinrib, E.J. (1995), 1-55.

[349] Hardin, G. (1968), 1243-1248.

[350] Grey, T.C. (1980), 69-86. Cfr. Kamm, F.M. (2001), 239-255; Waldron, J. (1999).

213. A atribuição de controlo de recursos através da propriedade privada assegura a função social de afectação de recursos escassos e potencialmente objecto de disputa?[351] São os proprietários *agentes* sociais — no duplo sentido de deverem ter o seu poder limitado pela função social da propriedade, e de o benefício da protecção estadual da propriedade dever ter como contrapartida um uso consentâneo com essa protecção? Será isso que significam as limitações legais ao uso, ao poder de exclusão e de transferência associados à titularidade do proprietário — até ao limite da expropriação?

214. Por que deveria a sociedade prescindir do controle colectivo de recursos comuns em proveito do controle fragmentário e potencialmente descoordenado de indivíduos, mais a mais se é depois a própria força colectiva que é reclamada para defesa dessa apropriação privada? Pode essa subordinação da força colectiva ao controle privado de recursos resistir à constatação de que a propriedade privada conflitua com os objectivos redistributivos ou de inclusão social? Não deve o Direito colocar-se do lado dos excluídos quando a exclusão inerente à propriedade privada significa para aqueles um risco de sobrevivência? Que valor jurídico atribuir à redistribuição de rendimentos pela via da reafectação permanente de recursos, pelo ataque à propriedade privada — por exemplo, por uma Reforma Agrária —?

215. Com efeito, será a propriedade privada, com a sua aparente desconexão e descentralização, um meio mais eficiente de promover os valores preservados pela ordem jurídica do que a forma mais coesa, mais hierarquizada e aparentemente mais harmónica do Estado? Ou será que não há outros valores a preservar pela ordem jurídica do que aqueles que precisamente se acoitam nos poderes do proprietário, e que sustentar o contrário consistiria em sacrificar injustificadamente a esfera privada? Mas, a ser assim, não estaremos a condicionar o

---

[351] E se duas pessoas disputam um recurso comum que só permite sustentar uma delas — como decidir *evitando a exclusão de ambas*? Cfr. Finkelstein, C.O. (2001), 279-306.

nível de tutela jurídica ao nível de detenção material de recursos? Pode o benefício dos grandes proprietários servir para contrabalançar, num cálculo político utilitarista, os custos de exclusão sentidos pelos não-proprietários?[352]

216. Conseguiremos nós, da auto-apropriação do nosso corpo e dos frutos imediatos do esforço aplicado — como reservas contra a agressão corporal ou contra a escravização do nosso labor produtivo —, fazer derivar um argumento favorável à apropriação privada de coisas que «estão no mundo», que não são puras criações nossas?[353] Ou deveremos remeter-nos à ideia de que a propriedade privada é o prémio social atribuído à diligência dos agentes económicos, e que por isso a pobreza e a privação são essencialmente frutos voluntários da indolência, um «castigo social»?[354]

217. Será que da mesma auto-apropriação que nos faz donos do nosso corpo, da nossa existência, do nosso destino individual, dos frutos imediatos do nosso trabalho, se pode fazer decorrer um título de legitimação da propriedade privada através da mera ocupação unilateral — a primeira ocupação, reconhecida como facto e não dependente de qualquer prévio pacto de consentimento (já que o consentimento poderia perversamente orientar-se no sentido da escravização, pela colectividade, do esforço individual de apropriação)?[355]

218. Mas como fazer decorrer dessa situação de *facto* uma solução de *direito*, mais a mais se se pressupõe que a ocupação é prévia ao estabelecimento de qualquer ordem jurídica — pelo menos uma ordem politicamente sancionada —, e que essa ordem jurídica, com o

---

[352] Não pode: Rawls, J. (1971), 22 ss.; Nozick, R. (1974), 32-33.

[353] Como o fez a argumentação de John Locke, retomada por Robert Nozick — Nozick, R. (1974), 160; Harris, J.W. (2002), 109-121.

[354] Também um argumento lockeano. Cfr., no entanto, Nozick, R. (1974), 158-159.

[355] Novamente a posição lockeana, exposta em *Two Treatises of Government*. Cfr. Waldron, J. (2002).

seu alcance *legitimador*, é já condicionada, à nascença, pela distribuição consagrada pela ocupação? Poderá postular-se, *ad hoc*, uma moralidade pré-jurídica que abarca já uma convicção de obrigatoriedade relativamente ao acatamento da distribuição de recursos que tenha resultado de uma corrida à ocupação? Mas o que distinguiria essa «moralidade pré-jurídica» da pura e simples «Lei da Selva»?

219. Dadas as dúvidas, deveremos nós concluir que não há, no exclusivo da propriedade privada sobre coisas que «estão no mundo», mais do que simples artifício, simples ardil ou crua violência, uma mera situação de facto que se pacifica por equilíbrio inercial entre predadores e por descoordenação das vítimas de desapossamento — uma solução distributiva que mais não é do que impasse pacificador e que nada deve a critérios de justiça (senão justificação *après-coup*)?[356] Deveremos nós então prescindir de qualquer projecto de redistribuição de rendimentos pela via da reafectação permanente de recursos, por reconhecermos que o que se agrava em termos de conflitualidade não é compensador do incremento de justiça (o argumento da pacificação social)?[357]

220. Mas poderá obter-se alguma legitimidade com o acatamento da propriedade privada assente na simples pacificação, ou na intimidação unilateral — ou não se requererá, antes, a legitimação desse acatamento através de um contrato social no qual se plasme o consentimento espontâneo dado a uma distribuição que, com um critério inteligível, redunde em apropriação privada de recursos que existem «no mundo» como «dádivas comuns da humanidade»?[358]

---

[356] A perspectiva de David Hume, em *A Treatise of Human Nature*, que basicamente recomenda que não se faça depender o debate sobre a legitimidade do direito de propriedade privada de «histórias conjecturais» acerca da formação ou legitimação primitiva de um tal direito, visto que é o *facto* da propriedade privada que constitui, em si mesmo, um problema. Essa perspectiva é retomada em Buchanan, J. (1975).

[357] Veja-se a perspectiva internacional do problema em: Quadros, F. (1998).

[358] É a posição contratualista de Jean-Jacques Rousseau e de Immanuel Kant, postulando a legitimação através do consentimento.

221. Porém, a haver um tal consentimento assente num critério distributivo *inicial*, e desfeitos os equívocos que possam suscitar-se com a própria demarcação conceptual do que seja «consentimento»[359], como legitimar as subsequentes modificações de titularidade e de concentração da propriedade privada que cumulativamente vão resultando da transferência de recursos pela negociação no mercado, se o *resultado* dessa redistribuição espontânea divergir do critério legitimador *inicial*?[360] Poderá haver uma redistribuição assente no critério *inicial*, se ela se transformar num entrave à função económica da apropriação como incentivo?[361] E, por outro lado, pode do consentimento tácito e da cooperação relativamente a alguns, ou mesmo muitos, aspectos da ordem jurídica retirar-se um argumento favorável à fundação *efectiva* de toda a ordem jurídico-política numa matriz contratual?[362]

222. Não deve antes a justificação da propriedade privada assentar nas necessidades de funcionamento incondicionado do mercado como mecanismo de afectação de recursos — nas vantagens colectivas do funcionamento puramente privatizado dos principais mercados? Mais amplamente, não é a propriedade privada um requisito para o desenvolvimento da virtude cívica, associando à conduta individual, seja a possibilidade de percepção das suas consequências pragmáticas, tal como elas se repercutem nos bens sujeitos a apro-

---

[359] Um magno problema jurídico, a vários níveis. Cfr. Cowart, M.R. (2004), 495-525. Noutro âmbito: Martínez, S. (2003), 97 ss..

[360] O respeito pelo critério de justiça inicial levaria, em última análise, à proibição da livre disponibilidade dos recursos sujeitos à propriedade privada, truncando decisivamente os poderes inerentes a este direito, e destruindo amplamente o seu alcance económico — como observa Nozick, R. (1974), 163.

[361] Não, sustenta Rawls, que nesse ponto tenta rectificar (com a ideia de uma distribuição inicial «meramente reguladora») a rigidez da legitimação rousseauniana-kantiana — Rawls, J. (1971), 88. Cfr. Höffe, O. (2001); Höffe, O. (1991); Höffe, O. (1987); Homem, A.P.B. (2001), 45 ss..

[362] Engländer, A. (2000), 2 ss..

priação[363], seja a possibilidade de libertação material de estados de carência e de necessidade?[364] Mas a subscrever-se este entendimento, de novo cabe perguntar: que virtude ficaria disponível para os não-proprietários?

223. Deve a «reificação» subjacente ao conceito de «direitos reais» cingir-se às situações jurídicas em que são discerníveis realidades pré-jurídicas, ou haverá um impedimento «ontológico» a que se estenda à tutela de soluções já qualificadas juridicamente, tornando-as intangíveis — espécie de tentativa de «esquiva» às consequências do voluntarismo positivista em sede de qualificação?[365]

224. É a propriedade intelectual mais justificável do que a propriedade de coisas — seja porque ela foge à «exterioridade» da apropriação de realidades que podem entender-se como dádivas comuns dos nativos do planeta, e antes se configura como simples emanação da prerrogativa de auto-apropriação daquilo que é «pura criação», seja ainda porque, gerando bens sem rivalidade no consumo, torna crucial o controlo das condições de acesso, de modo a evitar-se a pura externalização positiva sem recompensa do criador — isto é, de modo a evitar-se a conversão em *bens públicos* dessas criações do esforço intelectual?[366]

II.8. *A punição*

225. Como preservar a segurança da solução punitiva quando as condutas puníveis dependem de uma caracterização conceptual que

---

[363] O argumento aristotélico contra o «comunismo» platónico. Cfr. Munzer, S.R. (1990), 120-147; Waldron, J. (1986), 343 ss..

[364] Sobre a tensão entre o Direito e o Poder como «ordem de necessidade», cfr. Neves, A.C. (1995d), 300 ss..

[365] Neves, A.C. (2003b), 39; Vasconcelos, P.P. (2001), 707-764.

[366] Stengel, D. (2004), 20-50.

não pode assegurar a *naturalidade*, a *correspondência empírica*, das noções empregues? Existem fronteiras «naturais» entre acto e omissão, liberdade e necessidade, imputabilidade e inimputabilidade, entre dolo directo, indirecto, eventual e negligência, entre licitude e ilicitude, desculpabilidade e indesculpabilidade, entre as várias formas de autoria e co-autoria, entre consumação, frustração e impossibilidade, entre perigo e dano, entre circunstância e causa, entre defesa legítima e ilegítima, entre emprego e excesso de emprego de meios, entre vontade dos meios e vontade dos resultados?[367]

226. E se existem essas fronteiras «naturais», serão elas *evidentes* no sentido de se imporem às partes envolvidas nas circunstâncias lesivas, ou à sociedade que legitima a sanção penal, ou resultam elas de uma prerrogativa *política* que desfaz os impasses do pluralismo ético — impondo os termos da punibilidade quando se depara com divergências susceptíveis de gerarem impasses de fundamentação?[368] Basta-se, assim, o direito penal com a sua «convencionalidade», ou há algo de «natural» no direito (político) de punir? Por exemplo, onde é que acaba a legítima ameaça de exercício de um direito e começa o abuso desse meta-direito de exercício, e a partir de que momento estamos a falar já de chantagem ilegítima e punível?[369]

227. Pode o direito penal, para se libertar de impasses gerados pela «naturalização» das suas categorias, alicerçar-se em construções dogmáticas sucedâneas — por exemplo, pode ele enveredar por responsabilizações colectivas quando a imputação individual de crimes seja impossível, ainda que se perceba que o crime não surgiu de uma difusa cumplicidade? Mas não seria essa uma repristinação da velha via sucedânea das represálias?

---

[367] Katz, L. (2000), 791 ss.; Klimchuk, D. (2002), 339-358; Lindahl, L. (2004), 182-202. Mais amplamente, Bronze, F.J. (1994), 545 ss..

[368] Golding, M.P. (2002), 146-158.

[369] Katz, L. (1996); Lindgren, J. (1984), 670 ss..

228. Ao contrário, como podem a criminalização de condutas, a imputação de responsabilidade e a aplicação de penas ficar dependentes de uma definição «naturalista» (porventura consensual) de valor e desvalor, de causalidade, de imputabilidade, que exigisse graus incomportáveis de perfeição informativa — sacrificando a eficácia a uma ilusão de «certeza absoluta»? Pode ou deve o sistema penal ser tão transparente e inteligível que ele constitua um «roteiro de legalidade» para a conduta do cidadão comum? Mas, mesmo que tal fosse possível, conseguir-se-ia porventura erradicar a discricionariedade do julgador na avaliação das circunstâncias de que depende a medida das penas, e em particular na reconstituição da consciência do agente quanto ao quadro normativo que ele fere com a sua conduta?[370]

229. E pode o direito penal dirimir conflitos de perspectivas morais dentro de uma sociedade, vencendo o relativismo cultural, ou deve ele servir de ponto de convergência referencial que permita aos agentes descortinarem, para lá do «véu» das suas convicções morais, o desvalor objectivo que as suas condutas provocam — numa linguagem de interesses alternativa à linguagem das paixões, na projecção pragmática de uma «competência universal»?[371]

230. Admitiremos nós que o direito penal imponha deveres positivos, seja sem instrumentalizar a liberdade básica dos cidadãos, seja sem atribuir a cada um prerrogativas de tutela e apropriação sobre os interesses alheios protegidos?[372] O facto de termos activa, *mas involuntariamente*, promovido interesses alheios investe-nos num qualquer direito à reciprocidade? Pode um juízo social interferir nas determinações de uma vida individual que quer desenvolver-se sem beneficiar ou lesar uma vida individual alheia? Se puder, onde é que

---

[370] Robinson, P.H. (1997), 225 ss.; Horder, J. (2002), 221-241; Neves, A.C. (1995g), 349 ss..

[371] Linhares, J.M.A. (1989), 15 ss..

[372] Katz, L. (1990), 138 ss..

termina a oneração justa? E se não puder interferir, como poderá, por exemplo, reprimir-se a prática do aborto concebida como remédio à «opressão da grávida»?

231. Pode o direito criminal ponderar, de uma perspectiva utilitarista, os interesses dos criminosos com os interesses da sociedade e das vítimas, em termos de não haver limitações às finalidades preventiva e reabilitadora-reintegrativa? Se puder, porque não se reinstaurará a pena de morte como instrumento preventivo, ou porque não se eliminará qualquer penalização que conflitue com a imediata reintegração social do criminoso?[373]

232. Se reagimos contra esses extremos de penalização e despenalização como formas desproporcionadas e pouco *razoáveis*, não estaremos nós a incorrer em puro retributivismo? Mas não é o retributivismo incindível do escopo punitivo — no sentido ético de correspondência entre a lesão de bens jurídicos e uma intencionalidade do agente que assume a lesão ou o perigo como seus resultados?[374]

233. E como aceitar o retributivismo sem aceitarmos uma forma qualquer de privatização do juízo de censura — e por isso legitimarmos uma defesa privada dos bens jurídicos lesados ou ameaçados, aparentemente sem subordinação a limites *objectivos* ou «naturais»?[375] E como admitir a própria «lógica do perdão» sem implicitarmos uma perspectiva retributivista da punição?[376]

234. Insistamos: poderá o direito penal sobreviver à dissolução relativista das sociedades abertas, das comunidades sociológica e axiologicamente plurais, da pressão dirigida à sua «privatização»?[377] Pode o sistema jurídico salvaguardar a sua legitimidade punitiva

---

[373] Pojman, L. (2002), 493 ss.; Reiman, J. (2002), 503 ss..
[374] Duff, A. (1987).
[375] Klimchuk, D. (2001), 81-101; Korman, D. (2003), 561-575; Rachels, J. (2002), 466 ss..
[376] Campagna, N. (2003), 171 ss..
[377] Almeida, C.P. (2000).

quando pune apenas aquilo que arbitrariamente proíbe, de acordo com meras necessidades organizativas de uma economia complexa e tecnologicamente sofisticada?[378] Pode a punição derivar da simples existência de consentimento individual ou colectivo prévio à lesão? Mas como punir então a violação daquilo que são precisamente os interesses mais fundamentais, em relação aos quais vigora (ou devia vigorar) a indisponibilidade, e o consentimento é (ou devia ser) irrelevante?

235. São os fins das penas que demarcam o conceito jurídico de punição, ou deverá a definição prévia do que seja essa punição condicionar a especificação dessas finalidades? O que é que se visa: a *retribuição* por factos passados (a consolação das vítimas ou a humilhação «simétrica» do agente), a *expiação* que precede a reintegração do agente (a educação dos instintos[379]), a *prevenção* geral e especial (a dissuasão da vontade ilícita), a recomposição pública da *paz* social, da «ordem», através da defesa dos bens jurídicos ofendidos (a libertação colectiva do medo), ou a alteração da *ponderação de custos* que possa nortear a opção racional pelo crime (o aumento do preço a pagar pelo «direito ao crime»)?

236. É a punição uma forma de recomposição da igualdade social, que a opressão do medo quebrara a favor do criminoso, recolocando-se o peso da solidariedade do lado das vítimas e retirando ostensivamente, violentamente, essa solidariedade ao criminoso — uma forma de restituir às vítimas, ou às famílias das vítimas, a fruição plena dos benefícios da cidadania que a lesão criminosa lhes negara?[380]

237. Se ligarmos a punição à imputabilidade do agente, não deveremos nós presumir a racionalidade da sua conduta, seja em termos de dispor de uma vontade capaz de dominar e evitar as circunstâncias

---

[378] Katz, L. (1994), 217 ss..
[379] Murphy, J.G. (2002), 475 ss..
[380] Fletcher, G.P. (1995).

lesivas, seja em termos de ser manipulável a sua intenção lesiva através da prevenção, da repressão e da expiação?[381] Mas com essa presunção, não estaremos nós a reduzir ao mínimo a possibilidade de invocação de circunstâncias exculpativas, eventualmente as circunstâncias em que seja inequívoco e manifesto que há «automatismo» na conduta, total ausência de vontade e de representação? Não correremos nós o risco de transformar a conduta criminosa numa espécie da «atitude de mercado», tornando a pena numa espécie de «preço» ou «taxa» pela prática do crime — com a consequência perversa de admitirmos um sistema penal economicamente discriminado?[382]

238. Por outro lado, como o conhecimento perfeito e completo das circunstâncias de um acto não é acessível a nenhum agente, que grau de ignorância e de falta de domínio poderemos nós considerar exculpativo, sobretudo tendo em conta que há, nessa configuração da imputabilidade, muito de culturalmente condicionado — mormente na fronteira que separa a força deliberativa da pura *fraqueza de carácter*, a maldade calculada da pura tendência, a violência deliberada e opressiva da violência reactiva e medrosa? Que espaço há para a admissão de uma explicação causal assente no ascendente das emoções — e que tipo de imputabilidade pode corresponder a essa «eficácia emocional»?[383]

II.9. *A prova*

239. Em que medida é que o Direito sacrifica o apuramento dos factos à observância de um ritual? Não significa o ritual, e o apelo à autoridade, uma suspensão do esforço de aproximação infinitesimal a graus de certeza crescentes — um silenciamento dos argumentos em

---

[381] Tudor, S. (2001), 581-604.
[382] Hoyer, A. (1997); Renzikowski, J. (2001), 110 ss..
[383] Rosebury, B. (2003), 37-55.

nome da segurança das decisões, como outrora decorria das invocações do «Juízo de Deus»?[384] Como é compatível esse expediente ritualístico com os propósitos de autonomia e de liberdade crítica associados à ênfase iluminista na racionalidade, e que tendem a atribuir a cada indivíduo uma competência cognitiva universal?[385]

240. Será que pode dizer-se — mormente à luz da crescente sofisticação da Filosofia — que o Direito consagra, ou deve consagrar, um ideal probatório racionalista, de matriz empirista e cognitivista, com a sua aceitação ingénua de uma «teoria da correspondência» fundamentadora de um valor de «verdade»?[386] Depende o Direito da referência a uma «Verdade», podem as normas jurídicas ser «verdadeiras», pode haver «verdade» nas proposições que se referem à ordem jurídica — sem que se possa suspeitar do efeito silenciador e paralisante desse «encontro com a Verdade»?[387-388]

241. Mas não conflitua esse desígnio «alético» com valores que o Direito possa reconhecer serem-lhe superiores — por exemplo, o respeito pelo segredo profissional, ou as reservas quanto à confissão como meio de prova incriminatória? E que dizer do referido «realismo ingénuo» que epistemologicamente alicerça a «teoria da correspondência», se ele não é filosoficamente sustentável ao menos desde

---

[384] Berman, H.J. (1983); Machado, J.B. (1987), 55 ss..

[385] Alves, S.I.A. (2001), 105-148; Cohen, L.J. (1983), 1-21.

[386] Haack, S. (2004), 15-26; Linhares, J.M.A. (1988), 27 ss., 59 ss.; Neves, A.C. (1995i), 483 ss., 514 ss.; Twining, W.L. (1990).

[387] Patterson, D.M. (1996); Poscher, R. (2003), 200 ss.; Niemi, M.I. (2003), 1--13; Neves, A.C. (2003b), 13.

[388] "*Não podemos, creio, imaginar um momento em que a espécie humana possa recostar-se e dizer «Bem, agora que finalmente alcançámos a Verdade podemos descansar». Devemos animar-nos com a ideia de que tanto as ciências como as artes continuarão para sempre a oferecer-nos um espectáculo de feroz competição entre teorias, movimentos e escolas alternativas. A finalidade da actividade humana não é o repouso, mas antes mais actividade humana, cada vez mais rica e melhor*" — Rorty, R. (1991g), 39.

o iluminismo tardio?[389] De que serviria um Direito aplicado, depois disso, segundo a lógica binária do «verdadeiro — falso», mesmo que essa fosse a regra do jogo e a expectativa social?[390]

242. Poderá o Direito confiar nos automatismos de uma adjudicação exclusivamente dependente dos processos de prova e da distribuição do ónus da prova, como se se presumisse que a lei é inequívoca e não-problemática, e que no simples apuramento dos factos integrados na sua previsão se alcançariam já os objectivos visados pela lei?[391]

243. Será a desconfiança nesses automatismos que força a conjugação de regras de descoberta da verdade com uma multiplicidade de regras procedimentais que se alheiam dela?[392] Mas não destroem estas outras normas um sistema «natural» de prova que faria da descoberta da «verdade dos factos» a base legitimadora de todos os meios de prova (não-violentos), evitando a exclusão de provas em nome de regras procedimentais rígidas? Não são estas regras um insustentável espartilho da capacidade individual para a descoberta universal da «verdade dos factos»?[393]

244. Em contrapartida, poderá porventura conceber-se um sistema de prova *sem regras* procedimentais — se o sistema de prova é meramente ancilar de um objectivo de adjudicação que não pode denegar justiça e tem que proceder indutivamente, por pequenos incrementos de «graus de convicção» até se chegar a um patamar decisório em que a dúvida possa já ter-se por negligenciável?[394]

---

[389] Mormente desde os assaltos do cepticismo de Hume e do «criticismo» de Kant ao cânone racionalista. Cfr. Engländer, A. (2004), 86 ss..

[390] Golding, M.P. (2003), 450-468.

[391] Um pouco a noção expendida em Jeremy Bentham. Cfr. Twining, W.L. (1985); Linhares, J.M.A. (1988), 38 ss..

[392] Galligan, D.J. (1988), 249-265.

[393] Twining, W.L. (1985), 66 ss.; Linhares, J.M.A. (1988), 131 ss..

[394] Laudan, L. (2003), 295-331.

245. E que condições de «incerteza marginal» haverão de ter-se por aceitáveis — dentro de um contexto institucional no qual os graus de convicção permanecem em aberto, «rebatíveis» por graus de convicção mais fortes? Será essa uma simples regra de distribuição de risco entre todos os envolvidos em relações e litígios jurídicos (ao menos enquanto a repartição da gravidade das consequências é tão desequilibrada que é preciso estabelecer-se salvaguardas — por exemplo, presunções de inocência — em benefício de uma delas)?[395]

246. A natureza indutiva do procedimento judiciário de apuramento da «verdade» deverá aconselhar o recurso à matriz estatística, ao menos na resolução de casos probatórios mais intratáveis, assumindo-se aí que não é possível ultrapassar-se as barreiras dos «graus de convicção» e da abertura da «revisão de crenças»[396], já que o mundo empírico pode causar-nos convicções mas não nos fornece nenhuma linguagem designativa[397] — ou pelo contrário deve prosseguir, mesmo que com o risco das ingenuidades «realistas», na demanda de um ponto focal que seja tido por «verdade do caso»?[398]

247. Será possível vencer-se as reservas que suscita a consciência do carácter convencional que existe na escolha dos meios de prova e na atribuição de relevância conclusiva aos factos, fazendo-se tábua rasa das pré-compreensões que fazem a primeira triagem desses factos e lhes conferem um colorido «concludente»?[399-400] Não seria melhor, porventura, conceder-se o facto de a prova judiciária depender muito mais da sua congruência com uma linha de plausibilidade

---

[395] Zuckerman, A.A.S. (1989), 105 ss..

[396] Finkelstein, M.O. & W.B. Fairley (1970), 489-517; Williams, G. (1979), 297-308, 340-354. Mais amplamente: Linhares, J.M.A. (1988), 81-107.

[397] Rorty, R. (1989), 6.

[398] Cohen, L.J. (1980), 91-103; Lempert, R.O. (1988), 61-102; Tribe, L.H. (1971), 329-393.

[399] Tillers, P. (1988), 277-336.

[400] Bronze, F.J. (1994), 418 ss.; Cordeiro, A.M. (2000), 55 ss.; Machado, J.B. (1987), 205 ss..

— a sua integração numa narrativa que suscite a adesão do julgador, não lhe ferindo a representação daquilo que ele tenha por verosimilhança factual — do que de uma pretensamente *neutra* «correspondência com os factos», sensatamente reconhecendo a limitação cognitiva de um julgador individual e as pré-compreensões e limitações ínsitas no exercício da sua racionalidade?[401]

248. Em atenção às incidências valorativas da integração numa sociedade aberta, não seria preferível submeter o direito probatório aos simples requisitos deontológicos de uma ética do diálogo[402], substituindo a «verdade focal», a comprovação absoluta (a pretensão a-filosófica absolutamente silenciadora de todo o diálogo ulterior[403]), por uma simples convergência de opiniões ou de representações subjectivas de interesses, que mutuamente transigem para poderem coexistir, chegando por redução combinada dos seus objectivos maximizadores e polarizadores a um ponto de compromisso que, sem qualquer referência valorativa a «factos», consiste na «justiça do caso», no equilíbrio intersubjectivo de interesses e das respectivas representações?[404]

249. Não será essa uma maneira de o Direito *reconhecer* e *importar*, para os seus quadros, juízos de relevância e de justiça que lhe são exógenos — e de tornar as soluções jurídicas-judiciárias mais inteligíveis e mais aceitáveis a uma comunidade cujo sentido de justiça esteja «contaminado» por cânones interpretativos retirados de outras

---

[401] Leiter, B. (1997a), 803-819; Leiter, B. (2001a), 319-332; Leiter, B. & R.J. Allen (2001), 1491-1550; Linhares, J.M.A. (2001), 17 ss..

[402] Para uma síntese das implicações jurídicas da abordagem de Habermas e Karl-Otto Apel, cfr. Machado, J.B. (1987), 273 ss., 339 ss.; Neves, A.C. (2003b), 115 ss.; Bronze, F.J. (2002), 169 ss..

[403] *"Quem quer uma paz não-problemática, genuína e permanente, deve permanecer fora da Filosofia"* — Rorty, R. (2000c), 349.

[404] Linhares, J.M.A. (1988), 197 ss.; Múrias, P.F. (2000); Pinto, M.B. (2003), 157-179.

ordens de valores (a literatura, a política, os «fazedores de opinião»), ou a comunidades que, interpenetrando-se num mesmo espaço político, não partilhem do «quadro de valores» a que a ordem jurídica se considere vinculada, e por isso tendam a ver em decisões jurídicas axiomaticamente fundamentadas não mais do que reflexos de um monolitismo arrogante e estigmatizador? Não haverá aqui ainda o reconhecimento de que a linguagem tem também uma função normativa e adjudicativa, susceptível de vencer impasses semânticos tão condicionantes e decisivos como a sentença do juiz?[405-406]

250. E não será essa uma forma de se admitir a inescapável subjectividade que se prende à adjudicação judiciária entre versões concorrentes e incompatíveis do que seja «A Verdade», mormente quando recai sobre as partes no processo o essencial da actividade de produção de prova, e o julgador esteja remetido a uma posição mais passiva de apreciador da prova produzida?[407] E não sucederá isso mais ainda na via extra-judiciária da resolução alternativa de conflitos, em que abundam regras de jogo que encorajam as transacções entre as partes, subalternizando a adjudicação reportada a uma qualquer «verdade dos factos», e sobrelevando os valores da *liberdade* e de *solidariedade* na sedimentação colectiva do que é *justo*?[408]

II.10. *A vocação universal do direito*

251. Pode a descrição e análise de sistemas jurídicos distintos sustentar a validade de soluções *de síntese*? Será essa síntese a «*voie royale*» para uma Ciência do Direito de base indutiva e de vocação

---

[405] Christensen, R. & H. Kudlich (2002), 230 ss.; Cordeiro, A.M. (2000), 56 ss..
[406] Sobre o recurso ao «jogo» do «*overlapping consensus*» e os seus perigos, cfr. Zapf, C. & E. Moglen (1996), 485-520.
[407] Allen, R.J. (1994), 604-640.
[408] Seigel, M.L. (1994), 995-1045.

universal, ou servirá ela de simples correctivo ao paroquialismo provocado pelo normativismo positivista?[409] Poderá essa síntese assentar na convergência pragmática de soluções de acordo com o paradigma da *microanálise*, ou será indispensável à «tradução» das soluções a referência aos quadros valorativos de base, como o postula a *macrocomparação*?[410]

252. Será a «síntese comparatista», com a sua *praesumptio similitudinis*, a fachada para um desígnio universalista que procura a edificação de uma ordem cosmopolita, como forma de transcender, seja a fragmentação nacionalista, sejam as pretensões centrífugas de «fechamento axiomático» das políticas de codificação do Direito? Ou será ela, mais modestamente, a tentativa de superação dos entraves que, às relações económicas internacionais, ao trânsito internacional de pessoas e bens, à prestação internacional de serviços, são colocados pela coexistência de ordens valorativamente divergentes e axiomaticamente «intraduzíveis» — o «enfeudamento normativo»? E deverá o comparatismo apontar para a edificação de normas supranacionais, ou para a simples convergência de conteúdos e microsoluções entre ordens nacionais separadas?

253. Será legítimo fazer inferências a partir de alegadas relações de pertença a «famílias», ou deverá antes privilegiar-se o que há de idiossincrático na «apropriação axiológica» consumada em cada ordenamento jurídico particular? Ou não será melhor fazer-se tábua-rasa dos pressupostos dogmáticos e doutrinários de cada «pertença normativa», privilegiando antes a vertente funcional como *tertium comparationis*, a consideração *realista* do modo como são efectivamente solucionados os interesses sociais que estão na base dos problemas e conflitos jurídicos?[411]

---

[409] Zweigert, K. & H.-J. Puttfarken (orgs.) (1978), 2 ss..
[410] Ascensão, J.O. (2001), 131-157; Zweigert, K. & H. Kötz (1987), I, 4 ss..
[411] Rabel, E. (1964), I, 67 ss.; Zweigert, K. & H. Kötz (1987), I, 31, 42-45.

254. Bastará, para se aferir a pertença de duas ordens jurídicas a uma mesma família, que se constate a inexistência de «barreiras naturais» à entrada de juristas de cada uma delas na outra, e que se postule que essa inexistência de «barreiras naturais» se deve a uma inspiração comum em princípios culturais, políticos e económicos?[412] E nesse caso, deve privilegiar-se a vertente do direito privado, mais propensa à integração em famílias, ou a vertente do direito público, mais dependente de escolhas político-constitucionais peculiares a cada ordenamento jurídico? Poderá, dada essa dualidade fundamental, chegar-se à integração efectiva (não puramente doutrinária) sem recurso à regulação estadual?[413]

255. Não destruirá a «comparação funcionalista» o próprio âmago da solução jurídica, que não é apenas a remissão para fundamentos dogmáticos mas é também a revelação do seu carácter convencional e «construído» a partir de uma vontade política legitimadora que é historica e culturalmente condicionada, e por isso até certo ponto *única*, uma «visão do mundo» que é localmente partilhada e que impregna até o mais ínfimo detalhe de uma decisão jurídica, um *conteúdo ético* de que a solução normativa é apenas uma *revelação*?[414]

256. E que fará essa «comparação funcionalista» quando se depara com irremediáveis distâncias entre soluções concretas fornecidas por ordens jurídicas «próximas»? Deverá ela postular que se trata de traduções deficientes de uma «cristalina» «base económica de interesses» que acabará por forçar à convergência — mas nesse caso, mesmo a aceitar-se essa exacerbação do interesse imediato (esse reducionismo), qual das «traduções» conflituantes é a correcta? E o que contrapor, nesse caso, à espontaneidade da resolução de interesses que privilegie a via extra-legal, como fundamentar uma instância

---

[412] David, R. & J.E.C. Brierley (1985), 20 ss..
[413] Schäfer, B. & Z. Bankowski (2003), 486-505; Weinrib, E.J. (1995).
[414] Kahn-Freund, O. (1974), 1-27.

que autonomamente proceda à triagem das soluções pragmáticas de acordo com critérios de legalidade?[415]

257. Ou será que a comparação faz ressaltar antes de mais o acervo de princípios doutrinários que predominam na formação académica dos juristas, dos praticantes profissionais do sistema jurídico, de acordo com «tipos ideais» de estruturação?[416] Ou poderá antes discernir-se a tensão entre formas hierarquizadas e formas coordenadas de adopção de normas, formas passivas de adjudicação não-doutrinária e formas activas de concretização doutrinária?[417] Não conduzirá essa abordagem à consideração dos factos de irredutível idiossincrasia que se acoitam na «visão jurídica» de cada sistema de Direito, tornando claro o que se perde com a uniforme insistência centrípeta do comparativismo, e o que se ganha em abertura relativista à consideração das *diferenças*?[418]

258. Não poderá a comparação de sistemas coexistir com a admissão de *diferenças* mesmo no interior de cada sistema, e até servir para realçar a pluralidade de dimensões normativas e de posições doutrinárias de cujo embate dialecticamente emerge uma identidade, fazendo com que as apregoadas similitudes, percebidas ou presumidas, recubram por vezes *intenções normativas* muito díspares?[419] Em contrapartida, não pode uma abordagem centrífuga e relativista fazer tábua-rasa de uma motivação universalista e proto-cosmopolita que possa estar a fazer o seu caminho nas ordens jurídicas e na formação doutrinária dos juristas?[420] Não pode ela servir de pretexto para as resistências nacionais à adopção de leis uniformes?

259. Não deverá a comparação ir-se esbatendo à medida da própria integração das ordens jurídicas, e à medida que a visão estanque

---

[415] Marmor, A. (2004), 1-43.
[416] De acordo com a intuição de Max Weber. Cfr. Rheinstein, M. (1970), 1-13.
[417] Damaska, M. (1986), 1 ss..
[418] Frankenberg, G. (1985), 411-455; Legrand, P. (1995), 262-273.
[419] Sacco, R. (1991), 1-34, 343-401.
[420] Watson, A. (1993).

das «normas de conflitos» vai cedendo ao paradigma gradualista e «gravitacional» da busca de conexões relevantes de cada situação jurídica a várias ordens jurídicas, conexões que não têm que definir-se instantaneamente mas podem ir evoluindo em função das vicissitudes da situação que as reclama — e também das intenções normativas dos vários Direitos envolvidos?[421] Não poderá a comparação consumar-se numa «*common law*» transnacional, de «*lex mercatoria*», de «leis uniformes», de mais reduzido «estatismo», de maior pluralismo jurídico e de menor avidez reguladora?[422]

II.11. *A vocação internacional do direito*

260. Haverá na existência de um Direito Internacional Público mais do que a simples vontade de edificação de uma ordem cosmopolita por extrapolação do edifício constitucional dos Estados? Mas se assim é, que papel *jurídico* se reserva à expressão da soberania estadual, se não se configura a ordem regulativa que se pretende edificar como algo que deva ser *condicionado* à contingência do acatamento arbitrário? E como é que os valores dos cidadãos dos Estados podem pretender ter representação numa ordem concebida como sociedade de Estados?[423]

261. Que consequência terá, em última instância, a subordinação do escopo de edificação de uma ordem internacional à prossecução de uma «agenda» de expansão e consolidação dos direitos humanos? Significa isso a derradeira funcionalização das soberanias e, em última instância, dos Estados — ou não recobre ela senão uma hipócrita (ou míope) intenção de imperialismo doutrinário e cultural?

---

[421] Kramer, L.D. (1990), 277-345.
[422] Veja-se as reservas formuladas em: Vicente, D.M. (2002), I, 47-73. Cfr. AA.VV. (2002).
[423] Terz, P. (2000), 168 ss..

Pode admitir-se, numa ordem internacional que se pretenda *justa*, que uns Estados estejam sujeitos ao «levantamento do véu da sua personalidade» por razões «humanitárias», e outros o não estejam? Que só alguns estejam expostos à ingerência nos mecanismos internos de representação política e de formação da vontade geral?[424]

262. Que validade formal tem o reconhecimento do Estado, se ele é assente no sucesso fáctico do exercício da força — aquela que lhe assegura o controle de um território e de uma população, a independência e o protagonismo no «concerto dos Estados»? E se a força é tida por legitimadora, que significa o reconhecimento internacional de um Estado que perdeu, interna ou externamente, a sua força? E pode a presença da força bloquear o juízo de valor jurídico que se faça de um Estado que não subordina o uso dessa força a princípios de Direito? E servirá porventura a força dos Estados para minorar o estatuto internacional das organizações de Estados, ou o das Organizações Não-Governamentais?

263. Como conciliar pretensões de jurisdição territorial de uns e de jurisdição universal de outros? Como legitimar a protecção de nacionais *contra* os critérios de justiça de outros Estados? Que valor prevalece no reconhecimento da extraterritorialidade? Que «humanidade» é representada na prossecução internacional de crimes, mormente quando ela se faz acompanhar da perseguição extraterritorial a não-nacionais? E que «humanidade» é que legitimaria a superação das fronteiras da não-ingerência em favor das «intervenções (militares) humanitárias», mesmo quando elas não discriminassem entre Estados?[425]

264. A proeminência dos compromissos contratuais dos Estados sobre a lei interna, até a sua subsistência na sucessão de regimes, não pode ser interpretada como um acto de força do Estado contra os seus cidadãos, a imposição de balizas puramente pactuadas à soberania

---

[424] Gomes, C.A. (1998), 185-212.
[425] Liebsch, B. (2003), 497 ss..

DOUTRINA

expressa no modo formador e legitimador da vontade política interna do próprio Estado? A sacralização dos deveres contratuais entre Estados é uma forma de conspiração contra a autonomia dos regimes políticos representativos, ou é antes a simples salvaguarda contra a inexistência de sanções consensuais e eficazes que previnam ou reprimam o incumprimento por parte dos Estados soberanos?

265. Como assegurar a eficiente resolução de problemas internacionais e globais quando eles, mais do que exigirem o acatamento passivo de regras de coexistência, reclamam a coordenação de esforços e impõem deveres positivos (por exemplo, na liberalização do comércio mundial, na redução da degradação ambiental, no combate à fome e à doença[426])? Deverá por isso reformular-se os princípios clássicos assentes na demarcação negativa das esferas de soberania, em favor de uma colaboração activa em que as barreiras da soberania se esbatem — e, se sim, como assegurar o «desarmamento» recíproco bloqueando estratégias parasitárias, e como formular os princípios prevalecentes?

266. Qual o valor jurídico formal das soluções de mero expediente que, por exemplo, quebram o princípio da igualdade entre Estados (a representação permanente no Conselho de Segurança, o direito de veto), ou que sujeitam os Estados a regras maioritárias de decisão ao mesmo tempo que cometem a cada Estado a prerrogativa de autotutela dos seus interesses minoritários que ele próprio defina como fundamentais? E pode a segurança internacional aconselhar a suspensão excepcional de princípios fundamentais do próprio Direito Internacional?

267. Com que segurança se remete para um Direito Internacional Geral ou Comum — qual o seu conteúdo *inequívoco*, a quem cabe a sua definição, a sua *publicação* e interpretação, de onde emergem as soluções novas que nele se venham a plasmar, a partir de que

---

[426] Sobre o impacto da «ética ambiental» na axiologia jurídica, cfr. Zabalza, A. (2001), 212 ss..

momento se aceita a vigência de novos princípios (ou a caducidade de velhos princípios), quem dirime os conflitos de interpretação e integração, quem promove consensos? E quem salva o *ius cogens* de reduzir-se a uma simples e directa expressão dos valores doutrinários e culturais predominantes nos Estados mais poderosos?

268. Que solução cosmopolita se busca através da globalização? O «Estado mínimo» ou a «Federação intervencionista»? Qual delas é a mais compatível com os desígnios do progresso económico, e qual delas assegura mais efectivamente a protecção mundial dos Direitos Humanos? Qual a que legitima os princípios da «intervenção humanitária» e da ingerência supra-nacional, ou melhor se compagina com eles?[427] E qual o futuro para os Estados-Nações, se eles se tornam redundantes face às atribuições dessa instância cosmopolita?[428]

269. Haverá espaço para uma verdadeira ordem internacional fundada numa juridicidade efectiva — arredada de um «estado de natureza» em que a força dita ainda a sua lei?[429] Poderá o cosmopolitismo assentar numa generalização do modelo democrático?[430] E poderá essa convergência jurídica assegurar a emergência de uma «ética de solicitude» como aquela que aparece associada à «filadélfia» do primeiro cosmopolitismo?[431]

---

[427] Rawls, J. (1999); Cavallero, E. (2003), 181-200; Fabre, C. (2002), 249-273; Tinnevelt, R. (2002), 247 ss..

[428] Fischer-Lescano, A. (2002), 349 ss.. No plano comunitário, cfr. Beus, J.D. (2001), 283-311.

[429] Buzan, B., C. Jones & R. Little (1993); Cassese, A. (1986); Cassese, A. (1994); Held, D. (2002), 1-44; Vohrah, L.C. & *al.* (orgs.) (2003).

[430] Archibugi, D. & D. Held (orgs.) (1995); Held, D. & A. McGrew (2002); Held, D. (1996); Pogge, T.W. (2001), 326-343; Scheuerman, W.E. (2002a), 439-457.

[431] Held, V. (2004), 141-155; Romão, M.J.L. (2003), I, 1141-1193.

III. As vacilações da teoria

> "*O primeiro passo nas coisas da razão pura, que indica a infância desta, é* dogmático. *O segundo passo (...) é* céptico *e testemunha a prudência do juízo avisado pela experiência*"
>
> IMMANUEL KANT, *Crítica da Razão Pura*[432]

> "*A vida do Direito não tem sido lógica: tem sido experiência*"
>
> OLIVER WENDELL HOLMES, *The Common Law*[433]

III.1. *O direito como ele é...*

270. Que significa a asserção de que os aplicadores da Lei reagem aos factos mais do que às normas? Que eles agem caprichosamente, ou respondem casuisticamente às pressões idiossincráticas de cada situação particular, evidenciando indiferença às regras[434] — ou antes que eles formam decisões por uma conjugação de motivações que ultrapassam a da mecânica subsunção à norma escrita, e alastram a ponderações sociais, económicas, políticas que convergem para um

---

[432] Kant, Immanuel (1985), *Crítica da Razão Pura* (trad. p/ Manuela Pinto dos Santos & Alexandre Fradique Morujão), Lisboa, Fundação Calouste Gulbenkian, 610 [A 761/B 789/AK III, 497]. Não subscrevendo o cepticismo, Kant advoga um terceiro passo, o da *crítica da razão*, observando que "*o cepticismo é um lugar de descanso para a razão humana (...) mas não um lugar habitável para morada permanente*" (*ibid.*).

[433] Holmes, Oliver Wendell (1991), *The Common Law*, New York, Dover, 1. Poucos anos depois destas observações (de 1880) Holmes, em *The Path of the Law* (de 1897), acrescentava: "*a certeza é geralmente uma ilusão, e a tranquilidade de espírito não é o destino do homem*" — Holmes Jr., O.W. (1921), 167.

[434] Hart, H.L.A. (1961), 132-144.

juízo de oportunidade sobre as condições de realização dos valores jurídicos através da aplicação directa da norma?[435]

271. Mas a abstracção de princípios, a redução da actividade jurídica-judicial a uma política de equilíbrios, de compromissos, de bissectrizes entre interesses plurais, não remove um conteúdo *normativo* ao Direito?[436] Ou, ao contrário, não será esse «sincretismo» o preço a pagar para se transcender pragmaticamente os impasses doutrinários — por exemplo para se reconhecer o valor dos direitos fundamentais?[437]

272. E será que isso legitima a tábua-rasa axiológica que passa a concentrar-se exclusivamente na indução de tendências estáveis a partir da observação empírica da conduta dos aplicadores do Direito? Não faz isso perder a *essência* daquilo que é a missão social do Direito como instância reguladora — o constituir um norte valorativo que concita adesão, muito mais do que um mecanismo de «caixa negra» de que bastaria conhecer-se a probabilidade dos desfechos?[438] Não veda essa atitude de indutivismo radical a possibilidade de se sindicar os desvios à Lei por parte dos seus aplicadores — se «a Lei» são eles próprios que a fazem, se o Direito é o que observamos nas decisões deles?[439]

273. Mas, ao mesmo tempo, não é essa forma «realista»[440] de encarar o Direito já uma precursora do anti-fundacionalismo que procura descrições da realidade com o mínimo de contaminação por parte de pré-compreensões e apriorismos constritores, que procura libertar-

---

[435] Alexy, R. (2003a), 433-449; Atria, F. (2002), 347-376.

[436] Alexy, R. (2003b), 131-140.

[437] Peces-Barba Martínez, G. (2001), 64-74.

[438] E daí precisamente a defesa do «ponto de vista interno»: Hart, H.L.A. (1961), 132 ss.; Perry, S.R. (1995), 97-135.

[439] Ascensão, J.O. (2001), 30-32.

[440] Passamos a usar «Realista» agora na acepção empirista-pragmática, já não na acepção de atitude «epistemológica» intelectualista, «anti-nominalista».

se das arrogâncias «policiadoras» da Epistemologia, e lhes prefere a anarquia metodológica — se esta tiver o mesmo estatuto pragmático, se ela propiciar o mesmo tipo de «acesso ao real»?

274. Não é esta «abordagem realista» uma forma de fazer justiça à multidão de determinações psicológicas que, no último momento, se casam no espírito do julgador — por mais que as constrições epistemológicas se recusem a aceitar essa «impureza» naquilo que elas julgam ser um linear mecanismo dedutivo e subsuntivo, por mais que o normativismo positivista procure subestimar a mediação entre a Lei e os seus destinatários? Não é este «realismo», em suma, um bom rectificativo ao formalismo legalista?

275. Mais ambiciosamente, não é a abordagem «realista» um tributo à necessidade de consideração da margem de indeterminação que rodeia o Direito?[441] Não é ela, no seu afã de fixação indutiva de tendências decisórias, um remédio para a ausência de critérios racionais que balizem previamente, e inflexivelmente, o sentido das decisões judiciais — isto é, a ausência de critérios que, sobrepondo-se às limitações cognitivas, emotivas, e até morais, dos julgadores, fossem capazes de apresentar elencos completos de decisões pré-formadas, que se tratasse apenas de escolher e aplicar a todo e qualquer caso?

276. Não é a «abordagem realista», ao menos implicitamente, uma forma de reconhecer que a ordem positiva, por mais exacerbadas que sejam as suas pretensões sistemáticas e axiomáticas, por mais extensas que sejam as codificações do seu direito positivo, não passa de uma forma *remendada* de recobrir desigualmente os «contingentes futuros» com um manto de previsões, capazes por vezes de bastar para a subsunção mecânica, mas tantas vezes insuficientes e carecidas de *completamento* jurisprudencial, não apenas na *leitura* das regras positivas (amiúde por superabundância de vias *igualmente legítimas* de determinação das normas relevantes, ou por directa

---

[441] Leiter, B. (1995b), 481-492; Leiter, B. (1999), 720-725; Leiter, B. & J.L. Coleman (1993), 549-637.

«entropia normativa») mas também na *caracterização* dos próprios factos em apreço?

277. E não é verdade que a ordem jurídica não está vocacionada para ser ao mesmo tempo a *fornecedora* de soluções cogentes e a *legitimadora* da sua própria forma de adjudicação através da dialéctica entre normas e factos, ou seja, que seria fútil o esforço do Direito no sentido de esmiuçar os últimos recantos dos episódios da sua própria interpretação e aplicação, policiando os intérpretes — pela elementar razão de que mesmo uma tal norma policiadora careceria de interpretação? E que, por isso, a última palavra sobre a justiça está no critério do aplicador do Direito, e não em qualquer norma ou sistema de normas? Mas, sem a Justiça como critério supremo e último de legitimação, que *padrão* adoptaríamos para aferir o conjunto total das instituições jurídicas e políticas que alegam servi-la?[442]

278. Em contrapartida, até que ponto é que o «realismo», ancorado que está na lógica judicialista da *«common law»*, evita converter-se na exaltação cega do arbítrio judicial — já que manifestamente não fornece critérios para se contrapor valores jurídicos à conduta adjudicativa de interesses que é socialmente cometida aos juízes, e bem pelo contrário sugere que nenhuma *normatividade* legitimará a crítica ao Direito tal como ele é, ou seja, ao fruto contingente de um arbítrio interpretativo que é balizado por limites não menos contingentes?[443] Mas não é precisamente a alegação de «radical opacidade» dos veredictos que hoje une muitos dos entendimentos sobre a Teoria do Direito?[444]

279. Mas, se é verdade que o «realismo» contribuiu para a adopção de perspectivas de análise mais desapaixonadas quanto ao fenó-

---

[442] Waldron, J. (2003), 269-294.
[443] Leiter, B. (1997b), 267-315.
[444] Seja o *différend* de Lyotard, a desconstrução de Derrida, ou mesmo a antifundacionalista «teoria do consenso» de Rawls e Habermas. Cfr. Seibert, T.-M. (2001), 1 ss..

meno jurídico, para a «cientifização» no sentido de adopção explícita de metodologias não-dogmáticas já dominantes nas demais ciências sociais[445] — entre elas predominando a abordagem da «*law and economics*»[446] —, não é verdade também que ele exacerbou demasiado o «ponto de vista externo», enfatizando o não-jurídico no fenómeno jurídico? E não será também verdade que, nessa «exteriorização» de perspectiva, descaracterizou o conteúdo ético e contribuiu para a generalização de uma visão cínica, relativista ou até mesmo niilista dessa axiologia jurídica — deixando o Direito na situação de uma estrutura vazia e *indeterminada*, à mercê do assalto ideológico?[447]

280. Será que verdadeiramente a «Escola Realista» cometeu o erro, o irrealismo, de desconsiderar o peso dos valores e da ideologia na conformação dos interesses e até dos critérios de avaliação *objectiva* desses interesses, na sua formação e na sua agregação através do mercado ou do voto[448] — ou será que os seus cultores o fizeram deliberadamente, por pressentirem os riscos de engenharia social que se acoitam por detrás de uma ciência social «*engagée*», mesmo que esse empenhamento seja estrita e escrupulosamente orientado apenas para valores democráticos?

281. Ou será que, pelo contrário, o «realismo» fez demasiadas concessões a uma ética substancialista, negligenciando desse modo os valores deontológicos da legitimação procedimental, da adjudicação imparcial, da auto-contenção ideológica dos aplicadores da Lei — não insistindo o suficiente, em suma, na necessidade de decisão e fundamentação judicial em princípios explícitos, leais, transparentes,

---

[445] Schlegel, J.H. (1979), 459-586.
[446] Kitch, E.W. (1983), 184-196; Leff, A.A. (1974), 451-482; Dierksmeier, C. (2003), 551 ss..
[447] Duxbury, N. (1992), 137-177; Horwitz, M.J. (1992); Neves, A.C. (1995a), 27 ss.; Purcell Jr., E.A. (1969), 424-446.
[448] Lasswell, H.D. & M.S. McDougal (1943), 203-295.

racionalmente acessíveis — por impopulares ou populares que sejam os princípios ou a coerência com esses princípios?[449]

282. Será, em suma, que o «realismo» nada fez além de exacerbar o activismo judicial, com todos os seus riscos — nomeadamente a indeterminação *racional*, a perda de âncora na inteligibilidade racional, a própria separação de poderes?[450] Mas não será também o activismo judicial, em contrapartida, um necessário correctivo social para o «entrincheiramento dos direitos» que tende a perpetuar privilégios, desigualdades, disfunções, contra a marcha da adjudicação rectificativa? Bem vistas as coisas, que ganharíamos nós em vedar ao juiz uma contribuição convicta para a promoção política de uma sociedade mais justa, para a quebra das grilhetas normativas que, à sombra da presunção axiológica que acompanha o formalismo legal, estivessem a servir a perpetuação de injustiças?[451]

283. Não haverá aqui um paralelismo com a reacção germânica que o movimento do «Direito Livre» desenvolveu contra o construtivismo conceptualista plasmado na dogmática, com as suas arrogâncias de codificação sistemática, de plenitude, de consistência, de determinação da Lei, verdadeiras metamorfoses irrealistas daquilo que o bom senso poderia reconhecer por entre os «remendos» da ordem jurídica positiva?[452]

284. Não haverá até um paralelismo com o correspondente rescaldo, seja na ênfase substancialista do «jurisprudência dos interesses»[453] (e depois na dos «valores»[454]), seja na radicalização «proce-

---

[449] Frankfurter, F. & H.M. Hart (1935), 68-107; Fuller, L.L. (1978), 353-409.

[450] Duxbury, N. (2001), 402 ss.; Homem, A.P.B. (2001), 90-91n139; Van Hoecke, M. (2001), 415-423; Wechsler, H. (1959), 1-35.

[451] Peters, C.J. (2002), 185-219.

[452] Ferraz Jr., T.S. (1976), 129 ss.; Machado, J.B. (1987), 101 ss., 121 ss.; Muscheler, K. (1984); Neves, A.C. (1995n), 193 ss.; Neves, A.C. (1995o), 203 ss.; Riebschläger, K. (1968); Somek, A. (2002), 52-62.

[453] Neves, A.C. (1995p), 215-246; Neves, A.C. (2003a), 60 ss..

dimentalista» dos critérios deontológicos de *validação*[455] que, de mistura com os ideais epistemológicos da «ciência *wertfrei*», acabou por frutificar na «teoria pura»?[456]

285. Não estará também aqui aberta a porta para reacções «decisionistas» que procurem colmatar «*ad hoc*» as brechas de indeterminação deixadas pelo próprio normativismo?[457] E não renasce o paralelismo com a tensão entre posições que reconhecem a fragmentação centrífuga dos sistemas sociais[458], aquelas que realçam a indiferença entre sistemas e a resultante indeterminação[459], e aquelas que procuram uma reedificação centrípeta do sistema jurídico através da atenção «procedimental» à eficiência regulatória?[460]

III.2. ...*Numa cultura pragmática e relativista*...

286. Que tem o Direito a ganhar, e a perder, com o abandono da «fundamentação» como forma de justificação?[461] Pode o Direito, como ordenação social, resistir à perda de carisma que decorre da

---

[454] Canaris, K.-W. (1989); Larenz, K. (1991). Cfr. Alexy, R., R. Dreier & U. Neumann (orgs.) (1991); Neves, A.C. (1995k), 49 ss..

[455] Binder, J. (1927); Goldschmidt, J. (1925); Merkl, A. (1923).

[456] Pavlakos, G. (2001), 554 ss..

[457] Schmitt, C. (1934). Cfr. Langenbucher, K. (2002), 398 ss.; Neves, A.C. (1995b), 229 ss.; Neves, A.C. (2003b), 28 ss.; Rhonheimer, M. (2000), 484 ss..

[458] Ladeur, K.-H. (1992).

[459] Luhmann, N. (1987); Luhmann, N. (1975); Dreier, R. (2002), 305 ss.; Neves, A.C. (1983), 590 ss.; Neves, A.C. (2003b), 53 ss.; Bronze, F.J. (1994), 313 ss., 359 ss..

[460] Teubner, G. (1993); Willke, H. (1989). Cfr. ainda: Bronze, F.J. (1994), 272 ss..

[461] Cotter, T.F. (1996), 2071 ss.; Dickstein, M. (1998); Grey, T.G. (1996), 21 ss.; Posner, R.A. (1996), 1 ss.; Rorty, R. (1999), 93-103; Rosenfeld, M. (1996), 97 ss.; Tamanaha, B.Z. (1996), 315 ss.

posição «não-fundacional» relativa à justificação das suas próprias normas, da constatação de que existe uma inescapável circularidade em qualquer esboço de «fundamentação», de que o estatuto exaltado da «Razão» entrou em crise?[462] Ou não será, pelo contrário, esse o preço a pagar pela independência de uma ordem valorativa — nomeadamente o facto de não remeter *para fora* dela, o facto de não depender de instâncias supra-normativas para desempenhar as funções a que é chamada?[463]

288. Será o facto bruto da *efectividade* justificação bastante para o acatamento racional do Direito, ou será que a racionalidade postula arquétipos de «perfeição supra-normativa», normas *inaplicáveis* por confronto com as quais possa aferir-se, de modo dualista, a semântica de normas *aplicadas*?[464] Nesse caso, como forçar (racionalmente) ao acatamento aqueles que não visionem esses arquétipos, aqueles que não os tenham por evidências ou aqueles que militem pela proeminência de arquétipos diferentes? Que grau de partilha de pré-compreensões seria necessário para o ingresso no «clube» dos agentes juridicamente legitimados — e com que muralha defender a não-solidariedade com os demais?[465]

288. Ao invés, será o «ponto focal» de um único arquétipo jurídico (ou o estabelecimento de uma semântica inequívoca para base do diálogo normativo[466]) salvaguarda suficiente contra a dissolução no arbítrio que alegadamente se seguiria da adopção de uma perspectiva relativista em ambientes multiculturais?[467] Mas, a ser assim, a existir

---

[462] Bronze, F.J. (1994), 12, 20 ss.; Neves, A.C. (2003b), 20-22; Posner, R.A. (2003), 57 ss..

[463] Warner, R. (1993), 535 ss.; Warner, R. (2002), 23-38; West, C. (1990), 1747-1762.

[464] Rorty, R. (1989), 52; Linhares, J.M.A. (2001), 45 ss..

[465] Juntemos a estas as perplexidades já expressas quanto ao «jusnaturalismo».

[466] Van der Burg, W. (2001), 31-59.

[467] Como alega, de uma perspectiva «fundacionalista», Wright, R.W. (1995), 159 ss..

esse «ponto focal», não deveríamos nós poder fornecer a chave *racional* de toda a evolução jurídica do passado, não seríamos nós capazes de aceder à previsão rigorosa do *princípio director* de toda a evolução jurídica futura — pois nenhuma norma se tornaria preceito jurídico senão na medida em que demonstrasse congruência com esse espartilho arquetípico? É o Direito, na sua realidade histórica e *efectiva*, o fruto de um encadeamento axiomático a partir de um centro único de irradiação legitimadora, ou é ele antes a inorgânica sedimentação de soluções de compromisso social, sedimentação na qual teoria e prática se entrecruzam e dialecticamente se reforçam, em perpétua abertura à reavaliação prática e à edificação (e reedificação) teórica?

289. E por que razão haveria uma meta-regra não temperada pela experiência de ditar as condições de validade de normas efectivamente experimentadas na prática social?[468] Que seriam a liberdade, a autonomia, a soberania, se o seu exercício estivesse invariavelmente sujeito a «regras de reconhecimento» — regras não escritas, não publicitadas, não codificadas, inteiramente à mercê da «arquitectónica policiadora» de um doutrinário, bem ou mal intencionado, que tomasse para si o encargo de preencher materialmente o conteúdo da «pedra angular» do Direito, servindo de seu Sumo Sacerdote?[469]

290. Que seria da interpretação jurídica, se também ela estivesse pré-determinada pelo automatismo de cânones dedutivistas — em nome de um combate da *justiça material* contra o *arbítrio* interpretativo?[470] Poderia ela fornecer verdadeiras soluções jurídicas, se estas soluções não se cingirem à mera verificação de condições formais, e reclamarem um apoio na relevância pragmática da decisão, tal como ela pode ser aferida contextualmente pelos destinatários dessa decisão?[471]

---

[468] Wells, C.P. (1992), 323-338.
[469] Kramer, M.H. (2002), 115-143.
[470] Otero, P. (1998), I, 151 ss..
[471] Coyle, S. (2002), 275-304.

291. Se porventura aceitarmos pragmaticamente que não há outra justificação para as normas jurídicas para além do facto de acatarmos algumas delas dentro do espaço (confinado e etnocêntrico[472]) da nossa coexistência, e que toda e qualquer outra justificação pode fragilizar o acatamento uniforme entre pessoas que não partilham outras convicções que não a da necessidade de uma qualquer regra que possibilite ou facilite essa coexistência — será que uma tal aceitação acarretaria a dissolução do Direito em puro relativismo cultural? Tornar-se-ia o Direito uma pura *injunção*?[473]

292. Ou não será antes que a preservação das condições de abertura social à coexistência de vivências e de sistemas de valores divergentes obsta à imposição, no «equilíbrio dialogante», de uma «evidência fundacional» como norma básica do Direito, e faz desse obstáculo o único «fundamento» da ordem constitucional (uma espécie de «*pactum subjectionis*» às necessidades de coexistência pragmática entre inteligências pluripolarizadas)?[474] E não será que essa busca de «fundamentos últimos» para o Direito é, mais do que um pretexto para a intolerância[475], uma (fútil) *distracção* das tarefas primárias de discussão e aperfeiçoamento «dialogante» das normas a que efectivamente nos sujeitamos, dentro do confinado horizonte do nosso grupo?[476]

293. Não é essa consideração das «redes de solidariedade» e do seu impacto social e psicológico que nos fornece a verdadeira chave para o acatamento espontâneo das normas, a consideração da *funcionalidade* prosseguida nessa ordenação intersubjectiva dos nossos

---

[472] Dadas as dificuldades de concepção e verificação de um genuíno *consenso universal*. Cfr. Neves, A.C. (2003b), 133-134.

[473] Sousa, M.R. & S. Galvão (2000), 14; Duarte, M.L. (2003), 21.

[474] Wells, C.P. (2000), 347-359.

[475] Mas será preciso o relativismo para sermos tolerantes? Cfr. La Torre, M. (2000), 351 ss..

[476] van Velsen, J.F.C. (2000), 88 ss..

impulsos centrífugos, nessa interiorização das necessidades culturais da partilha de liberdade e de ordem (não raro através de narrativas indutoras de consensos, mais assentes numa plausibilidade de juridicidade do que em qualquer referência empírica[477]) — e não um intelectualizado esforço de *revelação* à inteligência limitada dos destinatários de um sistema completo e auto-sustentado de supra-ordenação?[478] Não poderemos nós pragmaticamente defender que, tal como a «verdade» não é mais do que a forma bem sucedida de pensarmos, a «justiça» é a forma bem sucedida de (inter)agirmos?[479]

294. Não propiciaria essa consideração uma via para implicitamente se reconhecer o direito ao «descentramento» das compreensões individuais acerca do «mundo da vida»?[480] Não seria a forma acabada de consagração da «dimensão problemático-dialéctica do jurídico»?[481] Não seria, porventura, o modo de colocar a ordem jurídica ao serviço daqueles que querem prosseguir individualmente o ideal estético de uma vida de curiosidade incessante, uma vida mais ocupada na expansão das suas fronteiras do que na busca do seu centro?[482]

295. Em contrapartida, não seria a admissão da *outorga* de uma forma axiomática de Direito uma forma subtil de exercício de domínio, a rematada consumação de uma subjugação através de *aparências* de neutralidade ética, encobrindo na realidade a *codificação* de uma assimetria que favorece os *iniciados* na linguagem privativa da ordem axiomática? Não seria essa uma forma imperialista de extra-

---

[477] Esbatendo a distinção entre «*hard*» e «*easy cases*», sustentando-se que cabe ao juiz promover a coerência do sistema. Cfr. Bell, J. (1983), 204-225; Dworkin, R. (1977a), 331 ss., 338 ss.; Geertz, C. (1983); Rosen, L. (1989).

[478] Pelo menos, é isso que parece resultar dos contributos da antropologia jurídica. Cfr. Gluckman, M. (1965); Malinowski, B. (1926); Nader, L. (org.) (1997); Roberts, S.A. (1979); Wesel, U. (1985).

[479] Rorty, R. (1991q), 294 (citando William James).

[480] Linhares, J.M.A. (1989), 39 ss..

[481] Neves, A.C. (1995l), 145 ss..

[482] Rorty, R. (1991m), 154.

polação de valores locais e particulares, apresentados estes nas roupagens de valores *formais* e por isso irrestritamente universalizáveis — uma violenta e arrogante ressaca contra a evolução do multiculturalismo e do relativismo, espezinhando o enraizamento do Direito na consciência social (uma consciência na qual devem caber níveis muito elementares de informação e de discernimento, ainda que o «destinatário ideal» seja escolhido no valor mediano)?[483]

296. Não terão razão, por isso, as feministas que sustentam que, por detrás da fachada de neutralidade, se abriga uma cadeia de valores androcêntricos e patriarcais, um enviezamento «blindado» que destrói todas as pretensões de objectividade normativa e que justifica todos os empenhos da discriminação positiva?[484] Não haverá razoabilidade na alegação de que a «muralha» da neutralidade bloqueia o desnivelamento normativo radical que é reclamado pela necessidade de reinserção argumentativa de certos valores na esfera pública[485] — certos valores que as instituições dominantes (a política, o mercado, os tribunais) tendem a subvalorizar?[486]

297. Mas este caminho de denúncia persistente de todos os conceitos, de todas as categorias, de todas as dualidades classificativas — não conduz ele à dissolução «desconstrutiva», que recobre de suspeitas de parcialidade e subdeterminação toda e qualquer forma de ordem social, e especificamente a ordem jurídica?[487] No seu afã de reabilitação daquilo que tenha alegadamente sido subestimado, dis-

---

[483] Comaroff, J. & J. Comaroff (1992); Lazarus-Black, M. (1994); Messick, B.M. (1993).

[484] Chamallas, M. (2003); Dowd, N.E. & M.S. Jacobs (orgs.) (2003); Drakopoulou, M. (2000), 199-226; Frug, M.J. (1992); Goodrich, P. (2002), 159-176; James, S. & S. Palmer (orgs.) (2002); MacKinnon, C. (1989); Minow, M. (1990); Radin, M.J. (1990), 617 ss.; Rhode, D.L. (1989); Richardson, J. & R. Sandland (orgs.) (2000).

[485] Schreckenberger, W. (2000), 367 ss..

[486] Olsen, F. (1983), 1497 ss.; Schroeder, J.L. (2004); Williams, J.C. (1989), 797 ss..

[487] É a advertência de: Bix, B.H. (2003a), 281-295.

torcido ou suprimido pela ideologia, não provoca a «desconstrução» a perda de todo e qualquer ponto focal, dissolvendo-o em artifício retórico de uma «meta-narrativa» para a qual se descobrem novas significações?[488]

298. Não fica o Direito perigosamente exposto a uma quase total maleabilidade, uma exposição às determinações da «Política», nem sequer mediada por uma «ordem social» que também ela se torna por exposta à ideologia, por contingente e subdeterminada?[489] Mas, ao mesmo tempo, como sustentar o argumento da sobredeterminação *política* do Direito, se se adopta a ideia «desconstrutivista» de que o sujeito é ele próprio uma construção social, não servindo por isso como referente imóvel para esse tipo de demonstrações? Pela mesma razão, como atribuir ao sujeito o controle dos significados do Direito, como é sugerido pela ênfase na «retórica» da dogmática jurídica?[490] Ou como tentar «reconstruir» um Direito atento às políticas do «género» e resistente ao «androcentrismo patriarcal», se a própria noção de «identidade» é instabilizada e é tida por eminentemente contestável?[491]

299. Não será, por isso, necessário recuar de um radicalismo «desconstrutivista» — com a sua denúncia pirronista de todas as noções de autonomia racional como meras distorções retóricas — para a admissão, ao menos, de um referente transcendental (isto é, não empiricamente validado) daqueles valores ao serviço dos quais, iludidas ou não, as pessoas e as sociedades se esforçam por vivificar o Direito?[492] Sem convenções sociais, sem costumes morais, pode a homogeneidade social alicerçar-se em algo menos do que uma mura-

---

[488] Balkin, J.M. (1987), 743 ss.; Balkin, J.M. (1990), 1113 ss.; Dalton, C. (1985), 997 ss.; Peller, G. (1985), 1151 ss.; Pether, P. (1999), 211-236.

[489] Sobre a *ideologia*, cfr. Neves, A.C. (1995b), 191 ss..

[490] Balkin, J.M. (1991), 1133 ss.; Eng, S. (2003); Goodrich, P. (1990).

[491] Cornell, D. (1991); Cornell, D., M. Rosenfeld & D.G. Carlson (orgs.) (1992).

[492] Balkin, J.M. (1994), 1133 ss..

lha totalitária contra a anomia?[493] Não será até a autonomia individual uma *necessária* «ficção» do próprio sistema jurídico, a qual procuramos *validar* mesmo quando suspeitamos que lhe falta a correspondência factual?[494]

300. Se nos obstinarmos na noção de que o Direito é um sistema perfeitamente *determinado*, cabe perguntar: que faz a ordem jurídica para distribuir entre as pessoas os meios de que elas necessitam para se degladiarem na sua disputa por recursos escassos, nas tensões de reciprocidade entre poderes e entre vulnerabilidades dos actores sociais? Estará o Direito, apesar das suas pretensões à neutralidade e à indiferença, configurado para resolver problemas reais de pessoas que esperam correcções de assimetrias, que se consideram excluídas pelas relações de poder que caracterizam o tecido social, que desconfiam da «captura» dos aplicadores do Direito pelos social, cultural ou economicamente poderosos? Permite o formalismo positivista uma margem de discricionariedade que possa servir para colocar os juízes ao serviço de uma ética igualitária para lá daquilo que resultaria do distanciamento — generalidade e abstracção — da *letra* da Lei?[495]

301. Ou será, ao invés, a *indeterminação* do Direito um benefício — uma margem para a liberdade interpretativa e rectificativa — que se regista *à revelia* dos intuitos do formalismo, e que é imposta ao sistema jurídico por força da própria indeterminação das relações sociais, do propósito de instrumentalização das normas jurídicas ao serviço de finalidades políticas?[496] Poderá daí retirar-se a conclusão de que o Direito, longe de ser um pacífico diálogo entre factos e nor-

---

[493] Será, pois, o relativismo o «cavalo de Tróia» do totalitarismo? Bronze, F.J. (1994), 264; Bronze, F.J. (2002), 119 ss..

[494] Ponderando nestas questões com o pano de fundo da interpretação de *L'Étranger* de Albert Camus, cfr. Vosgerau, U. (2000), 232 ss..

[495] Balkin, J.M. (1986), 1 ss.; Kennedy, D. (1991), 75 ss.; Singer, J.W. (1993), 20 ss..

[496] Kennedy, D. (1973), 351 ss.; Kelley, P.J. (2002), 26-51.

mas que os «profissionais» protagonizariam, é uma muito mais unilateral «narrativa» que, nos interstícios desse diálogo meramente idealizado, insinua o peso dos interesses e dos poderes, enquanto procura instrumentalizar o próprio «espectador» com a invocação reiterada de valores de «isenção» e de «pureza formal»?[497]

302. Nessas águas turvas de um Direito subdeterminado, e que por isso não resolve com qualquer espécie de automatismo eficaz os atritos e colisões entre esferas de liberdade, a que instâncias fica então atribuída a tarefa de prevenirem ou resolverem os antagonismos? E poderá haver instâncias imparciais, se logo de início se constata que a própria agregação de vontades e interesses — pelo mercado, pelo voto, pela litigância — nada legitima?

303. E mais ainda, não se dará porventura o caso de a representação individual dos interesses em litígio ser ela própria condicionada institucionalmente, por exemplo pela afectação jurídica inicial dos recursos — de modo que ninguém pede verdadeiramente do Direito senão a parcialidade de tutela dos interesses individuais, a promoção dos interesses a partir do patamar em que a ordem jurídica começa por colocá-los, mantendo a *legalidade* para fachada de uma desigualdade que dilacera a coesão social e indefere, por subrepresentação, os inicialmente mais pobres?[498] Mas, pela mesma razão, não deverá rejeitar-se todo o doutrinarismo que procure instrumentalizar o Direito aos seus fins — novamente porque nenhuma ideologia ou doutrina está imune à indeterminação e aos enviezamentos da subrepresentação dos interesses dos mais desfavorecidos pela afectação inicial de recursos?[499-500]

---

[497] Peller, G. (1985), 1151 ss..

[498] Caso em que a Análise Económica do Direito deveria temperar os critérios de eficiência com a consideração das injustiças na afectação inicial de recursos, para realisticamente considerar as limitações institucionais à redistribuição e para reavaliar aquilo que significa a eficiência num contexto de injustiça prevalecente. Cfr. Baker, C.E. (1975), 3 ss.; Kelman, M. (1979), 669 ss..

[499] Bauman, R.W. (2002); Bauman, R.W. (1996); Briggs, R. (2001), 257-274;

III.3. ...E céptica

304. Não está a nossa adesão aos preceitos do Direito condicionada pela percepção do mundo que é balizada pelos «cânones» literários — os «filtros de plausibilidade» de que depende a inteligibilidade do real?[501] Não será através da representação literária, muito mais do que através da nossa limitada experiência pessoal directa, que se formam as bases da nossa ligação à «nossa» História, à «nossa» Cultura — não será por confronto com os atalhos e simplificações dos seus paradigmas (dos seus heróis e dos seus párias, das suas tragédias e comédias) que adoptamos uma parte da nossa conduta moral, não será ela que nos fornece os tipos que conjugamos na nossa personalidade, tornando-nos através dela em cadeias transmissoras de uma tradição intelectualizada?[502-503]

305. Mais ainda, conseguiremos nós destrinçar verdadeiramente aquilo que *não é* simbólico e metafórico na experiência social do Direito, a ponto de podermos asseverar que o acatamento das normas jurídicas *não decorre* primariamente da nossa adesão a uma «expectativa cultural», literariamente consolidada, e que se reporta à imagem de uma «liberdade bem-ordenada» por contraposição à escuridão caótica do arbítrio?

Ireland, P. (2002), 106-119; Kelman, M. (1988); Neves, A.C. (2003b), 138 ss.; Pérez Lledó, J.A. (1996); Unger, R.M. (1986).

[500] Constituirá isso razão para a perseguição de que foram alvo os «niilistas» cultores dos *Critical Legal Studies*? Cfr. Carrington, P.D. (1984), 222-228; Carrington, P.D. (1985), 1-26, e toda a polémica que se lhes seguiu.

[501] Balkin, J.M. & S. Levinson (orgs.) (2000); Binder, G. & R. Weisberg (2000); Jackson, B.S. (1988); White, J.B. (1985).

[502] White, H.V. (1973).

[503] Falando da consciência aberta, tolerante, plural, democrática, observa Richard Rorty: *"nós ocidentais devemos esta consciência e esta sensibilidade mais aos nossos romancistas do que aos nossos filósofos ou aos nossos poetas"* — Rorty, R. (1991n), 81.

306. Não se alimenta o *desejo* de juridicidade de um anelo de coerência que impomos à contingência existencial[504], buscando nessa imposição de ordem o mesmo sentido de coerência global que torna *consoladora* a leitura de enredos ficcionados com «*happy end*», por mais quixotescos e contra-factuais que sejam esses «deslizamentos da contingência para a inteligibilidade»?[505]

307. Haverá maior desassossego do que aquele que é causado pelo embate da consciência com os corolários da radical contingência de uma vida individual sem enredo? Não será o Direito projectado para servir de paliativo social a essa angustiante fragilidade da consciência individual? Não será que o Direito, a par com a Literatura, é também ele um esforço cultural de criação e disseminação de significados *consoladores*, uma forma estilizada de caracterização dos papéis e das expectativas intersubjectivas que facilita a formação de valorações e de afinidades — no caso do Direito, confrontando as nossas tendências básicas com sucessivos crivos de decisão binária, para que das nossas reacções possa depreender-se o acatamento, ou desacato, do enredo do «jogo da honestidade» que nos permite confiar em estranhos?[506]

308. E, se existe um referente social extra-jurídico no qual possa alicerçar-se o acatamento espontâneo das normas ou a promoção livre dos respectivos fins — se existe uma natureza (humana) à qual os opositores ao legalismo positivista podem referir a legitimação do Direito como *fenómeno* —, não será esse referente constituído pelo consenso que socialmente se forme em torno de valores culturalmente *edificados*, um consenso largamente propiciado pela partilha de tradições literárias?

---

[504] Neves, A.C. (1995a), 18 ss..
[505] Shiner, R.A. (1998), III, 135-138; Neves, A.C. (2003a), 368 ss..
[506] Não tanto confiar *neles*, mas confiar no facto de eles estarem submetidos a um *código de conduta* que conhecemos, por também ser o *nosso*.

309. Não deve por isso o Direito ser posto também ao serviço da preservação das condições sociais que asseguram a formação e perpetuação de tradições e cânones literários, de sedimentação de auto-representações estilizadas do próprio espaço cultural?[507] Insistamos: não é o Ocidente essencialmente uma «cultura literária», no sentido de que são os cânones literários, mais do que os ditames religiosos ou filosóficos, que hoje balizam a nossa identidade colectiva?[508]

310. Poderão as vicissitudes da teoria literária contaminar com «excessos especulativos» o Direito? Poderá a convergência dessas duas esferas fazer perigar os padrões de «especialização cultural» de que têm beneficiado as sociedades abertas?[509] Nomeadamente, pode a dissolução dos velhos paradigmas — paradigmas da objectividade realista, da susceptibilidade de análise de artifícios na intencionalidade do autor, da separação das formas designativas e não-designativas da linguagem, da interpretação como recuperação de uma estratégia narrativa estável e transparente embebida no texto — numa amálgama «desconstruída» afectar a própria interpretação jurídica, expondo-a aos relativismos da «soberania do leitor» ou da «dissolução do objecto», e às sugestões de proeminência da contenda ideológica naqueles esforços meta-narrativos que visam a manutenção de inteligibilidade no seio da incomunicabilidade e da contingência?

311. Pode o Direito resistir socialmente a esse «escalpe pós-moderno» do seu carisma?[510] Não fica ele exposto à servidão a um outro carisma, o do «perspectivismo» de teóricos «literatos», assumidamente «pseudo-filosofantes» e munidos da arma de uma «narrativa» que sofisticadamente se pretende «anti-narrativa»? Resiste ele à dis-

---

[507] Veja-se a «reconstrução» dos valores da comunidade liberal, e das suas tensões com o «eu» moral, na leitura de *Hamlet*, em: Ward, I. (2000), 263 ss..

[508] Bloom, H. (1982), 23.

[509] Calhoun, C. (org.) (1992).

[510] Fish, S. (1989); Fish, S. (1994); Fish, S. (1995); Fish, S. (1999a); Panagia, D. (2003), 720-733; Pether, P. (1999), 211-236.

solução entre narração ficcional e não-ficcional, já consumada na vanguarda da teoria literária?[511]

312. Mas, ao lançar sobre o carisma do texto jurídico a sombra subversiva de uma suspeita, não está a Literatura apenas a manter-se fiel à sua tradição de hegemonizador da imaginação popular e de criador e destruidor de cânones de validação colectiva? Não estará ela, à sombra da ofensiva relativista-desconstrutivista, a reclamar o seu espaço de liberdade, seja contra os ostensivos constrangimentos de ordens juridico-políticas opressivas da liberdade artística, seja contra as mais subtis perversões totalitárias que enxameiam a sociedade contemporânea a coberto da aparente neutralidade do Estado tolerante (a tirania económica dos canais de difusão da cultura, a tirania do «pensamento único» da popularidade e das audiências, a tirania académica do «politicamente correcto»)?[512] Não está ela a promover apenas uma agitação das águas, como sempre fez para deixar a sua marca histórica sobre o pano de fundo do conformismo? Não estará já a Literatura a edificar novos paradigmas morais alternativos que se insinuarão entre os abalos da sucessão de paradigmas?[513]

313. Por outro lado, não é verdade que a narrativa jurídica é um artifício que simplifica a elaboração e aplicação de normas perante a infinita diversidade de situações concretas — tirando, por exemplo, grande benefício de dualidades maniqueístas que reduzem os litígios a grandes embates entre o Bem e o Mal?[514] E não poderá conceder-se à «sensibilidade pós-moderna» que a interpretação jurídica sempre se concebeu a si mesma como uma mediação muito mais activa e reconstrutiva, dado até o carácter ostensivamente incompleto e intersticial da

---

[511] Linhares, J.M.A. (2001), 509 ss., 664 ss..
[512] Otero, P. (2001), 147 ss..
[513] Daí o recorrente apelo aristotélico do regresso ao diálogo em torno de padrões de «senso comum». Cfr. Horn, H.-R. (2000), 400 ss.
[514] O que, entre muitas outras consequências, tem a de manter perenemente ténue a divisória entre *causalidade* e *culpabilidade* na apreciação de factos lesivos.

regulação positiva, do que tradicionalmente se admitia na interpretação de textos literários muito mais cerrados e *intencionalmente* coesos?

314. Mais, não poderá discernir-se na assunção veladamente irónica de um ritual judiciário (e até na popular demonização da classe dos juristas) o reconhecimento do carácter construído, convencional, de uma linguagem jurídica, o domínio que o intérprete tem na edificação *de raíz* do seu mundo de referências, de algo *inteiramente novo* mesmo que formalmente ancorado a referências extrínsecas, uma espécie de jogo que é na essência arbitrário?[515] E independentemente da ironia, por que não haverá de reconhecer-se (superada a angústia misoneísta) que o acto arbitrariamente criativo de manipulação linguística é tão susceptível de produzir resultados justos como resultados injustos, de gerar resultados *realmente* seguros como destruir resultados só *aparentemente* seguros?

315. Será essa hermenêutica balizada por cânones literários uma forma de minar o conteúdo ético do Direito, ou é ela apenas o reconhecimento daquela margem de artifício cultural, eticamente neutro, que necessariamente ocorre na mediação interpretativa de que o Direito carece? Aponta ela militantemente para uma dissolução relativista, ou é ela apenas o fruto de uma visão desencantada da margem de falibilidade e arbitrariedade que é indissociável da concretização das soluções — a constatação de que não é possível criticar ou comparar esquemas conceptuais através da superação ou suspensão dos nossos próprios (pre)conceitos?[516]

316. E de resto, a alternativa à admissão de uma margem de criatividade interpretativa não será a ilusão de que existe um sentido unívoco das normas, de que existe uma área imune (*in claris*) à interpretação — como se uma *objectividade* qualquer do texto obliterasse os

---

[515] White, J.B. (2000), 55-73; White, J.B. (1990), 246 ss.; White, J.B. (1984); Gaakeer, J. (1998).
[516] Davidson, D. (1984), 185.

«desvios» da leitura?[517] E quem seria, nesse caso, o árbitro da univocidade, o «*deus ex machina*» que dissiparia a dispersão interpretativa, que furtaria a semântica jurídica da erosão da historicidade, das necessidades de releitura actualizadora, das ansiedades da contingência?[518]

III.4. *E se? (variante quodlibet na escalada)*

317. O que é uma meditação *radical* sobre o Direito? É uma busca de «primeiros princípios», no sentido de bases de consenso sobre as quais possam assentar as convicções partilhadas — ou é a vã busca de uma «ordem dedutiva» que forneça todos os corolários morais e políticos (uma busca sinistra se ela sugere que há «detentores» dessa «verdade dedutiva»)?[519]

318. Pode uma meditação *radical* sobre o Direito contentar-se com a avaliação «monotónica» dos indícios de progresso ético, político, social, *exclusivamente* de acordo com descrições fornecidas no vocabulário dominante — pode, pois, recusar-se a uma evolução do próprio registo linguístico que propicie novas descrições e inteligibilidades?[520]

319. Uma «radicalidade» que prescinde de quaisquer atribuições de «profundidade» pode ser resgatada como missão terapêutica, como «desdramatização» (e até paródia...) das clivagens temáticas que *radicalizaram* a conversação cultural e social, demonstrando-lhes a *relatividade* (sem relativismo[521]) e a *irrelevância* pragmática?[522]

---

[517] Hart, H.L.A. (1983), 123-144; Neves, A.C. (2003a), 14 ss.; Waluchow, W.J. (1994), 270 ss..

[518] Sobre a «Era da Ansiedade» alegadamente inaugurada com o «niilismo realista» — o «*nightmare*» a que alude Herbert Hart —, cfr. Gilmore, G. (1975), 1022 ss.; Minda, G. (1995), 283n2.

[519] Rorty, R. (1991h), 190.

[520] Rorty, R. (1989), 74.

[521] Rorty, R. (1991r), 188-190.

320. Dada essa atitude terapêutica, será necessário recorrer-se à «desconstrução» como se ela fosse o antídoto para o pendor totalizante de todos os tropos literários — quando se reconhece que a esses tropos pode ser dado um uso pragmático descomprometido de qualquer filiação «meta-narrativa»? Ou devemos nós ser cegos herdeiros da tradição de atribuição de poderes mágicos à utilização de «vocabulários finais», a mesma tradição que legitimou a repressão das dissidências e dos «delitos de opinião»?[523]

321. Como poderemos nós conciliar a linguagem da realização pessoal, que é essencialmente privada, não partilhada, em larga medida inefável e não argumentativa, com a linguagem da consumação da justiça, que é necessariamente pública, partilhada, articulada e argumentativa?[524]

322. Podemos nós fazer assentar a nossa esperança de realização pessoal em «fundamentos» teóricos sólidos, como se houvesse uma solução algorítmica para os nossos dilemas existenciais, como se permanecesse sempre, como sombra tutelar-paternal sobre a nossa existência individual, uma referência orientadora, hierarquizadora e responsabilizante?[525] Devemos nós afadigar-nos na «descoberta» de uma «ordem jurídica» que porventura nos ancorasse ao retrato axiológico de uma época passada, tomando-a por «consolação redentora» da nossa contingência presente na forma de uma «Verdade» focalizadora?

323. Ou devemos antes esforçar-nos na edificação de utopias que realizem a nossa liberdade, constantemente «desfocadas» por uma linguagem que *habilita* mais do que *constrange*?[526] Não é, pois, a Liberdade algo de mais estimável do que a Verdade — no sentido de nos

---

[522] Rorty, R. (1991o), 104-105.
[523] Rorty, R. (1991o), 106.
[524] Rorty, R. (1989), xiv.
[525] Rorty, R. (1989), xv.
[526] Rorty, R. (1989), xvi.

ser próprio usarmos o nosso conhecimento mais para alargarmos e desafiarmos a imaginação do que para chegarmos à «descrição correcta» final?[527]

324. Pode a metáfora dominante ser a da convergência assimptótica para *foci imaginarii*, ou deve ela ser antes a da esperança numa pluralidade divergente que se desinteressa por «condições (transcendentais) de validade universal» — receosa de que estes pontos focais percam o seu carácter difusamente inspirador e sejam tomados literalmente por «fundamentos filosóficos», por condições necessárias da coexistência social?[528]

325. Pode essa linguagem ser a da *metáfora*, uma metáfora irredutível, não-parafraseável, e por isso não só eminentemente *condicionante* do nosso entendimento como particularmente adequada à transmissão do que há de *autêntico* na nossa experiência individual — algo que não se vai sedimentando nos contornos da experiência empírica mas vai criando *por sobre ela* a nossa imagem?[529]

326. Mas temos nós de justificar as nossas convicções e quadros de conduta perante todo o «universo», ou deveremos nós ser «etnocêntricos» no sentido de restringirmos essa justificação àqueles que sejam capazes de desenvolver connosco um diálogo frutífero — cingindo a esse conjunto a relevância efectiva do nosso código moral permanente?[530]

327. Significa algo querermos dissolver em relativismo absoluto, universal, as nossas convicções, recusarmos-lhes o poder de crítica, de desprezo e de indignação?[531] Mas significará porventura algo, também, pensarmos que venceremos os fanatismos fundamentalistas e totalitários apelando para premissas que seriam comuns — como se

---

[527] Rorty, R. (2000d), 188.
[528] Rorty, R. (1989), 67, 195.
[529] Rorty, R. (1989), 19.
[530] Rorty, R. (1991i), 30.
[531] Rorty, R. (1991j), 203.

os fanáticos estivessem apenas momentaneamente olvidados dessas premissas ou da evidência das *nossas* conclusões, da nossa leitura dessas «evidências fundamentais»?[532]

328. Se a preservação da coexistência é o valor social aglutinador, não deveremos nós contentar-nos com chamar «Verdade» à convergência dialogante — qualquer convergência —, em vez de insistirmos na ideia de que existe uma ordem pré-estabelecida de argumentos e de tópicos que defere e indefere, que condiciona o encontro entre antigos e novos «vocabulários sociais»?[533]

329. Assim sendo, não deveríamos nós admitir, na sua contingência, realizações colectivas como mais adequadas — funcionalmente superiores — a qualquer «fundamento filosófico», a qualquer «plano legitimador» prévio, por mais «vernáculas» que sejam essas realizações?[534]

330. O que é que entravaria a formação de uma sociedade solidária que se contentasse com consensos intersubjectivos — o abandono da ideia de um contacto *privilegiado* com uma «realidade *numenal*, independente da nossa cultura e da nossa linguagem»? Não é essa ideia puramente tautológica?[535]

331. Não deveremos nós dissolver o imperialismo da epistemologia em favor de uma abertura à consideração do sofrimento de estranhos, à consideração do potencial de progresso que se contém nas suas ideias diferentes das nossas?[536] Não terá sido a epistemologia sempre uma política de exclusão contra os *metecos* que querem seguir

---

[532] Rorty, R. (1991g), 42
[533] Rorty, R. (1989), 52.
[534] Rorty, R. (1989), 53.
[535] «*Do ponto de vista anti-essencialista, o lamento kantiano de que permaneceremos para sempre limitados por um véu de subjectividade corresponde à asserção inútil, porque tautológica, de que algo que definimos como não estando ao alcance do nosso conhecimento não está, infelizmente, ao alcance do nosso conhecimento*» — Rorty, R. (1999), 58.
[536] Rorty, R. (1991a), 13.

outros modos de pensamento? Devemos nós insistir na premissa *realista* de que não há solidariedade sem *fundamento* na objectividade, na «correspondência com a verdade», ou deveremos antes contentar-nos com a redução da objectividade à solidariedade, assumindo a premissa pragmatista de que a verdade é aquilo que nos convém colectivamente acreditar — e que *jamais* se justificará que excluamos, humilhemos, ou façamos sofrer aqueles que não acreditam naquilo em que nós acreditamos?[537]

332. Se fosse possível resolver os nossos dilemas éticos através da formulação de princípios filosóficos, porque é que séculos de proclamações quase-metafísicas, de hipostasiações de *"pálidos fantasmas"* como conceitos de «vida humana», «moralidade», «dignidade», nada adiantaram para erradicar situações de brutalidade generalizada? Não legitima isto a apologia de uma «etnocêntrica» concentração «*no real*», naquilo «*que funciona na prática*» — o tipo de vocabulário que, em cada situação particular, é capaz de minimizar o sofrimento nela envolvido?[538-539]

333. Que poderá fazer a Filosofia do Direito, ou a filosofia em geral, mais do que contribuir para a constituição de comunidades democráticas tão autónomas face ao carisma de cientistas e tecnocratas quanto elas se tornaram, com o Iluminismo, autónomas face ao poder de sacerdotes e de filósofos — demonstrando que não existe nenhuma «realidade última» para a qual todos os valores da coexistência tendam, ou para a qual devam ser encaminhados, e que não devemos deixar-nos conduzir por putativos «peritos nessa realidade», não devendo outra vassalagem que não

---

[537] Rorty, R. (1991i), 22.
[538] Rorty, R. (1989), 148.
[539] Como é óbvio, a colocação em causa do vocabulário tradicional (metafísico, dualista) da Filosofia traz consigo o risco de dissolução das fronteiras que asseguram a sua autonomia cultural, e daí que tantos filósofos a elas se mantenham encarniçadamente apegados. Cfr. Rorty, R. (1999), xx.

aquela que dirijamos aos consensos livremente formados dentro de *cada* comunidade?[540]

334. Poderemos nós exigir de uma ordem jurídica mais do que a simples preservação de um equilíbrio entre respeito pela privacidade (pelo não-direito) e erradicação de sofrimento?[541] Se não podemos exigir convicções partilhadas, não deveremos nós ater-nos à existência de vocabulários partilhados que perspectivam esperanças — que projectam no todo social os planos de realização *livre* dos valores individuais?[542] Ser «humano» não será, desta perspectiva, muito mais um *projecto* do que uma *essência*?[543]

335. Reconhecermos direitos a alguém é afirmarmos que *devemos* tratá-lo de certa forma, ou é antes asseverarmos que existe uma *razão ulterior* para esse tratamento?[544] Por outras palavras, para efeitos pragmáticos ser-se «racional» é ser-se dotado de uma faculdade que nos permite discernir fundamentos na realidade, ou é somente confiar-se ilimitadamente na persuasão e descrer-se das soluções que envolvem força e sofrimento?[545] É essa «razão» uma habilidade ecológica, «darwinista», uma aptidão finalista preter-«darwinista», ou uma simples expressão de tolerância, de abertura dialogante para com aqueles que não partilham do nosso vocabulário e da nossa visão?[546]

336. Mas existirão *razões ulteriores*, ou seja, existirá porventura um código de conduta que subsista *por si*, independentemente do espírito dos agentes humanos e da sua integração cultural? A *intenção* de agir de acordo com um dever postulará uma *meta-inten-*

---

[540] Rorty, R. (1991s), 289; Rorty, R. (1999), 172. Mesmo assim, veja-se as reservas ao papel da Filosofia na edificação da democracia, expressas em: Rorty, R. (2000a), 14 ss..
[541] Rorty, R. (1989), 63.
[542] Rorty, R. (1989), 86.
[543] Rorty, R. (1999), 52.
[544] Rorty, R. (1991i), 32.
[545] Rorty, R. (1991k), 62.
[546] Rorty, R. (1991r), 186-187.

ção que vise evidenciar algo de mais reconditamente autêntico, algo de sistémico?

337. E será legítimo pressupor-se uma forma *objectivamente aprovável* de conduta, se ninguém dispõe de «informação independente» sobre o modo como se alcançaria e revelaria essa «outra dimensão» da axiologia[547] — se ninguém dispõe de uma «chave para o real», de uma forma «não-contaminada» de «caminhar» entre as asserções empíricas e os factos que elas designam, com o objectivo de *validar* a correspondência biunívoca entre «factos não-linguísticos» e «factos linguísticos»?[548]

338. Devemos nós obstinar-nos, pois, na exegese de «conceitos», ou antes na moldagem desses «conceitos» de modo a colocá-los mais perfeitamente ao serviço das nossas finalidades contextuais?[549] Não é a Filosofia que deve servir a Vida?

> *"Cortei a laranja em duas, e as duas partes não podiam ficar iguais.*
> *Para qual fui injusto — eu, que as vou comer a ambas?"*
>
> ALBERTO CAEIRO, *Poemas Inconjuntos*[550]

Uma palavra inconclusiva

> *"É fútil o argumento filosófico com o qual não se alcança o alívio terapêutico do sofrimento humano"*
>
> EPICURO[551]

---

[547] Rorty, R. (1991t), 71-73.
[548] Rorty, R. (1991u), 115.
[549] Rorty, R. (2000a), 25.
[550] Pessoa, Fernando (1972), *Obra Poética* (Maria Aliete Galhoz, ed.), 4.ª ed., Rio de Janeiro, José Aguilar, 233.
[551] Epicuro (1887), *Epicurea* (Hermann Usener, ed.), Leipzig, B.G. Teubner, 221 = Porfírio (1886), «Ad Marcellam. 31», *in Porphyrii Philosophi Platonici Opuscula Selecta* (Augustus Nauck, ed.), Leipzig, B.G. Teubner, 209, 23 N. Cfr. Nussbaum, M.C. (1994), 13, 102.

Aqui está, pois, um elenco de questões que, de algum modo, tentaram corresponder àquilo que o nosso homenageado recentemente sugeriu ser o último cerne problemático do «programa» da Filosofia do Direito: "*É que o direito não é tudo na realidade humana, mas é uma dimensão capital, e irrenunciável, da humanidade do homem: por quê, para quê e com que fundamento se manifesta humanamente essa específica, autonomamente específica, dimensão humana?*"[552].

Restará, pelo meu lado, uma última interrogação, uma pergunta a testemunhar uma vontade de simplificação através da desaprendizagem, uma vontade de regresso às elementaridades poéticas[553] — não-ornamentais, não-sublimes[554] — que são talvez, em parábolas edificadoras, em *koans* de meditação *zen*, em confissões de *«promeneur solitaire»*, a mais genuína e funda convocação que a vida dirige à Filosofia, evidenciando-lhe os limites de apropriação linguística (e os riscos do *Oroboro* solipsista), e forçando-a à mudança de registo semântico em direcção à expressividade, à sugestão, à estética das palavras — palavras que são, como veículos de evocação e não já de domínio, formas de redenção, de *satori*, de abandono à inefabilidade intuitiva que nos religa à nossa condição de seres vivos.

E a interrogação é: *Criou o Direito mais problemas do que resolveu, nessa adição cultural aos impulsos etológicos do nosso gregarismo de primatas — tornou a vida humana mais fácil de ser vivida, aliviou-lhe a quantidade de sofrimento? Que fez um Direito que compara, que exclui, que demarca, para harmonizar os nossos sentimentos com a esperança colectiva numa sociedade fraterna — com a bondade incondicionada que o mais simples de nós é sentimentalmente capaz de praticar a todo o tempo?*

---

[552] Neves, A.C. (2003b), 147; cfr. Bronze, F.J. (2002), 245 ss..

[553] O «apetite pela poesia» que poderia substituir o «método». Cfr. Kermode, F. (1989), 26-27.

[554] *«Deveríamos reservar o carácter sublime para as artes, preservando o carácter prático da Filosofia»* — Rorty, R. (2000e), 124.

É uma pergunta (epicurista) a que sinto não conseguir responder no registo especulativo e irónico ao qual procurei cingir as minhas dúvidas ao longo deste artigo[555]. Em vez disso, e em apologia da tal desaprendizagem, permita-se-me humildemente remeter para a aparência anti-filosófica das palavras de dois príncipes das letras:

> *"Il y a des choses que l'intelligence seule est capable de chercher, mais que, par elle-même, elle ne trouvera jamais. Ces choses, l'instinct seul les trouverait; mais il ne les cherchera jamais"*
> HENRI BERGSON, *L'Évolution Créatrice*[556]

> *"On préférait à Bergotte, dont les jolies phrases avaient exigé en réalité un bien plus profond repli sur soi-même, des écrivains qui semblaient plus profonds simplement parce qu'ils écrivaient moins bien"*
> MARCEL PROUST, *Le Temps Retrouvé*[557]

FERNANDO ARAÚJO
(Professor da Faculdade de Direito de Lisboa)

Bibliografia

O leitor é remetido para o endereço:
http://www.fd.ul.pt/docentes/docente-cv.asp?docentes_ID=48 no qual se encontra a bibliografia, no ficheiro:
http://www.fd.ul.pt/docentes/pessoais/fernandoaraujo/pifdbibliografia.pdf

---

[555] Embora estivesse tentado a remeter para as virtualidades da «cultura irónica», que reconhece que as nossas vidas comportam combinações de princípios que não podem ser abarcados por qualquer síntese teórica. Cfr. Rorty, R. (1989), 120.

[556] Bergson, Henri (1984), *L'Évolution Créatrice*, in *Œuvres* (André Robinet, ed.), 4.ª ed., Paris, Presses Universitaires de France, 623.

[557] Proust, Marcel (1989), *À la Recherche du Temps Perdu*, Paris, Gallimard — La Pléiade, IV, 472.

Trégua sindical e alteração anormal das circunstâncias

1. A trégua sindical como cláusula obrigacional prevista no artigo 606.º do CT

A convenção colectiva, que visa concretizar projecto de condições de trabalho, mediante regras de aplicação directa e obrigatória às relações de trabalho acordadas no quadro do instituto-garantia[1] consagrado no artigo 56/3 da nossa Constituição, contempla, também, cláusulas *contratuais*, que disciplinam as relações entre os outorgantes. Pode revelar-se, outrossim, a fixação, por acordo dos parceiros sociais, de diversas instituições, como, por exemplo, comissão disciplinar.

Ora, os juslaboralistas[2] têm vindo a analisar a chamada trégua laboral, precisamente, no domínio obrigacional da convenção colectiva.

O n.º 1 do artigo 606.º do C T, sob a epígrafe "contratação colectiva", prevê que os parceiros sociais estabeleçam "limitações" à declaração de greve, "durante a vigência do instrumento de regulamenta-

---

[1] Os constitucionalistas alemães, como INGO VON MÜNCHEN, *Grundgesetz*, Beck, München, 1999, p. 32-34, dão relevo às garantias institucionais, envolvendo as de índole privada ("Institutsgarantie") e as de índole pública. Esta diferenciação, acrescenta, opera-se desde CARL SCHMITT.

Neste sentido, veja-se VIEIRA DE ANDRADE, *Direitos Fundamentais*, Almedina, Coimbra, 1983, p. 92 e 166.

[2] Assim, BERNARDO XAVIER, *Curso de Direito do Trabalho*, Verbo, Lisboa, 2004, n. 21.2.2.2 e 7.3.3.1, bem como, MÁRIO PINTO, *Direito do Trabalho*, U. C. Editora, Lisboa, 1996, p. 320 e ss.

ção colectiva de trabalho", que vise alterar "o conteúdo dessa convenção". O n.º 2 do mesmo artigo prescreve que tais limitações não impedem seja declarada greve não só perante o incumprimento da convenção, mas ainda quando se verifique *alteração anormal das circunstâncias*, a avaliar segundo os fundamentos que levaram os outorgantes a contratar, como, aliás, consta do n.º 2 do artigo 561, sob a epígrafe "execução".

O incumprimento da convenção colectiva, como resulta do n.º 2 do artigo 606, faz responsabilizar os faltosos que actuem com culpa, nos termos gerais de direito, enquanto o n.º 3, relativo a cláusula de paz laboral, estabelece que ao trabalhador não pode ser assacada qualquer responsabilidade se decidir aderir a greve declarada com base no incumprimento das limitações acordadas, em sede de contratação colectiva.

2. Tutela constitucional da liberdade: auto-restrição temporária do exercício de direitos fundamentais

A chamada *renúncia* ao exercício dos direitos, das liberdades e garantias fundamentais, ainda que a título temporário, está longe de suscitar a *unanimidade* dos constitucionalistas. Deparam-se[3] *teses divergentes*: a da sua defesa (a), a da sua recusa (b) e ainda a que a circunscreve a *determinados* direitos, actualmente dominante (c).

A renúncia tem sido *justificada* no quadro do princípio geral da *liberdade* da pessoa, esteio básico da Constituição, que se realiza entre os seus pares.

---

[3] Na lição de KLAUS STERN, *Die einzelnen Grundrechte*, Beck, München, 2006, p. 92.

Torna-se relevante, assim, invocar a *dignidade*, que é inviolável, consagrada no artigo 1.º da Constituição, bem como a *liberdade contratual*[4].

Com esta argumentação, abre-se luz à concepção que perfilha a via da *diferenciação* quanto à renúncia, cujo conceito é reputado *menos feliz* [5].

O respeito pela dignidade da pessoa envolve as suas *próprias* concretizações de *liberdade*. Tais iniciativas, implicando ou não vínculos jurídicos, não podem afectar, por exemplo, a *existência física do titular*.

VIEIRA DE ANDRADE[6], depois de defender que a nossa Constituição deve ser interpretada no sentido de "consagrar o princípio da liberdade", como "regra entre as pessoas", observa que há *limites* a considerar. Traz à colação "os casos da renúncia" como sendo aqueles em que "mais longe se pode ir na garantia da liberdade negocial".

Focando os *limites* à renúncia, entende que, nesta hipótese, devem ser "menos exigentes" do que nos casos do "poder legal de restrição".

No quadro dos "casos especiais de restrição", englobando a *perda* bem como a *renúncia*, GOMES CANOTILHO[7] aprofunda esta figura jurídica, que, adianta, tem sido *justificada* através do princípio da *autonomia contratual*.

Na linha recebida por ilustres constitucionalistas alemães, como já vimos, propugna "orientação diferenciada". Esclarece que importa distinguir a renúncia ao "núcleo substancial" dos direitos, liberdades

---

[4] MOTA PINTO, *Teoria Geral do Direito Civil*, Coimbra Editora, Coimbra, 1976, n. 23, defendeu que o princípio da liberdade contratual "está implicado em certos preceitos constitucionais".

Para KLAUS STERN, *op. cit.*, §104 II 6, a liberdade contratual é parte ("Teil") da autonomia privada cuja tutela foi recebida, na constituição alemã, no artigo 2.º (1) (livre desenvolvimento da personalidade).

[5] KLAUS STERN, *op. cit.*, p. 92.

[6] *Direitos Fundamentais*, *op. cit.*, p. 293.

[7] *Direito Constitucional*, Almedina, Coimbra, 1999, p. 435.

e garantias, considerados *singularmente*, que a Constituição proíbe, da *limitação voluntária*, sob "certas condições", ao exercício de direitos.

Visando os direitos fundamentais dos *trabalhadores*, defende que, "na ordem constitucional portuguesa", são "irrenunciáveis", "sobretudo quando se trata de direitos, liberdades e garantias".

JORGE MIRANDA[8], distinguindo entre *restrição* de direitos, liberdades e garantias, que dizem respeito à "sua extensão objectiva", e *limites* ao exercício de direitos que "contende com a sua manifestação", advoga, no âmbito da renúncia, "uma limitação temporária" do exercício do "próprio titular", com respeito pelo "conteúdo essencial", em "hipóteses bem contadas", em que inclui as "relações de direito privado".

A renúncia surge, pois, no quadro do *princípio geral da liberdade*, que se manifesta em diversos direitos e liberdades fundamentais, consagrados autonomamente na Constituição, como é o caso da liberdade de associação[9].

Analisando o nosso *texto* constitucional quanto aos direitos fundamentais, por exemplo, da greve (art. 57/2) ou de associação (art. 46), conclui-se que se depara tipologia[10] no que respeita à previsão da *intervenção* do legislador ordinário, que pode aí manifestar-se ou não.

Tem sido configurada a existência de *limites não escritos*[11].

Apesar da inexistência expressa de restrição, não se advoga, porém, que o direito de greve exclua, de todo em todo, a *intervenção* do

---

[8] *Direitos Fundamentais*, Coimbra Editora, Coimbra, 2000, p. 357.

[9] JORGE MIRANDA, *op. cit.*, a propósito da liberdade de profissão, observa, a nível do seu exercício, p. 502, que se "desdobra", *inter alia*, em "actos constitutivos de relações de trabalho".

[10] MANFRED LEPA, *Der Inhalt der Grundrechte*, Bundesanzelger, Bonn, 1985, p. 27, refere "Gruppe".

[11] RICHTER/SCHUPPERT, *Casebook Verfassungsrecht*, Beck, München, 1987, BIV, 2,b), caracterizam os chamados limites não escritos ("Ungeschriebene Grundrechtsschranken").

legislador ordinário, que, como é sabido, se revela nos chamados serviços mínimos e na obrigação de segurança do equipamento. Ora, é sabido que se torna necessário *harmonizar* os vários direitos segundo critério de concordância prática[12].

Confrontados, no quadro do princípio constitucional da liberdade, com a disciplina da parte *obrigacional* da convenção colectiva, importa prosseguir, equacionando relevantes teses sobre a viabilidade da trégua laboral, trazendo à colação perspectiva europeia mais significativa.

3. Cláusula de trégua laboral na convenção colectiva

3.1. *Admissibilidade*

3.1.1. *Tese da irrenunciabilidade*

No plano juslaboral, a concepção de que o direito à greve é irrenunciável, quer *ex vi* de decisão individual quer mediante cláusula de convenção colectiva, encontrou, *historicamente*, fervorosos adeptos, para os quais o conflito laboral é elemento estruturante do desenvolvimento da sociedade.

Por outro lado, a greve carece de ser visualizada não apenas como instrumento seja de pressão sobre o empregador seja de alerta para o poder público, mas também como "fenómeno de opinião"[13].

Como direito fundamental, é insusceptível de acordo, quer individual quer de índole colectiva. Só uma visão *irrealista* das relações

---

[12] Consulte BERNARDO XAVIER, *Direito da Greve*, Verbo, Lisboa, 1984, p. 144 e ss., bem como JORGE LEITE, *Direito da Greve*, Serv. de A.S. da Univ. Coimbra, 1994, n. 11.

[13] HELÈNE SINAY, *La grève*, Dalloz, Paris, 1966, n. 34, ao abordar a greve como fenómeno sociológico, acentua terceira *função* a este instrumento de acção sindical.

sociais suporta a conclusão de que a resposta aos problemas de desenvolvimento (económico, cultural, etc.) se coaduna com pactos que não conseguem responder adequadamente a profundas, permanentes e inevitáveis aspirações da condição laboral.

As cláusulas de paz laboral, inseridas na concretização do *projecto de condições de trabalho* que se espelha na convenção colectiva, sempre inacabada, são, segundo esta concepção, ineficazes no plano jurídico[14].

3.1.2. *Compromisso sindical em convenção colectiva*

São numerosos os defensores da viabilidade da renúncia à greve através da negociação colectiva, mas, jamais, a *título individual*. Fica vedado, pois, ao trabalhador subordinado vincular-se, ainda que temporariamente, a não recorrer à greve, reputado instrumento *apropriado* para obter melhores condições de trabalho[15].

No quadro do *princípio geral* de liberdade, garantida constitucionalmente, o trabalhador, titular do direito de greve, desfruta de espaço de intervenção, com respeito pela tutela da *dignidade* como inviolável. As restrições pessoais, que os constitucionalistas fundamentam na *autonomia individual*, são, pois, admissíveis.

A acção colectiva dá garantia, no quadro da *livre* fixação de equilibradas regalias sociais, de se acordar a chamada trégua laboral.

Para esta concepção, embora os sindicatos se vinculem a não recorrer à greve, durante determinado período de vigência da conven-

---

[14] PIETRO GENOVIVA, *Lo sciopero*, UTET, Torino, 1984, p. 27, reportando-se aos defensores da *irrenunciabilidade*, esclarece que reputam a cláusula de trégua "radicalmente nula por violação dos princípios constitucionais". Depara-se direito constitucionalmente garantido e, assim, *indisponível*, seja da parte do trabalhador individualmente considerado seja da parte da associação sindical que o representa.

[15] No n. 304 do *Compêndio da Doutrina Social da Igreja*, versão de 2004, Principia, S. João do Estoril, aponta-se, como objectivo da greve, da parte dos trabalhadores, a obtenção de "melhores condições de trabalho e da sua situação social".

ção colectiva, os trabalhadores representados ficariam de *fora* desse acordo, a título pessoal. Argumenta-se que, conferida a titularidade do direito de greve ao trabalhador, as associações sindicais não podem "dispor de algo que não lhes pertence"[16].

O compromisso colectivo quanto à paz laboral apenas se circunscreve às matérias *disciplinadas* na convenção colectiva e, mesmo assim, com a ressalva de intoleravelmente se desajustarem, face a novas circunstâncias *supervenientes*.

A responsabilidade pelo *incumprimento* de tais cláusulas oneraria somente as associações sindicais outorgantes. Tendo presente a distinção corrente entre parte normativa e obrigacional da convenção colectiva, anteriormente focada, tratar-se-ia de um acordo envolvendo apenas os celebrantes, que não se projectaria, pois, nos vínculos de subordinação jurídica entre empregador e trabalhador.

3.1.3. Vinculação do trabalhador mediante outorga de convenção colectiva

Tem sido sustentada terceira tese face à polémica questão da renúncia ao direito à greve: a vinculação, através da contratação colectiva, envolveria não só as associações sindicais outorgantes de cláusula de trégua laboral, mas, outrossim, os trabalhadores, a título individual. A associação sindical, relativamente aos trabalhadores nela filiados, disporia de poderes *implícitos*, para os vincular à convenção colectiva outorgada, em que a cláusula de paz se insere.

Recorre-se, aqui, ao mandato ou a outra figura jurídica (gestão de negócios, etc.) que viabilize a atribuição de poderes aos outorgantes[17].

---

[16] Assim, as palavras de GENOVIVA, *op. cit.*, p. 29: "qualcosa che non appartiene loro".

[17] O tema é tratado, no âmbito do "processo de formação", por MENEZES CORDEIRO, *Manual de Direito do Trabalho*, Almedina, Coimbra, 1991, p. 261.

Chega a pretender-se que é admissível acordar a paz laboral no sentido *absoluto*, isto é, a abdicação da luta laboral alcançando até condições de trabalho não negociadas. Exige-se, porém, aqui, cláusula expressa.

3.2. *Trégua laboral absoluta e relativa: visualização de relevantes sistemas jurídicos europeus*

3.2.1. *França*

A questão de saber se a outorga de uma convenção colectiva implica *paz laboral* ("paix du travail") foi equacionada, em FRANÇA, há longos anos por MICHEL DESPAX[18], que observou ser conhecida tal obrigação, em numerosos países estrangeiros, segundo *modalidades* diversas.

Pondera, aí, a convenção colectiva como "instrumento de paz social" que visa estabilizar ("stabiliser") as relações das partes durante a duração do acordo ("pendant la duré"). O *fundamento* de tal vinculação encontrar-se-ia no princípio da *execução leal* ("principe de l'éxecution loyal") consagrado no código de trabalho francês.

Abordando a existência de uma paz do trabalho *relativa*, apresenta *três* situações em que se torna viável a acção sindical, não obstante a existência da obrigação de paz: a) "o direito constitucional" da greve permite seja desencadeado um conflito colectivo dirigido a *matérias não contempladas* na convenção laboral; b) a *violação* ("violation") da convenção colectiva conforta a licitude dos instrumentos de pressão sindical; c) a *interpretação* da convenção colectiva, desde que seja manifestamente ("manifestement") *errónea*, abre a porta, outrossim, à conflitualidade laboral.

---

[18] *Conventions collectives*, Dalloz, Paris, 1966, n. 205.

Torna-se possível negociar uma cláusula de *arbitragem obrigatória*, visando conflito *exterior* à convenção, que não tem, porém, o alcance de vincular os parceiros sociais à chamada *paz absoluta*. O acordo pode envolver *procedimentos* de conciliação, como a fixação de um prazo de pré-aviso, que tenha, como consequência, a responsabilidade emergente dos danos de *incumprimento*. Poderão ser disciplinadas *modalidades* do exercício de greve, mas, jamais, a *proibição efectiva de greve*.

A *posição dos trabalhadores sindicalizados* face ao *compromisso* negocial colectivo tem sido, igualmente, equacionada: entende-se que são *livres* ("libres") para reivindicar regalias sociais não contempladas na convenção colectiva.

A responsabilidade das *organizações sindicais* verificar-se-á se *incitarem* os aderentes ("adhérents") à inobservância do compromisso assumido a nível de contratação colectiva. Invoca-se a existência de uma obrigação de *garantia*.

Não faltam, em FRANÇA, defensores da recusa da vinculação à paz laboral, em que figuram Helène Sinay e Roger Latounerie[19].

Mais recentemente, caracterizando a greve como *liberdade pública*, que foi consagrada na Constituição de 1946, Verdier/Cœret/ /Souriac[20] advogam que a renúncia ("renonciation") a fazer greve, quer individual quer colectiva, não tem eficácia ("valeur"). Entendem que a lei impõe às partes apenas um dever de *execução leal*, e, não, uma obrigação de paz, como acontece, acrescentam, em certo países, em que incluem "USA" e ALEMANHA.

Invocando decisão judicial de Junho de 1995, pretendem que se operou uma *reviravolta* ("revirement"), já que uma "convenção colectiva não pode ter por efeito limitar ou regulamentar para os trabalhadores o exercício de greve constitucionalmente reconhecido".

---

[19] Respectivamente, *op. cit.*, nota 13, n. 91, e *Le droit français de la grève*, Sirey, Paris, 1972.

[20] *Droit du travail*, Dalloz, Paris, 2002, p. 621.

Reconhecem, todavia, que subsistem *dúvidas*, como é o caso de saber se são visadas *todas* as cláusulas ou se ficam salvaguardadas as que são *favoráveis* aos trabalhadores. Duvidosa é também a *oponibilidade* de tais cláusulas quanto aos trabalhadores ou, apenas, quanto às organizações sindicais.

Adiantam que foi questionada a validade das cláusulas de *aviso* ("clauses d'atente") (pré-aviso, conciliação ou mediação ou arbitragem prévia, *v. g.*).

3.2.2. Alemanha

A obrigação de paz ("Friedenspflicht") figura na parte *contratual* ("schuldrechtlichen Teils") da convenção colectiva laboral ("Tarifvertrag"), que é, em primeira linha, *contrato normativo*, na lição de ZÖLLNER/LORITZ[21]. Regula, normalmente, só ("nur") as *relações de terceiros*: o empregador e o trabalhador. Contém "sempre e sem expressa manifestação" ("stets und ohne ausdrücklichte"), *dois* vínculos *obrigacionais* dos outorgantes, nomeadamente, a obrigação de paz e o dever de concretização da convenção colectiva. Os outorgantes não podem deixar de a respeitar ("respektieren") enquanto subsistir.

A obrigação de paz laboral exige que não se procure concretizar uma *alteração* das condições de trabalho, através de medidas de luta laboral. Sem *particular acordo* ("besondere Vereinbarung"), só existe uma *relativa* obrigação ("relative Friedenspflicht") de paz. Ela confina-se às condições de trabalho *reguladas*, não impedindo que as partes formulem *exigências* quanto a matérias que não tenham sido acordadas.

O dever de paz vincula *cada* outorgante, não só frente à *contraparte*, mas, também, relativamente aos seus *membros*. A convenção de trabalho, no que se refere à paz laboral, constitui um contrato, com

---

[21] *Arbeitsrecht*, Beck, München, 1998, §35 V, cuja exposição seguimos de perto.

eficácia que tutela *terceiros*. Afectada a paz laboral através de paralisação, surge o problema da *violação positiva* do contrato.

Quanto à segunda obrigação, respeitante, como vimos, à concretização da convenção colectiva, importa ter presente o dever do seu *cumprimento* ("Tariferführungspflicht"), mas ainda a obrigação, que impende sobre os outorgantes, de *influenciar* ("Einwirkungspflicht") os seus membros. As partes contratantes estão, na verdade, vinculadas ao dever de cumprir ("Tariferfüllungspflicht") o contrato que celebraram sobre as condições de trabalho. Enquanto a obrigação de paz proíbe medidas de luta laboral, o dever de cumprimento da convenção colectiva impede todos os demais ("alle sonstigen") comportamentos que poderiam pôr em questão ("in Frage") o contrato firmado pelos outorgantes.

A convenção colectiva comporta o acordo de normas vinculativas para os membros das associações outorgantes, que devem *zelar* ("Sorgen tragen"), relativamente a cada trabalhador e empregador, pela observância do contrato e cumprimento das suas obrigações. Segundo a jurisprudência, os sindicatos devem actuar junto dos seus membros no sentido de omitirem *excessos* no domínio da greve ("Streikexzesse"), sob pena de ser suscitada a sua responsabilidade.

É muito problemática a obrigação de *intervenção* dos sindicatos junto dos seus *membros*, quanto a paralisação *selvagem*. Exige-se que os membros das associações recebam *informação* suficiente. Perante a inobservância ("Mißachtung"), repetida ou direccionada ("gezielter"), de uma convenção laboral, deve a associação com *todos os meios* que estão à sua disposição e adequados, proceder contra o membro, porventura, mediante medida coactiva. A censura mediante a *expulsão*, sendo o meio mais oneroso, só se justifica face a violação de assinalável gravidade. Existe fundamento jurídico para actuar contra um dos seus membros, quando tem por base ("berührt ist") um interesse colectivo e próprio ("eigenes Interesse") da associação. Poderia recorrer a uma acção, visando a prestação contra a parte outorgante. Então, terão de ser *caracterizado*s os meios de intervenção.

A acção poderia, no entanto, sucumbir se, de harmonia com os *estatutos*, diversas vias de intervenção se oferecessem. Por isso, a associação terá de apresentar a acção que responda convenientemente ("zweckmäßiggerweise") ao seu fim.

Complementarmente, podem ser acordadas outras obrigações, como será o caso de paz *absoluta* ou um procedimento de *mediação*, de índole vinculativa, antes de se concretizar uma medida de luta.

Consultemos, agora, exposição mais recente sobre a paz social na ALEMANHA.

Neste âmbito, SCHAUB/KOCH/LINCK[22] observam que, "entre os mais importantes deveres" da parte obrigacional da convenção colectiva, figura a paz laboral ("Friedenspflicht"). As partes assumem deveres *próprios* ("Selbstpflichten"), que só por elas podem ser cumpridos, em que a paz laboral é, precisamente, o mais importante. Há também obrigações que são executadas através da *actuação* dos subscritores da convenção laboral *sobre* os seus membros ("Einwirkungspflichten").

O dever de trégua laboral, envolvendo o compromisso dos parceiros sociais quanto à abstenção de medidas de luta sindical através deles e dos seus membros ("Mitglieder"), suscita a distinção entre obrigação *absoluta* e obrigação *relativa*.

A obrigação de *paz absoluta* proíbe ("untersagt") a acção de luta durante o decurso de um contrato colectivo laboral e, outrossim, mesmo que respeite a uma determinada matéria *não* regulada pela disciplina laboral colectiva. Pode *ultrapassar* ("hinausgehen") o tempo em que decorre a sua aplicação. Para a tese dominante, a paz absoluta é admissível se for acordada especificamente ("besonders").

A *paz relativa* contém, a nível de cada convenção colectiva, a obrigação *intrínseca* ("imanente") de não se recorrer ("unterlassen") a medidas de luta respeitantes às matérias colectivamente reguladas.

---

[22] *Arbeitsrechthandbuch*, Beck, München, 2002, § 201III, cuja exposição procurámos captar com fidelidade.

A obrigação de paz comporta *sentido* negativo e positivo. Na verdade, proíbe tomar, incitar ou apoiar medidas de luta. Manda proceder, com *todos* os meios ("allen ... Mitteln") permitidos pelo regime jurídico das *associações*, contra os membros da associação, em ordem à observância ('Einhaltung") da convenção laboral. No entanto, para as associações, só existe uma obrigação de *garantia* ("Garantiepflicht") através dos seus membros.

O *princípio da boa fé* é decisivo para determinar a extensão do dever de paz relativa, que implica *regulação apertada*. Pode ser *ampliada* a nível *material* e *temporal*. A sua compressão, porém, apenas pode verificar-se em extensão limitada, considerando a *função* da contratação colectiva.

A obrigação de trégua começa com o *início* da vigência da convenção colectiva ou da adesão à associação e *termina* quando a convenção deixar de vigorar. Do § 4 da lei da contratação colectiva ("TGV"), concluiu-se que não se verifica *sobrevigência* ("Nachwirkung").

Passando a apreciar o dever de influência ("Einwirkungspflicht") que envolve os outorgantes, esclarecem que se desdobra ("zerfällt") em duas obrigações: têm de (a) providenciar ("sorgen"), com os meios concedidos pelo direito associativo ("verbandsrechtlichen"), no sentido de os seus filiados se comportarem em consonância com a contratação colectiva ("Innehaltungspflicht") e, além disso, (b) zelar para que concretizem ("Durchfürungspflicht") as prescrições normativas, efectivamente.

O comportamento *contrário* à convenção colectiva constitui *pressuposto* da respectiva pretensão jurídica. Deve revestir-se de *significado colectivo*, sendo certo que se torna *insuficiente* a violação a título individual. Além disso, deve ser *sistemático* e, também, *inequívoco*.

Poderá perguntar-se se existe tal obrigação, mesmo que a sua aplicação se reporte ao *estrangeiro*. A resposta tem sido afirmativa.

Os outorgantes têm o dever de *informar* os seus membros sobre o conteúdo da contratação colectiva.

Não pode um parceiro social *exigir* ("verlangen"), face a cada ("bei jeder") violação da disciplina jurídica colectiva efectuada por um membro da contraparte, que *intervenha* com meios propiciados pelo regime jurídico das associações. Pode deparar-se, porém, a afectação de *interesses colectivos*, ficando a contratação colectiva *esvaziada*. Não é o caso quando um empregador, encontrando-se em dificuldades financeiras, deixa de cumprir as tabelas salariais, temporariamente.

Questionando os outorgantes a *interpretação* de determinada prescrição da convenção colectiva, não pode uma parte exigir ("verlangen") que a outra defenda ("vertritt"), frente ("gegenüber") aos seus membros, uma interpretação por eles não partilhada ("von ihr nicht geteilte"). Solução diferente ("etwas") valerá apenas se uma determinada interpretação é, *imperativamente*, vedada, como, por exemplo, perante evidência ou verificação ("Feststellung") contrária ao Direito.

Na medida ("soweit") em que um outorgante pretenda ("will") seja esclarecida uma questão polémica ("streitige"), deve lançar mão de uma demanda, segundo o § 9 da lei da contratação colectiva ("TVG").

Em geral, o sindicato não pode também accionar os membros do parceiro social, visando ("sie seien") sejam *coagidos* ("verpflicht") a zelar pelo respeito ("Einhaltung") da contratação colectiva. Para uma tal demanda, falta o interesse de tutela jurídica (Rechtsschutzinteresse").

3.2.3. *Itália*

Neste país, PIETRO ICHINO[23] distingue, também, entre trégua relativa e absoluta ("assoluta").

---

[23] *Il contratto di lavoro*, III, Giuffrè, Milano, 2003, p. 155.

Sob perspectiva *histórica*, esclarece que, a nível da *renúncia colectiva*, isto é, estipulada pelas associações sindicais e patronais ou o mero empresário, prevaleceu a tese da *nulidade* até meados do *ano 60*.

Posteriormente, dominou a concepção segundo a qual a cláusula de trégua configura o empenhamento ("impegno") de não promover a greve por *qualquer* motivo, dentro de *determinado* tempo (cláusula de trégua absoluta) ou relativamente a uma ou várias matérias (trégua relativa). A sua *validade* respeita à *parte contratual* e não à parte *normativa* do contrato colectivo laboral. Vincula *apenas* a associação outorgante, que tem o dever de exercer a sua própria *influência* sobre os associados no sentido de não aderirem à greve declarada por *outras* associações.

A favor desta tese, argumenta-se que a trégua laboral constitui, para a parte sindical, um instrumento de "troca" para obter regalias sociais. Firmada como *contrapartida*, acaba, pretende-se, por *potenciar* a autonomia colectiva. Invoca-se ainda o regime relativo aos chamados *serviços públicos essenciais*, que vincula os próprios trabalhadores.

Rebate-se o argumento tirado do artigo 40 da Constituição, considerando que o contrato colectivo não opera como fonte heterónoma, mas, sim, no plano da *autonomia privada*.

Citando o protocolo "SCOTTI", põe em foco a conclusão segundo a qual se considera "implícita, em qualquer contrato colectivo, uma cláusula de trégua relativa à matéria regulada e por toda a sua duração".

Abordando a renúncia *individual*, distingue entre renúncia a *qualquer* greve, em que seria afectado o ligame à associação sindical, com incidência no artigo 40 da Constituição, e a renúncia a *determinada* greve já declarada, aqui, válida, já que se exerce, em concreto, o direito de liberdade sindical.

Tem ainda interesse reflectir sobre a consagração, em ITÁLIA, dos *procedimentos* previstos, em termos imperativos, na lei n. 146/

/1990, relativamente ao exercício do direito de greve nos *serviços essenciais* e à salvaguarda dos direitos da *pessoa* tutelados *constitucionalmente*, que institui uma *comissão de garantia*.

O artigo 40 da Constituição italiana determina que o direito de greve é exercido no âmbito da lei que o regula. Ora, vão longe os anos em que "prevalecia" a tese, assim nos dá conta Viti Pinto[24], de que era concedida ao legislador ordinário "uma larguíssima margem de discricionariedade". Actualmente, da lição da jurisprudência, conclui-se que a Constituição estabelece limites "mais constringentes e rigorosos". Consultando o artigo 2/2 da citada lei, que disciplina a greve, verifica-se, quanto às empresas que disponibilizam as referidas prestações indispensáveis, se prescreve que, nos contratos ou acordos colectivos, devem ser previstos procedimentos de *esfriamento* ("raffreddamento") e conciliação, obrigatórios para ambas as partes, antes da proclamação da greve.

Levanta diversas dúvidas a disciplina *sub judice*.

Para Viti Pinto, o legislador teria procurado valorizar a *autonomia colectiva*, "criando uma espécie de ónus de contratar".

Analisa diversos *pactos*, como, por exemplo, o relativo a transportes, que consagra "abstenção temporária de iniciativas unilaterais e/ou acções directas". Tratar-se-ia de uma cláusula de trégua sindical.

A falta de resposta do legislador ordinário à incumbência do artigo 40 da Constituição italiana, tem suscitado intenso labor jurisprudencial e doutrinal[25]. Merece ser relevada a fixação de limites ao direito de greve, quer *internos* ("limiti interni"), resultantes do próprio conceito de greve (dano aceitável, etc.), quer *externos* (esterni"), reconduttíveis à exigência de salvaguardar *outros* direitos (" direito à vida, incolumidade pessoal, etc.) garantidos pela Constituição.

---

[24] *Rev. Giu. Lav. Prev. Soc.*, 2003, 863.

[25] Antonio di Stasi, *Diritto del lavoro*, Giuffrè, Milano, 2006, p. 188., que configura, como fundamento da greve, o princípio da igualdade substancial ("uguagglianza c. d. sostanziale".

3.2.4. Reino Unido

Na parte IV ("part IV") do acto legislativo *Trade Union and Labour Relations (Consolidation) Act 1992*, foram disciplinadas as chamadas *relações laborais* ("industrials relations")[26].

Na secção 178, inserida no seu capítulo I, distingue-se (178/1) entre contrato colectivo ("collective agreement") e *negociação colectiva*, que significa ("means") negociações respeitantes ou conectadas a uma ou mais matérias, elencadas em 178/2, como termos e condições de emprego, deveres, disciplina e procedimentos de negociação e consulta.

O *efeito* ("effect") da contratação colectiva nos contratos individuais opera-se por *incorporação* ("incorporation"), seja expressa ou implícita[27].

A cláusula inserida em contratação colectiva de não recorrer à greve ("*no strike* clause") foi prevista na secção 180/1, que prescreve que não faz parte do contrato entre trabalhador e empregador, *salvo* ("unless") se forem preenchidas determinadas exigências ("conditions") enumeradas em 180/2.

Tais *pressupostos* compreendem sucessivamente: a) forma escrita; b) disposição estatuindo expressamente ("expressly") quanto à *incorporação* no contrato individual; c) acessibilidade no lugar de trabalho e disponibilidade para consulta; d) "independência" da parte sindical.

Face ao *compromisso* de trégua, manifestado a nível da negociação colectiva e emprego individual, perguntar-se-á quais as suas consequências no domínio da compulsividade quanto à realização da prestação laboral.

---

[26] Seguimos *Peter Wallington, Employment Law Handbook*, Butterworths, London, 2005.

[27] Tal caracterização encontra-se, por exemplo, em PAUL NICHOLLS, *Tolley's Employment Handbook*, London, 2003.

Ora, os juslaboralistas, invocando a secção 236 ("no compulsion to work"), advogam[28] que, apesar de o contrato colectivo e o contrato individual satisfazerem todos os requisitos ("all the requirements") previstos na secção 180, nenhum tribunal ("no court") coagirá um empregado a executar qualquer trabalho.

4. Previsão de cláusula de trégua sindical no artigo 606.º do CT

4.1. *Divergências no âmbito do anterior regime jurídico da contratação colectiva*

A *irrenunciabilidade* do direito de greve foi defendida por GOMES CANOTILHO/VITAL MOREIRA[29], em comentário ao artigo 58.º da nossa Constituição (actual 57.º), que, no n. 2, prescreve que a lei não pode *limitar* o âmbito de interesses a prosseguir, cuja *competência* é confiada aos *trabalhadores*.

Acentuam que os trabalhadores não são "constitucionalmente interessados" "apenas em obter as melhores condições de trabalho" face ao empregador, mas também perante o Estado. Os seus interesses passam pela "gestão e organização da economia" e por muitos *outros domínios* em que se espelha "a democracia participativa".

Recusam que somente os interesses *profissionais* "possam ser fundamento de recurso à greve", que não se configura "apenas dentro dos meios de luta na contratação colectiva". Postergam, pois, o "modelo de greve contratual".

A Lei n. 65/77, de 26 de Agosto, no n.º 3 do artigo 1.º, reconheceu, *expressamente*, que o direito à greve é irrenunciável.

---

[28] Assim, PAUL NICHOLLS, *op. cit.*, p. 34.

[29] *Constituição da República Portuguesa Anotada*, Coimbra Editora, Coimbra, 1984.

A favor desta tese foi invocada a alínea a) do n.º 1 do artigo 6.º da chamada LRCT[30], que não permitia "limitar o exercício dos direitos fundamentais constitucionalmente garantidos".

Abordando as "restrições convencionais da greve", BERNARDO XAVIER[31] argumentou que "há direitos constitucionalmente reconhecidos de que os seus titulares podem, em certa medida, dispor ou que podem limitar", como é o caso do direito de deslocação que não impede o contrato de fixação do trabalhador.

Quanto ao argumento baseado no n. 3 do artigo 1.º da lei da greve, defende que "irrenunciabilidade não significa propriamente a *indisponibilidade*": a renúncia, "como um acto abdicativo de direitos, definitivo e irrevogável, está, certamente, vedada às convenções individuais ou colectivas"; porém, tal não pode dizer-se "de actos que apenas contendem com as modalidades de exercício desse direito".

Reportando-se à limitação estabelecida na LRCT envolvendo direitos fundamentais, que conecta com a proibição constante do n. 2 do artigo 57 da Constituição (anterior 58.º), quanto à intervenção do legislador ordinário, entende que a oposição não alcança "auto-restrições reconduzíveis à autonomia colectiva do sindicato".

Faz a distinção entre convenção colectiva e *individual*, que não pode afectar directamente o direito de greve. Produz, neste sentido, diversos *argumentos*, como a debilidade contratual, a ordem pública e o interesse colectivo.

No quadro da *convenção colectiva*, ensina que o problema "pode ser colocado em vários níveis".

Defende, então, a conhecida tese do *compromisso implícito*. Deste ponto de vista, não aceita a greve que vise alterar as condições de trabalho que foram objecto de acordo.

---

[30] Decreto-Lei n.º 519-C1/79, de 29 de Dezembro, que disciplinava, anteriormente, a contratação colectiva.

[31] *O Direito da Greve, op. cit.*, n.º 34.

Trazendo à colação a *harmonização* dos direitos fundamentais, argumenta que a sua "lógica" "conduz a considerar a greve como integrada num sistema de conflitos colectivos".

Invoca a *autonomia colectiva* para defender que a proibição constitucional não impede os sindicatos de se "autolimitarem no exercício do direito da greve".

Quanto ao referido artigo 6.º da LRCT, esclarece que visa, "principalmente, que as convenções colectivas possam prejudicar direitos fundamentais dos trabalhadores".

Num *segundo* plano da análise, coloca o problema da validade de cláusulas que "proscrevem o exercício da greve antes de se esgotarem" "determinados meios de conciliação ou vias de "apaziguamento", como, por exemplo, convocação de plenário de trabalhadores. Alcança, também, a cláusula de trégua que afaste a greve durante período *assaz longo*.

Invocando "a instrumentalidade da greve" face à contratação colectiva, advoga resposta afirmativa, "desde que não resulte consideravelmente prejudicado o direito de greve" e seja ressalvado o seu "conteúdo essencial".

Por seu turno, MÁRIO PINTO[32], analisando os efeitos *obrigacionais* da convenção colectiva, reconheceu que "a doutrina portuguesa manifesta muita incerteza e divisão" quanto ao problema da trégua laboral.

Observa, no entanto, que haveria algum "consenso", quanto ao *dever "relativo" de paz social*. Assim, a trégua laboral envolveria as matérias disciplinadas "durante o prazo da sua vigência mínima", "pelo menos quando expressamente clausulado".

A propósito do *conteúdo* da convenção colectiva, dá-nos conta[33] da doutrina italiana e alemã quanto ao dever de paz social, que explanámos, anteriormente, recorrendo, nomeadamente, a M. ICHINO e G. SCHAUB.

---

[32] *Direito do Trabalho*, op. cit., p. 321.
[33] *Ibidem*, pp. 293-298.

Não recusando a tese da obrigação *implícita*, com os argumentos da *boa fé* quanto ao cumprimento da convenção colectiva e do seu período mínimo de vigência, regista a posição de MONTEIRO FERNANDES quanto à sua validade "apenas com base em *cláusula expressa*".

Este juslaboralista, no seu comentário à lei da greve[34], porém, defendeu que, "na modalidade *relativa*", o dever de trégua ou de paz parece ter que considerar-se mesmo implicitamente acolhido no nosso sistema legal". Valoriza, além da fixação de *períodos mínimos de vigência* da convenção colectiva, o estabelecimento, "de modo imperativo, de termos suspensivos da faculdade de denúncia", respectivamente, no n.º 2 e 3, do artigo 11, e no n.º 2, do artigo 16 da LRCT.

MENEZES CORDEIRO[35] distingue entre limites legais e *convencionais* da greve. As limitações "assumidas" por convenção colectiva "podem ser directas ou indirectas: no primeiro caso, elas estabelecem um *dever de paz (relativo)*"; "no segundo, elas firmam apenas *processamentos* a observar em caso de greve".

Abordando a *irrenunciabilidade* do direito à greve, defende que o trabalhador tanto "pode revogar livremente a sua declaração de adesão à greve", como "desconhecer cláusulas de não adesão que haja subscrito".

A admissibilidade das limitações convencionais engloba também o "processamento grevista".

Reportando-se aos "limites genéricos da greve", observa que "a aparente ilimitação" resultante do texto constitucional "tem merecido uma ponderação atenta dos juslaboralistas portugueses".

Preconiza, quanto à *declaração* da greve e, "daí à adesão", a observância do artigo 280/1 do Código Civil", segundo o qual "a greve não deve: ter um *conteúdo impossível*", "visar *escopos inde-*

---

[34] *Direito de Greve*, Almedina, Coimbra, 1982, n.º VIII, 1.º.
Sobre a posição da P.G.R., consulte PALMA RAMALHO, *Lei da Greve Anota*da, Lex, Lisboa, 1994, artigo 1.º
[35] *Manual*, *op. cit.*, § 30.

termináveis", "ser *contrária à ordem pública*" e "ser *atentória dos bons costumes*".

Tem interesse reflectir sobre a monografia de JORGE LEITE[36] sobre a greve.

Sublinha que, do ponto de vista *funcional*, "não é, de certo, entendida como mero instrumento de reequilíbrio das forças negociais, como simples alavanca sindical da contratação colectiva ou como meio de pressão apenas adequado à defesa de interesses profissionais cuja resposta se encontra na disponibilidade do empregador".

Focando os *limites* do direito de greve, esclarece que, embora a CRP não formule "qualquer restrição directa""nem expressamente tal permitir à lei ordinária", se tem como certo que não se configura como "um direito absoluto ou ilimitado". "Coexistindo com outros direitos e valores constitucionalmente protegidos", impõe-se, ao legislador e intérprete, "instante tarefa de concordância *prática*", tendente à salvaguarda da máxima eficácia possível de todos ou ao sacrifício mínimo de cada um". Equaciona, então, "a obrigação de serviços mínimos", "as necessidades sociais impreteríveis" e "a obrigação de segurança".

Contundente é a rejeição de GARCIA PEREIRA[37] quanto à admissibilidade de cláusulas de instrumentos de regulamentação colectiva que contenham "*a renúncia ao decretamento da greve*": trata-se de "um previamente estabelecido e inaceitável impedimento ao exercício do constitucionalmente consagrado direito à greve", "para mais dado o quase absoluto "monopólio sindical", quanto ao seu decretamento".

Denuncia o "subterfúgio do argumento de que o sindicato não renuncia ao próprio direito de greve, isto é, os trabalhadores "sempre poderiam afinal exercer" tal direito, aderindo a paralisações "convocadas por outras associações sindicais". A renúncia da greve, adianta,

---

[36] *Direito da Greve*, Serv. A.S. da Univ. Coimbra, Coimbra, 1994, p. 46.

[37] "As diversas e graves inconstitucionalidades do Código do Trabalho", *Q L*, 2003, 224, III, 5.°.

envolveria "apenas a faculdade da sua convocação". Ora, "o que releva é que o resultado prático dessa renúncia sindical seria o de conduzir sempre à inutilização prática do direito a greve por parte dos trabalhadores" filiados.

Tal compromisso sindical "consubstanciaria na prática um verdadeiro impedimento", que, esclarece, é agravado por ser feito "por outrem que não os respectivos titulares". Em "qualquer caso, seria sempre constitucionalmente inadmissível face ao artigo 57.° da CRP".

4.2. *O acórdão n.° 306/2003 do Tribunal Constitucional*

4.2.1. *Trégua sindical: o pedido de apreciação de inconstitucionalidade*

Ao abrigo do artigo 278.°, n.° 1 e 3, da CRP, foi requerida a "apreciação da constitucionalidade" de *várias normas* do "decreto da Assembleia da República n.° 51/I X, que aprovou" o CT, em que foi incluída a "constante da segunda parte do artigo 606.°", por "eventual violação do n.° 1 do artigo 57.° da CRP".

O *fundamento* do pedido foi reproduzido no n.° 1/7 do relatório do acórdão: "sendo o direito à greve um direito, liberdade ou garantia dos trabalhadores, consagrado no artigo 57.° da CRP, é, pelo menos, constitucionalmente duvidoso se podem os sindicatos vincular-se juridicamente a aceitar as limitações convencionalmente acordadas, renunciando ou dispondo do direito de declarar a greve de que são legalmente titulares". E acrescenta-se: "pois, sendo a declaração sindical um pressuposto da possibilidade do exercício do direito à greve por parte dos trabalhadores, a renúncia ou disposição, mesmo que temporária, parcelar ou condicionada, do direito de declarar a greve por parte dos sindicatos priva os trabalhadores nos exactos termos e condições daquela renúncia do exercício do seu direito à greve".

Equacionou-se, pois, a admissibilidade da *trégua laboral*.

Na *sequência* do pedido de apreciação de inconstitucionalidade, interrogar-se-á, segundo óptica *prospectiva*, se foi, porventura, *recusada*, pelo tribunal constitucional, a tese que defende a *admissibilidade* de acordo sobre trégua sindical, como obrigação *absoluta* ou *relativa*.

E não terá sido sufragada a via da *interpretação conforme à Constituição*[38]?

Dada a relevância da *estabilidade* do compromisso sindical, envolvendo determinada *vigência* temporal de *projecto* acordado sobre condições de trabalho, não terá sido abordada a aplicação do *instituto de alteração anormal das circunstâncias?*

Vejamos.

4.2.2. *A decisão do T C: a alteração anormal das circunstâncias*

O relator, equacionando, no n.º 23, a "controversa questão", prefere o conceito de "*disposição*" ao de "renúncia". Traz à colação a "perspectiva de uma limitação imanente à própria contratação colectiva"(1), a par de outra que visualiza a "paz social", no quadro de "limitações constantes de explícitas cláusulas" (2). A favor da *primeira*, são invocados, assim consta do n.º 24 do acórdão, "os princípios gerais de cumprimento pontual dos contratos e da actuação das partes segundo as regras de boa fé", que constam do Código Civil, artigos 406, n.º 1, e 762, n.º 2, respectivamente. Ficam, assim, "afastados comportamentos susceptíveis de pôr em perigo" o *cumprimento* da convenção colectiva. Quanto à *segunda*, observa que "a existência de "autolimitação" do exercício de greve dependeria da sua explicitação no clausulado" e admissibilidade "da sua duração, da sua extensão quanto aos motivos e das consequências ligadas à sua violação".

---

[38] O tema foi desenvolvido por LÖWISCH/RIEBLE, *Tarifvertragsgesetz*, Vahlen, München, 2004, §1/577.

Apresenta outras "questões" do domínio da paz laboral, *contrapondo* teses afirmativas e negativas, sem valorizar a sua dominância e à margem, em geral, da realidade de outros países e de perspectiva diacrónica.

Formulando diversas "hesitações", o relator considera que a sua "resposta" "é essencial para o juízo de constitucionalidade": (a) "proibição do recurso à greve somente perante *nova* reivindicação e não se surgir alteração anormal das circunstâncias"; (b) *vinculação* dos trabalhadores representados quanto à paz laboral ou, "pelo contrário", liberdade de aderirem a greve declarada por outro sindicato ou por assembleia"; (c) existência ou não de *dever de influência*, com efeitos na responsabilidade do sindicato, sem garantia de resultado; (d) *ilicitude* da greve, declarada sem respeito pela trégua laboral, ou sua visualização circunscrita a responsabilidade do sindicato.

Como se vê, o relator advoga que se impõe a consideração, no domínio da trégua laboral, do instituto da *alteração das circunstâncias* (a). Por outras palavras: a sua *procedência* suporta a *quebra* da paz laboral.

O relator dá-nos conta do estudo de MENEZES CORDEIRO[39] em que rebate a velha concepção sobre a inaplicação do instituto. Chega até a recordar que o CT, no artigo 561, manda atender, quanto à *execução* da convenção colectiva, às *circunstâncias* em que as partes "fundamentaram a decisão de contratar".

Argumenta que o artigo 606 do CT, ao prever a fixação de "limitações" à declaração de greve "por motivos relacionados com o conteúdo da convenção" colectiva, alcança situações de greve, em que inclui, para além da fundada no seu incumprimento, as duas seguintes referenciadas à *alteração das circunstâncias*: a) a que vise a modificação das condições de trabalho acordadas, ainda que as *circunstân-*

---

[39] *Convenções Colectivas de Trabalho e Alterações de Circunstâncias*, Lex, Lisboa, 1995.

cias não se tenham alterado; b) a declarada com invocação da superveniente *alteração anormal*, tornando "injusto ou excessivamente oneroso o clausulado acordado ou parte dele", "negando" aos empregadores ou às suas associações tal "ocorrência".

O relator conclui que tanto a situação de *incumprimento* como a de alteração gravosa das *circunstâncias* não podem deixar de se considerar motivadas no âmbito do *conteúdo* da convenção colectiva.

E qual será a posição do *trabalhador* ?

Tivemos ensejo de concluir que a nossa doutrina juslaboralista, em geral, não só repudia a tese da obrigação *absoluta* como advoga o direito de o trabalhador fazer greve, ainda que exista *compromisso sindical* quanto à trégua sindical.

Ora, o relator, formuladas as referidas *situações* de *incumprimento* da convenção e alteração das *circunstâncias*, indaga as suas *consequências* para o trabalhador da eventual inobservância do compromisso sindical sobre a trégua.

Toma, então, como certo, com base nos artigos 562 e 604 do CT, que o vínculo assumido pelo sindicato envolve os trabalhadores, *responsabilizando-os* pelos danos resultantes do incumprimento culposo, e que a greve, sendo *ilícita*, implica que o incumprimento da prestação laboral seja considerado como *falta injustificada*.

Conclui, então, que a norma em causa não se compatibiliza com o direito de greve tutelado pela nossa Constituição como "direito *irrenunciável* dos trabalhadores".

4.2.3. *Apreciação do acórdão sob a perspectiva da alteração das circunstâncias*

Sendo certo que a doutrina *dominante*, entre nós, recusa a trégua sindical tomada no seu *sentido absoluto* e, outrossim, defende a irrenunciabilidade do direito do trabalhador à greve mesmo que haja compromisso sindical, poderia advogar-se a via de argumentação que, tomando como referência o *princípio constitucional da liberdade*, se pronunciasse, afirmativa ou negativamente, pela admissibilidade das cláusulas de trégua sindical, fixando os respectivos pressupostos (acordo expresso ou implícito, etc.).

Vejamos a discordância manifestada no próprio acórdão e, seguidamente, a apreciação operada em estudos ulteriores.

No domínio dos votos de *"vencido"*, o conselheiro *Moura Ramos*, reportando-se à alínea h) da decisão, discorda da interpretação "na medida em que inclui na expressão "motivos relacionados com o conteúdo dessa convenção" (...) a greve decretada com invocação da superveniência de alteração anormal das circunstâncias que tornaria injusto ou excessivamente oneroso o clausulado ou parte dele".

Por seu turno, o conselheiro *Benjamim Rodrigues*, após a invocação do já referido *artigo 561*, advogou que "o preceito do artigo 606.º nunca poderia abranger "a alteração das circunstâncias", "nos motivos relacionados com o conteúdo dessa convenção" em que a declaração de greve deveria ser tida por ilícita por constituir uma violação das limitações assumidas na convenção e para durar pelo tempo da sua vigência".

Também *Paulo Mota Pinto* se pronunciou desfavoravelmente, focando os referidos "motivos" quanto à "reivindicação de modificação do clausulado por invocada alteração anormal das circunstâncias", "sendo considerada ilícita a greve com desrespeito" por esta limitação.

Entende que se procedeu, "sem justificação, a uma interpretação *ad terrorem*" "da norma em causa, preferindo atribuir-lhe, com base em pressupostos inverosímeis e em considerações contraditórias, um *âmbito* que não é imposto pela sua letra e é contrário à razão da norma".

Anotemos, ainda, a declaração da conselheira *Maria dos Prazeres Pizarro Beleza*, acompanhada por *Bravo Serra*, em que argumenta dever "ter sido ponderada a implicação da aplicabilidade, no âmbito da contratação colectiva, das regras sobre a resolução e modificação dos contratos por alteração das circunstâncias, constantes do artigo

437.º do Código Civil, bem como da consagração expressa da relevância dessas circunstâncias na execução da convenção (n.º 2 do artigo 561.º do Código do Trabalho)".

Posteriormente à alteração do artigo 606.º do CT, que visou o juízo de inconstitucionalidade, RUI MEDEIROS, em comentário ao artigo 57 da CRP[40], depois de considerar que a "admissibilidade de uma *renúncia ao direito à greve* por parte dos trabalhadores" os deixaria "numa posição fragilizada perante a pressão ou as tentativas de coacção dos empregadores", observa que "a questão assume contornos diferentes no campo das chamadas *cláusulas de paz social associadas à contratação colectiva*".

Subscreve, aí, a tese da admissibilidade de "limitação à declaração de greve por parte dos sindicatos outorgantes "com a finalidade de modificação do conteúdo" da convenção, argumentando que "a renúncia temporária ao direito à greve surge instrumentalmente ligada ao exercício de outro direito fundamental: o direito fundamental das associações sindicais à contratação colectiva"[41].

Ressalva a existência de *alteração anormal de circunstâncias* além do incumprimento.

No seu comentário muito recente ao artigo 57 da Constituição, que, como sabemos, *garante* o direito à greve, também se pronunciaram GOMES CANOTILHO/VITAL MOREIRA[42] sobre a inclusão de "cláusulas de paz" no "conteúdo" da convenção colectiva, *subscrita por*

---

[40] *Constituição Portuguesa Anotada*, Coimbra Editora, Coimbra, 2005.

No n.º II, releva a inexistência de monopólio sindical, quanto à declaração de greve.

[41] Evidencia o estudo "Contratação colectiva. Cláusulas de paz, vigência e sobrevigência", in *Código do Trabalho — alguns aspectos cruciais*, Lisboa, Principia, 2003, de BERNARDO XAVIER.

[42] *CRP*, Coimbra Editora, Coimbra, 2007.

O comportamento dos outorgantes conforme à *lealdade contratual* ("vertragsloyales Verhalten") foi subscrito por WIEDEMANN/STUMPF, *Tarifvertragsgesetz*, Beck, München, 1987, p. 273.

associações sindicais, que decidam "renunciar temporariamente ao direito de greve". Observam que "não podem renunciar a direitos que constitucionalmente não lhes pertencem, como é o caso de greve". Tais cláusulas "podem ser consideradas como uma autovinculação necessária, adequada e proporcional para assegurar o cumprimento da contratação colectiva". Trata-se, então, de uma "cláusula de lealdade contratual".

Quanto aos *trabalhadores*, que, por "decisão colectiva", podem convocar greves "à margem dos sindicatos", "está fora de causa qualquer renúncia do direito à greve".

No domínio juslaboral, importa sublinhar a recente posição de BERNARDO XAVIER[43] que distingue entre "processos de apaziguamento" e "cláusula de paz social relativa e explícita", com referência ao n. 1 do artigo 606 do CT. Argumenta que o "direito constitucional de greve não é prejudicado" e que as chamadas *restrições* "não são inconstitucionais". Valoriza ainda a observância do critério da *concordância prática* bem como a intangibilidade dos direitos *individuais* de greve dos trabalhadores.

Advoga que *não* "parece aceitável que os sindicatos possam dispor completamente do seu direito de proclamar a greve (*dever absoluto de paz social*)". Explicita que são "inválidas as soluções" cujo dever absoluto "implique, durante considerável lapso de tempo, a abstenção de toda a conduta conflitual, seja qual for a natureza da pretensão subjacente ou que sujeite a greve a tantas restrições que, na ordem prática, a dificulte decisivamente". Exemplificando com o sector turístico e o de transportes por ocasião do "Euro", considera "pensável um compromisso no sentido de excluir a greve por um período bem marcado".

---

[43] *Curso op. cit.*, 7.3.3.
Formula diversas e pertinentes questões, como, por exemplo, o "conteúdo das obrigações de pacificação".

Configura a *admissibilidade* de cláusulas de alargamento do pré-aviso de greve, de procedimento conciliatório ou arbitral obrigatório e ainda de referendo à classe.

No domínio da alteração anormal das circunstâncias, não questiona a *licitude* da greve, mesmo que exista cláusula de trégua, "quando resultar da frustração do *rebus sic stantibus*".

JOÃO REIS, reportando-se à "versão definitiva" do artigo 606 do CT, defende[44] que, aí, foi constituída "uma recusa do dever implícito de paz laboral". Argumenta que a exigência de "uma disposição expressa" significa que o legislador "quis afastar a concepção de que da celebração da convenção colectiva deriva automática e implicitamente uma obrigação de paz". Advoga que a inobservância de *forma escrita* implica a *nulidade*, segundo o artigo 532 do C T.

Exclui, deliberadamente, da sua "reflexão, a questão de saber" se, da estipulação *expressa* de procedimentos pacíficos de conciliação na convenção colectiva, "resulta" o dever *implícito* de trégua sindical.

Em seu entender, o "exercício da greve e o da negociação colectiva correspondem a diferentes modos de levar a cabo as faculdades inerentes à autonomia colectiva". Acrescenta, então, que recusa o estabelecimento de "uma natural conexão entre as condições acordadas na convenção colectiva e impedimento do direito de greve".

Quanto à *alteração anormal das circunstâncias*, recorda a via seguida pelo nosso TC, conforme o "seu congénere espanhol" em 1981, que ulteriormente analisaremos, tendo presente a nova alínea a) do artigo 606 do CT e seu alcance à luz daquele instituto tal como foi configurado no Código Civil.

---

[44] No seu estudo,"O dever de paz laboral" in *A reforma do Código do Trabalho*, Coimbra Editora, Coimbra, 2004, p. 619.

5. O instituto da alteração anormal das circunstâncias no novo CT: sua relevância jurídica no âmbito da trégua laboral

5.1. O instituto no Código Civil

A alínea a) do n.º 2 do artigo 606 do CT determina que a *declaração* de greve, não obstante haver sido estipulada a trégua sindical, pode ser *fundamentada* na alteração anormal das circunstâncias.

Conhecidas figuras da nossa doutrina[45] têm defendido que o "legislador", ao consagrar a aplicação deste instituto à convenção colectiva, *remeteu* para as regras do artigo 437 do Código Civil.

De harmonia com o seu n.º 1, *se as circunstâncias em que as partes fundaram a decisão de contratar tiverem sofrido uma alteração anormal, tem a parte lesada direito à resolução do contrato, ou à modificação dele segundo juízos de equidade, desde que a exigência das obrigações por ela assumidas afecte gravemente os princípios* da *boa fé e não esteja coberta pelos riscos próprios do contrato.*

É sabido que o professor Vaz Serra, no anteprojecto do CC, formulou[46] o seguinte texto: "se se alterarem as circunstâncias, em que as partes fundaram a sua decisão de contratar, e daí resultar o desaparecimento da base do contrato, em tais condições que seria gravemente contrário à boa fé, vista, no seu conjunto, a situação do caso e tidos em conta os usos do negócio, exigir o cumprimento dele, pode a parte, que é vítima da alteração das circunstâncias, obter a modificação ou a resolução do mesmo contrato".

---

[45] É esta a posição de Gonçalves da Silva, no comentário ao artigo 561/2, *Código do Trabalho*, Almedina, Coimbra, 2003.

Romano Martinez, *Direito do Trabalho*, Almedina, Coimbra, 2006, p. 1175, entende que a viabilidade da declaração de greve "já decorria do art. 561, n.º 2, do CT e do art. 437 do CC".

[46] Boletim do Ministério da Justiça, n.º 68.

Apreciando a posição deste insigne civilista, CARVALHO FERNANDES, no seu estudo sobre a *imprevisão no direito civil*, advoga[47] ser pouco feliz a "referência clara a determinada teoria", *in casu*, a da *base do negócio* "para definir o âmbito de aplicação da modificação do contrato por alteração de circunstâncias", já que convém recorrer a "um texto tanto quanto possível neutro, tendo presente a evolução do pensamento jurídico".

Somos, pois, confrontados com o artigo 437.º, n.º 1, do Código Civil.

Desde logo, aí se valoriza o *princípio da boa fé*, que não tem logrado unanimidade, quanto à sua relevância, na nossa doutrina civilista. Não pode, porém, confundir-se boa fé em sentido *objectivo,* que se traduz em *regra de actuação*, com boa fé tomada no seu significado subjectivo[48].

A alteração, segundo exige o CC, deve configurar-se como *anormal*. Os civilistas recorrem, aqui, ao conceito de *imprevisibilidade*. Trata-se de patologia superveniente que veio inquinar o normal fluir das circunstâncias em que se desenrolou o contrato.

Deparando-se *erro*, observa-se, então, o respectivo regime jurídico[49].

---

[47] *A Teoria da Imprevisão no Direito Civil Português*, Quid Juris, Lisboa, 2001, p. 219. Dá-nos conta, pp. 251 e ss., das sucessivas alterações do enunciado normativo.

[48] O tema da "boa fé" continua a ser objecto da reflexão de MENEZES CORDEIRO, *Tratado de Direito Civil, Parte Geral*, I, Almedina, Coimbra, 1999, § 13.

PAIS DE VASCONCELOS, *Teoria Geral do Direito*, Almedina, 2005, defende, p. 750, que "só indirectamente fornece aqui critério de decisão".

Para OLIVEIRA ASCENSÃO, *Direito Civil, Teoria Geral*, III, Coimbra Editora, Coimbra, 2002, n.º 100/II, "mesmo que seja uma valoração objectiva", "não tem na realidade função". A posição deste professor, quanto à sua *utilidade*, suscitou a discordância de CARVALHO FERNANDES, *op. cit.*, p. 302. A sua refutação por OLIVEIRA ASCENSÃO, *op. cit.*, consta da nota (272).

[49] Analisado por CARVALHO FERNANDES, *op. cit.*, pp. 264-266.

No seu comentário ao artigo 437.º, a propósito dos "requisitos", P. LIMA/A. VARELA/A. MESQUITA[50] referem, visando a resolução ou modificação do contrato, como circunstância relevante, a desvalorização abrupta e excessiva da *moeda*. Apontam numerosos exemplos (diminuição do valor de um prédio resultante da alteração de um plano de urbanização, publicação de uma lei que impede a realização de obras destinadas a ampliar a sua capacidade habitacional, etc.), em que as circunstâncias são *gravemente* afectadas. Esclarecem que o contrato pode comportar "execução continuada ou periódica, ou (...) execução diferida". Não tem de ser *bilateral*.

O regime da alteração anormal implica uma parte *lesada*. Tem sido defendido que o prejuízo pode ser *patrimonial* ou *não*. Não basta, porém, *qualquer* dano: deve revestir-se de *assinalável* gravidade.

O CC determina que a "exigência" da prestação a que a contraparte se vinculou não venha pôr em causa "os princípios da boa fé". Tem sido equacionada, aqui, a ideia do *desequilíbrio* entre as prestações das partes subscritoras do contrato. A *jurisprudência* dos nossos tribunais já sufragou o critério da "*descomunalidade*"[51].

As circunstâncias *relevantes*, segundo o texto legal, são aquelas em que as *partes fundaram a decisão de contratar*. Detecta-se, já referimos, *compromisso* com a concepção *oertmanniana* recebida no projecto do professor VAZ SERRA. Somos confrontados, aqui, com a chamada *base de negócio*, em que se distingue relevância *objectiva* e *subjectiva* da representação das partes.

Esta concepção foi alvo de severas *críticas*. Detectam-se diversas teorias *explicativas*, como a tutela da confiança, a interpretação negocial, a impossibilidade superveniente e a teoria do risco[52].

---

[50] *Código Civil Anotado*, Coimbra Editora, Coimbra, 1987.
[51] CARVALHO FERNANDES, *op. cit.* p. 287, que cita diversas decisões judiciais.
[52] Consulte CARVALHO FERNANDES, *op. cit.*, pp. 262-263.

Segundo HEINRICH HÖRSTER[53], a *base negocial subjectiva* "corresponde à representação real das partes, tendo sido tomada conscientemente como pressuposto das suas decisões", enquanto a *objectiva* "respeita a circunstâncias em que as partes não pensaram". Citando KEGEL aponta, como modificação da "grande" base negocial, *inter alia*, a depreciação da *moeda*, a alteração imprevisível da *legislação* e as *catástrofes naturais*.

Na lição da doutrina e jurisprudência tanto inglesas como alemãs, que, ulteriormente, apreciaremos, importa proceder à *ponderação* dos interesses das partes, que suscita a observância do princípio da *razoabilidade*.

5.2. *O instituto noutros sistemas jurídicos*

5.2.1. *Itália: excessiva onerosidade*

Apreciando a consagração do instituto da alteração anormal das circunstâncias noutros códigos civis, verifica-se que, em ITÁLIA, o artigo 1467 recorre ao conceito de *excessiva onerosidade* superveniente (è divinuta eccesivamente onerosa") que envolve a prestação de uma das partes, na lição de RUDOLFO SACCO[54]. Esta exigência reporta-se à prestação visualizada no plano *objectivo*.

Na explicação de P. ZATTI/V. COLUSSI[55], a relação de *correspectividade* baseia-se ("si basa") numa determinada "valoração económica" das prestações, que, sendo "mais ou menos igual", permitiu o acordo das partes. Ora, o sinalagma ("sinallagma") acaba por se *alterar*, quando "a relação originária dos valores" sofre mutação ("mutare"), chegando a prestação a tornar-se excessivamente onerosa re-

---

[53] *A Parte Geral do Código Civil Português*, Almedina, Coimbra, 1992, p. 578.
[54] *Il contratto*, Editrice Torinese, Torino, 1975, p. 981 e ss.
[55] *Lineamenti di diritto privato*, Cedam, Padova, 1991, pp. 454-455.

lativamente à da outra parte. Tal "perturbação" ("perturbazione") envolve, quanto ao seu alcance jurídico, os contratos de execução continuada, de execução diferida e periódicos.

A onerosidade, para ser relevante, tem de resultar de *evento extraordinário* e, outrossim, *imprevisível*. Argumentando que há factos extraordinários que não deixam de ser previsíveis, pretende-se que a disciplina do artigo 1467 não afasta certa margem de incerteza.

A desvalorização da *moeda*, na medida em que se trata de um facto de âmbito geral, afectando as diversas economias, chegou a não ter relevância jurídica. Outros factos foram equacionados do ponto de vista deste pressuposto de exigência normativa, quanto à índole extraordinária e imprevisível do evento, como a variação dos *custos de produção* e a publicação de *nova lei* que passe a implicar pesado ónus[56].

Este instituto traduziu-se em *inovação* relativa ao código civil de 1942.

Quanto ao *fundamento*, os civilistas italianos[57] sublinham a proliferação das mais diversas doutrinas, como a teoria da *equivalência económica das prestações*, que não esclarece se esta só existe quando resulta do contrato, e a *causalística*, que argumenta com a falta de realização da função económica visada pelo contrato.

A *onerosidade excessiva superveniente* distingue-se da figura da *pressuposição*, elaborada pela doutrina e jurisprudência, segundo a qual se traduz na "existência de uma situação de facto, comum a ambos os contraentes, de carácter objectivo e independente da sua vontade, que as partes tiveram presente durante o *iter* formativo do negócio, sem que lhe tenham feito expressa referência". Como exemplo, cita-se a venda, a preço desfavorável, a fim de ser evitada a expropriação, de prédio situado em área sujeita a plano de loteamento que acaba por não se concretizar.

---

[56] Assim, P. ZATTI/V. COLUSSI, p. 455.
[57] *Vide* RUDOLFO SACCO, *op. cit.*, p. 983.

Recentemente, nas suas lições de Direito Civil, M. BALLORIANI/R. ROSA/S. MEZZANOTTE[58] analisaram este instituto sob a perspectiva do *comércio internacional*. Esclarecem que "fenómeno diverso da estipulação de contratos aleatórios" é o da chamada "*hardship clauses*", que proporciona a "renegociação". Perante *recusa* do pedido de renegociação ou comportamento de *má fé* visando a perclusão do acordo, abre-se a via da resolução ou do ressarcimento.

5.2.2. Alemanha: a base do negócio

Neste país, segundo o "novo direito das obrigações"[59], há que ter presente o § 313 do código civil ("BGB"), que disciplina a *perturbação da base do negócio* ("Störung der Geschäftsgrundlage"), inserido no subtítulo 3 (Untertitel"), sob a epígrafe "Ajustamento e Cessação" ("Anpassung und Beendingung") dos contratos.

Vejamos *o texto do § 313 I*:

(1) "Se as circunstâncias que constituíram a base do contrato se alteraram gravemente, após a conclusão do contrato" ("Haben sich Umstände, die zur Grunslage des Vertrags geworden sind, nach Vertragsschluss schwerwiegend verändert"), e "as partes ("Parteien") não o teriam concluído ou tê-lo-iam subscrito com diferente conteúdo, se tivessem antevisto esta alteração" ("und hätten die Partei den Vertrag nicht oder anderem Innhalt geschlossen, wenn sie diese Veränderung vorausgesehen hätten,").

Em seguida, prescreve: "assim, pode ser exigida a acomodação do contrato ("so kann Anpassung des Vertrags verlangt werden"), na medida em que a uma parte, sob a consideração de todas as circuns-

---

[58] *Diritto civile*, Giuffrè, Milano, 2006, p. 577.

P. MONTEIRO/J. GOMES, "Hardship clause", *Juris et de iure*, 1998, 17, abordam a aplicação do regime do artigo 437 do C.C. a situações de inflação e, outrossim, de greve, p. 29, visualizada, em decisão judicial, como "fenómeno possível e normal".

[59] Seguimos a edição Beck, *Texte "BGB"*, 2006.

tâncias do caso, particularmente da repartição do risco contratual ou legal, a observância do contrato inalterado não possa ser exigida" ("soweit einem Teil unter Berücksichtigung aller Umstände des Einzelfalls, inbesondere der vertraglichen oder gesetzlichen Risikoverteilung, das Festhalten am unveränderten Vertrag nicht zugemutet werden kann").

Passemos, agora, ao *§ 313 II*:

(2) "Igualmente existe alteração das circunstâncias, se representações essenciais, que foram o fundamento do contrato, se manifestarem como falsas" ("Einer Veränderug der Umstände steht es gleich, wenn wesentliche Vorstellungen, die zur Grundlage des Vertrags geworden sind, sich als falsch herausstellen").

No comentário de PALANDT/HEINRICHS[60] ao § 313 BGB, entre os *grupos de casos* ("Fallgrupen"), figuram, *inter alia*, a desvalorização da *moeda* ("Geldentwertung"), as alterações da *ordem jurídica* ("Rechtänderungen") e a perturbação do *fim* da prestação ("Störung des Verwendungszwecks"). A alteração, envolvendo as circunstâncias relativas à base do contrato, deve ocorrer *depois* da sua conclusão.

Observa-se, igualmente, a disciplina jurídica do instituto, seja *objectiva* ou *subjectiva* a alteração respeitante à base do contrato[61].

Só uma alteração *grave* ("schweriegende") justifica, juridicamente, um ajustamento.

Não se aplica o § 313, se, através da alteração, se concretiza um *risco* que uma parte tem de suportar.

O § 313 I viabiliza ("kann ... verlangt werden") a acomodação ("Anpassung") do contrato, na medida em que, a uma parte, *não* pode ser exigida ("nicht zugemutet werden kann") a observância ("Festhaltung") do contrato *inalterado*, considerando *todas* as circunstâncias do *caso*. Impõe-se, aí, além da *grave* alteração, que as partes *não* teriam *concluído* ("nicht oder mit anderem Inhalt") o contrato ou que

---

[60] Beck, München, 2005.
[61] *Op. cit.*, p. 506.

seria subscrito com *diferente* conteúdo, se tivessem *entrevisto* ("vorausgesehen") tal modificação.

Na análise das *consequências jurídicas*, realça-se, como critério relevante ("Zumutbarkeit"), ser intolerável *exigir*, no quadro da *inalterabilidade* das circunstâncias, a subsistência do contrato sem ajustamento, que, assim, é significativo a nível dos *pressupostos* ("Tatbestand").

No domínio da *relação* com *outras* disciplinas jurídicas, depara-se a conhecida *clausula rebus sic stantibus*, que tem sido preterida neste instituto de direito civil.

Anota-se, ainda, a aplicação do regime relativo à alteração previsto no § 313 II, se representações *essenciais* se configuram como *incorrectas*, que suscita a questão da sua *diferenciação* face ao *erro*.

Por seu turno, o § 313 III prescreve o direito de denúncia e não o de resolução, que alcança os casos em que o ajustamento do contrato não é *possível* ou não é *exigível*, quanto às relações duradouras

Segundo VOLKER EMMERICHT[62], a maior parte dos casos do desaparecimento ("Wegfalls") da base de negócio *consiste*, substancialmente ("im Kern"), na questão do que deve acontecer se, *após* a conclusão do contrato, não se mantiverem as *circunstâncias*, face às quais, inalteradas, a sua subsistência torna a regulação do contrato *sem sentido*.

Aprofunda, como *mais importantes* ("wichtigsten") casos de superveniência, a onerosidade excessiva da prestação, a perturbação da equivalência, a perturbação do fim, as alterações da existência social provocadas por catástrofes ou guerra bem como a alteração da legislação e jurisprudência.

As formas de manifestação mais importantes de *cláusulas* de "ajustamento" são "automáticas". Exemplifica com a cláusula em que o ajustamento do *preço* não fica *dependente* da vontade da parte.

---

[62] *Das Recht der Leistungsstörungen*, Beck, München, 2005, § 28 III.

No caso da intolerável *onerosidade da prestação*, questiona-se se o obrigado fica *desvinculado* não só perante a impossibilidade da prestação, mas *ainda* face a outros *impedimentos*, temporários ou definitivos ("Leistungshindernisse").

Aborda a consideração, pelos tribunais, da ameaça do "perigo da ruína do devedor".

Na perturbação da *equivalência*[63], equaciona-se, no quadro de alteração temporal da relação, prestação *pecuniária* do credor (*"Geldleistungsschuldner"*). Na decisão é tomada em consideração uma *inflação* por alteração da relação económica ou ainda da lei.

Empresta particular desenvolvimento, com base em decisões judiciais, ao *risco* da perturbação da equivalência ("Risiko der Äquivalenzstörung"), bem como ao *princípio do nominalismo* ("Grundsatz des Nominalismus".)

No caso da *perturbação do fim*, a prestação, em resultado de alteração ulterior, perdeu, para o credor, *o seu sentido* ("ihren Sinn"), embora não deixe de ser possível.

Exemplo paradigmático, no âmbito do contrato de compra e venda, é a aquisição de imóveis, por motivo de núpcias, que, ulteriormente, se goraram.

Sob a rubrica "catástrofes" ("Katastrophen"), discutem-se contratos afectados por guerras ou revoluções.

Finalmente, reportando-se ainda a *modificações supervenientes da relação* (§ 313 I), estuda as alterações da *legislação* e da *jurisprudência*.

Passando ao domínio das *consequências jurídicas*, aprofunda os *critérios* ("Maßstäbe") que presidem ao ajustamento do contrato por virtude da perturbação da base do negócio, segundo o § 313 I: além das circunstâncias do *caso* (a) e da repartição do *risco* contratual ou legal (b) elenca, como critério ("Zumutbarkeit"), a inviabilidade de *exigir* a *subsistência* do contrato inalterado, não obstante a grave e

---

[63] *Op. cit.*, p. 441.

inesperada alteração das circunstâncias. Defende, então, que, em substância, são os *mesmos* que a anterior *praxis* aplicava. Nesse sentido, também, invoca a *literatura* jurídica.

Se seguirmos a sua remissão para a *anterior* disciplina jurídica, somos, aí, confrontados com o *princípio da boa fé*. Na verdade, esclarece que o ajustamento é *indispensável* ("unerläßiglich") para evitar resultado pura e simplesmente *incompatível* ("unvereinbaren") com o princípio da boa fé.

Prosseguindo a sua análise, não deixa, todavia, de reconhecer que os conhecidos critérios são, decerto, muito *indeterminados* ("unbestimt").

Adianta, ainda, esta pertinente observação: o ajustamento não deve ir *além* do que as circunstâncias modificadas impõem.

Recorde-se que do *texto* que disciplina a alteração das circunstâncias (§ 313), operada pela recente reforma do BGB, não consta, como vimos, referência à *boa fé* ("Treu und Glauben").

O princípio da boa fé também é valorizado por EHMANN/STUTSCHET[64], a propósito da *formulação* do artigo 313 I e II. Valorizam a análise de ULRICH KLINKE, que, frente ao binómio *vontade hipotética* da parte/*interpretação completiva* do contrato, reputam a boa fé ("Treu und Glauben") como "um elemento *normativo* relevante".

Merece ainda referência a sua apreciação de diversas *formulações* sobre a base do negócio, em que incluem as de OERTMANN e de LEHMANN.

Visualiza-se, pois, a *acomodação* como resposta *indispensável* (necessária) e *apta* (adequada) ao resultado intolerável, segundo o *princípio da boa fé*. Na verdade, a *subsistência* do contrato, a pretender-se a inalterabilidade das *circunstâncias*, não tem *sentido*. Importa, porém, acautelar a sua *irrazoabilidade* ("Unzumutbarkeit"), isto é, o

---

[64] Modernisiertes Schulrecht, Vahlen, München, 2002, p. 169.
Confronte com a posição de MENEZES CORDEIRO, *Da Modernização do Direito Civil, I*, Almedina, Coimbra, 2004, p. 116.

ajustamento contratual, que se torna necessário, não pode configurar-se como *excessivo* ou *arbitrário*.

5.2.3. Reino Unido: solução justa e razoável

Os civilistas britânicos[65] apontam numerosas situações em que o contrato é envolvido em *"frustração"* ("frustration"), como a *ilegalidade* superveniente ("supervening illegality"), que se deparou antes da primeira e segunda grande guerra, a perda de *sentido da execução* "performance made pointless", que se manifestou por ocasião da coroação de Eduardo VII planeada para determinada data, e a execução com dificuldade *excessiva ou dispendiosa* ("more onerous or expansive"), que se verificou aquando da crise do canal de Suez.

Importa esclarecer que a frustração ("frustration") compreende a *impossibilidade superveniente* e o desequilíbrio insuspeitável das prestações.

Alguns contratos recebem *específica provisão* ("specific provision"), visando certo tipo de evento que pode afectar, porventura, a sua execução. Como exemplo, cita-se a compra de uma habitação por Y, que toma a responsabilidade pelo *seguro da construção*, que subsiste após a sua ultimação. Tem interesse aquando da ocorrência de *incêndio* entre o *pagamento* e o *acabamento* da obra.

Importa relevar a superveniência de evento que, interferindo na execução, foi ou poderia ter sido previsto, em que, geralmente, se sustenta resposta com base no conhecimento do que poderia vir a acontecer.

Exclui-se a *"frustração"* se o evento superveniente é da *responsabilidade* de uma das partes.

No âmbito das *consequências* jurídicas, esclarece-se que, estabelecido pelos tribunais que o contrato está envolvido em *"frustração"*,

---

[65] É acessível a exposição de C. ELIOT/F. QUINN, *Contract Law*, Longman, London, 1996, 10, 185.

a sua cessação se opera *automaticamente* ("automatically"). Todavia, não pode concluir-se que o contrato é tratado como *inexistente* ("never existed"). Observa-se que tal regime jurídico pode ser contrastado com o do *erro* ("mistake"), em que o efeito se opera *ab initio*.

A *base teórica* da *frustração* ("frustration") tem sido objecto de diferentes teses[66], que suscitaram forte controvérsia.

Para M. P. FURMSTON, a questão essencial consiste ou em relevar a *suposta intenção* das partes ou, sem a valorizar, impor a solução que parece *razoável* e *justa*. Temos, assim, a teoria dos *termos implícitos* ("implied term") e a da *solução imposta* ("imposed solution"), respectivamente.

Segundo esclarecem C. ELIOTT/F. QINN, valoriza-se, relativamente à primeira concepção, este critério: se às partes tivesse sido perguntado, na ocasião do contrato ("at the time of contracting"), se elas próprias considerariam vincular-se se tal evento surgisse, ambas teriam dito *certamente não*. Quanto à segunda, impõe-se justa ("fair") solução, quando circunstâncias tornam *toda* a situação *completamente diferente* da que originariamente foi visualizada pelas partes.

Nos seus comentários à Lei da Frustração ("Law Reform (Frustrated Contracts) Act 1943"), os autores britânicos[67] analisam os contratos *excluídos*, como acontece, em geral, a nível de seguros.

Quanto ao domínio *laboral*, CLIVE SHELDON[68] aborda a frustração ("frustration") no quadro da cessação do emprego ("termination of employment"). Ocorre, quando a execução do contrato se torna *impossível* ou substancialmente *diferente* ("substantially different") do que foi contemplado pelas partes.

Entre os casos mais frequentes, cita a morte e a prisão.

---

[66] M.P. FURMSTON, *Law of Contract*, Butterworths, London, 1986, p. 556, anota não menos do que *cinco* teorias ("no fewer than five").

[67] Assim, M. P. FURMSTON, *op. cit.*, p. 571.

[68] *Tolley's Employment Handbook*, Lexis Nexis, London, 2003, 43.3

5.3. *O instituto da alteração anormal das circunstâncias na convenção colectiva: a trégua sindical*

A convenção colectiva, como contrato firmado entre os parceiros sociais, tem por base determinadas circunstâncias, susceptíveis de *alteração anormal*. Assim, somos confrontados com o regime do respectivo instituto, previsto, como vimos, no artigo 463.º do Código Civil.

No seu comentário à alínea a) do n.º 2 do artigo 606 do CT, respeitante à alteração das circunstâncias no âmbito da trégua sindical, MENEZES LEITÃO[69] observou que a introdução desta prescrição legal, após a decisão do T C, se configura como "esclarecimento totalmente desnecessário". Argumenta "que se trata de institutos gerais, que não têm de ser reiterados a propósito de toda e qualquer disposição".

Não se pense, porém, que, envolvida a convenção colectiva, no todo ou em *parte* (organização do tempo de trabalho, etc.) em tal *grave* vicissitude, o regime a observar se alcança por *mera* remissão para o artigo 437.º do Código Civil.

A convenção colectiva, incluindo, porventura, cláusula *expressa* de trégua sindical, consubstancia-se em *projecto* de condições de trabalho, *objectivado* no quadro de determinadas *circunstâncias*, que, *ulteriormente* se alteraram com grave onerosidade. Tais condições de trabalho *não correspondem*, já, ao *compromisso* das partes[70].

Ora, na lição de conceituados juslaboralistas[71], *não* deve exigir-se, tal como é configurada no instituto em direito civil, alteração das circunstâncias *excessivamente* gravosa: será suficiente que os pressupostos que permitiram a celebração da convenção colectiva já não se

---

[69] *Código do Trabalho Anotado*, Almedina, Coimbra, 2003.
[70] Consulte, sobre o tema, LÖWISCH/RIEBLE, *op. cit.*, § 1/522.
[71] Assim, FRANZ GAMILLSCHEG, *Kollektives Arbeitsrecht*, I, Beck, München, 1997, p. 774, cujos ensinamentos, tal como os de LÖWISCH/RIEBLE, *op. cit.*, § 1/522--535, são preciosos, outrossim, nesta matéria.

encontrem preenchidos de tal modo que as partes subscritoras *não* a teriam celebrado.

Não se pretende, porém, que sejam relevantes alterações de *reduzido significado*. Concebe-se, no entanto, que os outorgantes da convenção colectiva *acordem*, colectivamente, tais modificações das circunstâncias, apesar do seu menor relevo.

Poderia, também, pensar-se que as duas vias contidas no instituto de direito civil (modificação ou resolução) são proporcionadas, nos *mesmos* termos, à alteração das circunstâncias na convenção colectiva.

Torna-se, porém, necessário ter presente a *tutela* constitucional da autonomia *negocial colectiva*.

Daqui, defender-se que a *"renegociação"* da convenção colectiva, face à alteração das circunstâncias, não opera no sentido civilista do instituto.

Configurada a cessação da vigência da convenção colectiva como *extrema*, abre-se *espaço negocial*, que suscita a apresentação, pela parte lesada, de *proposta* de regulação, a que se seguirá contraproposta.

Assim, afasta-se decisão do *juiz* que não tenha em conta o *poder normativo* dos parceiros sociais, que a nossa Constituição reconhece. Na verdade, a recusa a resposta "livre"do juiz quanto à alteração das circunstâncias, resulta, precisamente, da autonomia colectiva dos parceiros sociais. Chega, até, a advogar-se que o *juiz* terá de se confinar às *balizas* proporcionadas pelos outorgantes[72].

Tem sido subscrita, outrossim, a *recusa* ao juiz da chamada *interpretação completiva*, em resposta a *vazios* de regulação nas condições de trabalho, privilegiando o espaço negocial da contratação colectiva[73].

---

[72] LÖWISCH/RIEBLE, *op. cit.*, § 1/524.

[73] LÖWISCH/RIEBLE, *op. cit.*, § 1/601, não aceita a proibição quanto à parte obrigacional da convenção colectiva.

FRANZ GAMILLSCHEG, *op. cit.*, p. 775, observa que, frente a uma lacuna ("Lücke"), a decisão do juiz opera, contudo, em "limites estreitos"("enge Grenzen").

A interpretação "complementadora" foi analisada por MENEZES CORDEIRO, *Tratado*, *op. cit.*, n. 179.

No domínio da alteração das circunstâncias, são relevadas as relações quer *jurídicas* quer *económicas*.

Defende-se que as alterações *legislativas*, em geral, não estão sujeitas ao instituto da alteração. No entanto, em situações raras, podem comportar acentuada *gravidade*, como tem acontecido no domínio da organização do tempo de trabalho.

Abre-se *novo* espaço negocial, em que a acção sindical formulará propostas, de harmonia com as condições (sociais, económicas, etc.) alteradas.

Na área *económica*, têm sido elencadas várias *modificações relevantes*, como intolerável *custo de vida*, desmesurado agravamento dos *impostos*, escandalosa *remuneração* de administradores e, ainda, arbitrária distribuição de *dividendos*. Suscita-se, aqui, porventura, a cessação da convenção colectiva como resposta à grave alteração.

A vigência do compromisso sobre as condições de trabalho circunscreve-se, normalmente, a *prazo* relativamente limitado; assim, argumenta-se que os celebrantes, atentos às alterações económicas entretanto operadas, as terão em conta na *revisão* da convenção colectiva. Daqui, entender-se que, só em casos muito *excepcionais*, se justifica a sua cessação.

As partes poderiam ter *acordado* a ocorrência de graves alterações de relações económicas. A sua inexistência conforta a conclusão de que aceitaram o respectivo *risco*.

Da alteração grave das circunstâncias pode resultar situação de *crise* em determinada empresa *representada* por associação outorgante. Defende-se, porém, que o instituto da alteração anormal respeita à relação *contratual* que vincula os outorgantes. No entanto, verificada a afectação de *número considerável* de empresas, a aplicação do instituto não deixa de ser equacionada.

Pode dar-se o caso de estar *sub judice* o envolvimento de uma empresa, por a alteração das circunstâncias respeitar a *acordo colectivo* de trabalho.

Em ESPANHA, o tribunal constitucional, em sentença n. 11/1981, de 8 de Abril[74], bem conhecida entre nós, teve a oportunidade de se pronunciar sobre normas do "Real Decreto-ley 17/1977, de 4 de Março, cujo título I tem, como epígrafe, "o direito de greve".

Interrogar-se-á, naturalmente, que contributo proporcionou quanto à aplicação do instituto *sub judice*.

O artigo 8/1, do citado Real Decreto-ley, prevê que as convenções colectivas ("convénios") estabeleçam *procedimentos* de solução de conflitos assim como a *renúncia*, durante a sua vigência, enquanto a alínea d) do artigo 11 considera *ilegal* a greve quando tenha por objecto *alterar* o acordado na convenção ou o estabelecido por laudo.

O tribunal, depois de declarar que nada impede que, *com a greve*, se pretenda uma *interpretação* desse instrumento de regulação colectiva ou se exijam *reivindicações* que não impliquem a sua modificação, acrescenta que se torna possível reclamar uma alteração da convenção naqueles casos em que se verifique *incumprimento* do lado empresarial ou se *haja produzido uma alteração absoluta e radical das circunstâncias que permitam aplicar a cláusula* "rebus sic stantibus"[75].

O seu contributo para a clarificação do regime aplicável é, na verdade, diminuto.

Como vimos, trata-se, sim, de as *circunstâncias*, em que se fundamentou o *compromisso* quanto ao projecto de condições de trabalho, se haverem alterado, de tal modo que a sua *correspondência* deixou de subsistir para os outorgantes. Assim, o juslaboralista, frente à mera *remissão* para o instituto de *direito civil* da alteração anormal das circunstâncias, é confrontado, já vimos, com a tutela constitucional da *autonomia colectiva*, cujo campo negocial encontra, como "*limite extremo*", a cessação da convenção colectiva.

---

[74] Consulte *Compendio de legislación laboral*, VIDA/PRADOS/MONEREO, Comares, Granada, 1995, § VIII.

[75] Sobre a sua preterição, PALANDT/HEINRICHS, *op. cit.*, § 313/22.

6. Reflexões conclusivas

A greve, como *direito fundamental*, encontra-se consagrada no artigo 57.º da nossa Constituição.

Os constitucionalistas têm discutido se a *renúncia* envolvendo direitos fundamentais, cuja designação suscita reparo, é admissível, face à nossa ordem constitucional, considerando o *princípio geral* da *liberdade* e sempre com a salvaguarda da *dignidade* humana. Tem adeptos tanto a tese da sua *recusa* como a da sua *defesa,* bem como a que a circunscreve a *determinados* direitos, hoje dominante[76]. Recebe acolhimento a via da *diferenciação* quanto à renúncia.

No caso da greve, advoga-se a *irrenunciabilidade* do seu exercício pelos trabalhadores, embora o sindicato se tenha comprometido não a declarar, quanto às condições de trabalho acordadas na convenção colectiva, durante a sua vigência.

A chamada "lealdade contratual", por vezes invocada a propósito da trégua sindical, tem sido reputada, na sua designação, como *antiquada* e *equívoca* pelos juslaboralistas[77]. Trata-se de dever *inerente* ao vínculo contratual, individual ou colectivo, que se configura como *conceito superior* ("Oberbegriff")[78].

Actualmente, tem sido invocado o princípio da *boa fé*, cuja relevância, no âmbito do instituto da alteração das circunstâncias, tem suscitado *divergências* entre os nossos civilistas[79].

---

[76] *Vide* nota (3).

[77] Assim, HANS BROX, *Grundbegriffe des Arbeitsrechts*, Kohlhammer, Stuttgart, 1983, p. 41.

[78] SCHAUB/KOCH/LINCK, *op. cit.*, §53/2, em que esclarecem que compreende uma série de deveres laterais do trabalhador.

[79] OLIVEIRA ASCENSÃO, *op. cit.*, n. 100/II, a propósito do "equívoco do acento na exigência", observa que "poderia fazer pensar que se estava perante a categoria da inexigibilidade".

Relativamente à *equidade*, que, igualmente, consta do texto do artigo 437, acrescenta-se que MENEZES CORDEIRO, *Da Boa Fé no Direito Civil*, Almedina, Coimbra,

As associações, a nível da convenção colectiva, devem ser visualizadas não só como titulares de *poder normativo*, mas também como *outorgantes* de um contrato, cujo *cumprimento* acompanham. O *empenhamento* dos parceiros sociais na execução da convenção colectiva não pode implicar constrangimento quanto a reivindicação dos trabalhadores, por exemplo, de determinada empresa de seguros ou de certo sector funcional (administrativo, etc.), que vise, sob ameaça de greve, específicas condições de trabalho. O compromisso dos outorgantes comporta duas perspectivas: positiva (influência) e negativa (abstenção).

Equaciona-se, aqui, a aplicação do direito *associativo* aos membros dos outorgantes que decidam actuar à margem da orientação dos órgãos estatutários[80].

O Código de Trabalho, na nova versão da alínea a) do n.º 2 do artigo 606, resultante da declaração de inconstitucionalidade, proferida no citado acórdão n. 306/2003 do nosso tribunal constitucional, consagrou, expressamente, a chamada *trégua relativa*, sem prejuízo da procedência do *instituto* da alteração anormal das circunstâncias, previsto no Código Civil.

Mesmo no seu sentido *absoluto*, isto é, visando reivindicações à margem do acordo negocial e da sua vigência, a trégua sindical não deixa de ter adeptos[81] se, *expressamente* acordada quanto a situações *excepcionais* e de *duração* muito reduzida, prosseguir interesse superior do País, como, por exemplo, a ocorrência de evento cultural ou desportivo de manifesta projecção internacional.

1984, p. 437, observa que tal recurso surge, porém, como "entorse dentro de qualquer Direito sistemático".

[80] Consulte SCHAUB/KOCH/LINCK, *op. cit.*, § 201/12, que trazem à colação a greve *selvagem*, cuja admissibilidade, § 193/51, não é, em geral, contestada.

A "tipologia das greves" foi estudada por BERNARDO XAVIER, *Direito da Greve*, *op. cit.*, n. 24.

[81] Esta tese é defendida por BERNARDO XAVIER, *Curso, op. cit.*, p. 273.

A trégua sindical *relativa* não obsta à declaração de greve com fundamento na *alteração anormal das circunstâncias*, consoante o *texto* da alínea a) do n.º 2 do citado artigo 606 do C T, que se reporta ao n.º 2 do artigo 561, que, por seu turno, manda "atender" "às circunstâncias em que as partes fundamentaram a decisão de contratar".

Nos comentários a tal prescrição legal, tem sido observado que se abre a via da *remissão* para o artigo 437 do CC, como aliás sucedeu, a nível de decisão e de oposição, também no citado acórdão do TC.

Ora, os juslaboralistas recusam a *mera* aplicação, na convenção colectiva, do instituto tal como é configurado em direito civil, cujos pressupostos são reputados *muito* exigentes.

Desde logo, importa observar que, salvo *situação extrema*, se arreda a resposta da *cessação* da vigência da convenção laboral[82]. Assim, no quadro da tutela *constitucional* do *poder normativo* dos parceiros sociais, abre-se *espaço negocial* em que, à proposta da parte lesada, sucede, naturalmente, contraproposta, em ordem à resposta para o projecto de condições de trabalho, afectado, porventura, *parcialmente*, como o conhecido caso das chamadas *pausas* na organização do período laboral.

Adianta-se que a referida *autonomia colectiva* não se coaduna, em regra, com a 'livre' decisão do juiz, isto é, olvidando as *balizas* já recebidas pelos outorgantes no procedimento de resolução. Convém clarificar que os outorgantes, tomando como referência as circunstâncias que confortaram o *compromisso* das condições de trabalho, já não o visualizam como correspondente ao seu projecto de condições de trabalho.

Assim, importa proceder à *ponderação* dos *interesses* das partes. Face à perda de sentido da convenção colectiva, a via da "acomodação" surge como *necessária* e *adequada*. E não é tudo: tal resposta

---

[82] MENEZES CORDEIRO, *Convenção Colectiva e Alterações das Circunstâncias*, op. cit.,, p. 111, invoca o "dever de renegociar".

não poderá configurar-se como *irrazoável*. Por outras palavras: impõe-se que a relação fim-meio seja *razoável* ("vernüftige"), em consonância com a formulação subscrita pela doutrina suíça[83].

Embora, em geral, se defenda *maior* abertura, em *direito laboral*, quanto aos *pressupostos* fixados na lei civil, há que ter em conta a *duração*, mais ou menos reduzida, da vigência da convenção colectiva. Tal, no entanto, não implica que se defenda a observância do instituto mesmo perante alteração das circunstâncias de *menor expressão*, que, aliás, pode ser objecto de acordo dos outorgantes da convenção colectiva.

DIAS COIMBRA

---

[83] Citada por JULIANE KOKOTT *in Handbuch der Grundrechte*, Merten/Papier, Müller, Heidelberg, 2004, § 22 V3, no quadro da aptidão, necessidade e razoablidade ("Zumutbarkeit").

Para BAPTISTA MACHADO, "A cláusula do razoável", *in Obra Dispersa*, Scientia Jurídica, Braga, 1991, p. 468, é "o critério normativo da razoabilidade que estabelece a ponte entre o subjectivismo do mundo da autonomia privada e o intersubjectivismo do mundo da acção social".